U0949845

武大通识

博雅弘毅

文明以止

成人成才

四通六识

珞珈博雅文库

通识教材系列

外交礼仪与谈判

主编 吴 蔚

编委 吴 蔚 聂向明 周 密 李 阳

全 丽 晋 玉 朱子杰

WUHAN UNIVERSITY PRESS

武汉大学出版社

图书在版编目(CIP)数据

外交礼仪与谈判/吴蔚主编．—武汉：武汉大学出版社,2021.11(2025.2重印)
珞珈博雅文库. 通识教材系列
ISBN 978-7-307-22416-2

Ⅰ.外… Ⅱ.吴… Ⅲ.①外交礼节—高等学校—教材 ②外交—谈判—高等学校—教材 Ⅳ.D802

中国版本图书馆 CIP 数据核字(2021)第 119191 号

责任编辑:李晶晶　　责任校对:李孟潇　　版式设计:韩闻锦

出版发行：**武汉大学出版社**　(430072　武昌　珞珈山)
(电子邮箱：cbs22@ whu.edu.cn　网址：www.wdp. com.cn)
印刷:广东虎彩云印刷有限公司
开本:787×1092　1/16　印张:17.5　字数:360 千字　插页:2
版次:2021 年 11 月第 1 版　2025 年 2 月第 2 次印刷
ISBN 978-7-307-22416-2　定价:52. 00 元

主编简介

吴蔚，女，湖北蕲春人，法学博士，武汉大学中国边界与海洋研究院讲师，国家领土主权与海洋权益协同创新中心副研究员，剑桥国王学院兼职青年研究员，剑桥劳特派特国际法研究中心访问学者，欧盟伊拉斯谟项目学者。

研究方向：国际法、海洋法、人工岛国际法问题、维权执法、外交礼仪与谈判。在CSSCI等国内期刊发表十多篇论文，并受中央国家机关和部委委托，主持或参与国家课题十项以上。曾参与国家部委多项专家咨询会议，咨询报告获得部级及以上领导的批示多项。担任中央外办海权局、中国交通运输部、武汉理工大学海洋工程学、北京中电科海洋信息技术研究院的专家库法律咨询专家。担任多个国内CSSCI刊物和国际SSCI期刊的匿名审稿专家。

担任武汉大学本科生通识课“外交礼仪与谈判”课程教学，此课程被学生誉为武大“十大网红课”之一，多次参加外交礼仪学行业会议，阐述外交礼仪与涉外法律人才培养之间的重要关系，为培养卓越法律人才贡献力量。

编写组师生合影

前排左起依次为：周密、吴蔚、全丽；后排左起依次为：聂向明、晋玉、李阳、朱子杰

总　序

小而言之，教材是“课本”，是一课之本，是教学内容和教学方法的语言载体；大而言之，教材是国家意志的体现，是高校教学成果和科研成果的重要标志。一流大学要有一流的本科教育，也要有一流的教材体系。新形势下根据国家有关要求，为进一步加强和改进学校教材建设与管理，努力构建一流教材体系，武汉大学成立了教材建设工作领导小组、教材建设工作委员会，设立了教材建设中心，为学校教材建设工作提供了有力保障。一流教材体系要注重教材内容的经典性和时代性，还要注重教材的系列化和立体化。基于这一思路，学校计划按照学科专业教育、通识教育、创业教育等类别规划建设自成系列的教材。通识教育系列教材即是学校大力推动通识教育教学工作的重要成果，其整体隶属于“珞珈博雅文库”，命名为“通识教材系列”。

在长期的办学实践和教学文化建设过程中，武汉大学形成了独具特色的融“五观”为一体的本科人才培养思想体系：即“人才培养为本，本科教育是根”的办学观；“以‘成人’教育统领成才教育”的育人观；“厚基础、跨学科、鼓励创新和冒尖”的教学观；“激发教师教与学生学双重积极性”的动力观；“以学生发展为中心”的目的观。为深化本科教育改革，打造世界一流本科教育，武汉大学于 2015 年开展本科教育改革大讨论并形成《武汉大学关于深化本科教育改革的若干意见》《武汉大学关于进一步加强通识教育的实施意见》等文件，对优化通识教育顶层设计、理顺通识课程管理体制、提高通识教育课程质量、加强通识教育保障机制等方面提出明确要求。

早在20世纪八九十年代，武汉大学就有学者专门研究大学通识教育。进入21世纪，武汉大学于2003年明确提出“通专结合”，将原培养方案的“公共基础课”改为“通识教育课”，作为全国通识教育改革的先行者率先开创“武大通识1.0”；2013年，经过十年的建设，形成通识课程的七大板块共千门课程，是为“武大通识2.0”；2016年，在武汉大学本科教育改革大讨论的基础上，学校建立通识教育委员会及其工作组，成立通识教育中心，重启通识教育改革，以“何以成人，何以知天”为核心理念，以《人文社科经典导引》和《自然科学经典导引》两门基础通识必修课为课程主体，同时在通识课程、通识课堂、通识管理和通识文化四大层次全面创新通识教育，从而为在校本科生逾3万的综合性大学如何实现通识教育的品质提升和卓越教学探索了一条新的路径，是为“武大通识3.0”。

当前，高校对大学生要有效“增负”，要提升大学生的学业挑战度，合理增加课程难度，拓展课程深度，扩大课程的可选择性，真正把“水课”转变成有深度、有难度、有挑战度的“金课”。那么通识课程如何脱“水”冶“金”？如何建设具有武汉大学特色的通识教育金课？这无疑要求我们必须从课程内容设计、教学方式改革、课程教材资源建设等方面着力。

一门好的通识课程应能对学生正确价值观的塑造、健全人格的养成、思维方式的拓展等发挥重要作用，而不应仅仅是传授学科知识点。我们在做课程设计的时候要认真思考“培养什么人、怎样培养人、为谁培养人”这一根本问题，从而切实推进课程思政建设。武汉大学学科门类丰富，教学资源齐全，这为我们跨学科组建教学团队，多维度进行探讨，设计更具前沿性和时代性的课程内容，提供了得天独厚的条件。

毋庸讳言，中学教育在高考指挥棒下偏向应试思维，过于看重课程考核成绩，往往忘记了“教书育人”的初心。那么，应如何改变这种现状？答案是：立德树人，脱“水”冶“金”。具体而言，通识教育要注重课程教学的过程管理，增加小班研讨、单元小测验、学习成果展示等鼓励学生投入学习的环节，而不再是单一地只看学生期末成绩。武汉大学的“两大导引”试行“8+8”的大班授课和小班研讨，经过三个学期的实践，取得了很好的成效，深受同学们欢迎。我们发现，小班研讨是一种非常有效的教学方式，能够帮助学生深度阅读、深度思考，增加学生课堂参与度，培养学生独立思考、理性判断、批判性思维和团队合作等多方面的能力。

课程教材资源建设是十分重要的。老师们精心编撰的系列教材，精心录制的在线开放课程视频，精心设计的各类题库，精心搜集整理的与课程相关的文献资料，等等，对于学生而言，都是精神大餐之中不可或缺的珍贵元素。在长期的教学实践中，老师们不断更新、完善课程教材资源，并且教会学生获取知识的能力，让学习不只停留于课堂，而是延续到课后，给学生课后的持续思考提供支撑和保障。

“武大通识3.0”运行至今，武汉大学已形成一系列保障机制，鼓励教师更多地投入到通识教育教学中来。学校对通识3.0课程设立了准入准出机制，建设期内每年组织一次课程考核工作，严格把控立项课程的建设质量；对两门基础通识课程实施助教制，每学期遴选培训研究生和青年教师担任助教，辅助大班授课、小班研讨环节的开展；对投身通识教育的教师给予最大支持，在"351人才计划"教学岗位、"教学业绩奖"等评选中专门设立通识教育教师名额，在职称晋升等方面也予以政策倾斜；对课程的课酬实行阶梯制，根据课程等级和教师考核结果发放授课课酬。

武汉大学打造多重通识教育活动，营造全校通识文化氛围。每月举行一期通识教育大讲堂，邀请海内外一流大学从事通识教育顶层设计的领袖性人物、知名教师、知名学者、杰出校友等来校为师生做专题报告；每学期组织一次通识教育研讨会，邀请全校通识课程主讲教师、主要管理人员参加，采取专家讲座与专题讨论相结合的方式，帮助提升教师的通识教育理念；不定期开展博雅沙龙、读书会、午餐会等互动式研讨活动，有针对性地选取主题，邀请专家报告并研讨交流。这些都是珍贵的教学资源，有助于我们多渠道了解通识教育前沿和通识文化真谛，不断提升通识教育的理论素养，进而持续改进通识课程。

武汉大学的校训有一个关键词：弘毅。"弘毅"语出《论语》："士不可以不弘毅，任重而道远。"对于"立德树人"的武大教师，对于"成人成才"的武大学子，对于"博雅弘毅，文明以止"的武大通识教育，皆为"任重而道远"。可以说，我们在通识教育改革道路上所走过的每一步，都将成为"教育强国，文化复兴"强有力的步伐。

"武大通识3.0"开启以来，我们精心筹备、陆续推出"珞珈博雅文库"大型通识教育丛书，涵盖"通识文化""通识教材""通识课堂"和"通识管理"四大系列。其中的"通识教材系列"已经推出"两大导引"，这次又推出核心和一般通识课程教材十余种，以后还将有更多优秀通识教材面世，使在校同学和其他读者"开卷有益"：拓展视野，启迪思想，融通古今，化成天下。

周叶中

序　一

1960年从外交学院毕业后，我有幸直接进入到外交部力行外交工作。从业近40载春秋，参与举办了数百个外交活动，我深切感受到“外交活动、礼仪先行”这句话的正确性和重要性。多年来，我一直强调“涉外礼仪无小事”，而吴蔚老师正是以此为指导思想完成了其新书——《外交礼仪与谈判》的编写，因此受邀为吴蔚老师的新书《外交礼仪与谈判》作序，我感到高兴和欣慰，不仅因为这本书为有志于投身外交事业的学生或正在从事外交外事工作的同行提供了学习、参考的宝贵资料，也因为越来越多的年轻学者投入到了外交礼仪的研究和传播工作中。

吴蔚老师是武汉大学的青年教师，在专精国际法、外交礼仪的基础上，吴蔚老师还致力于探索外交礼仪和国际法的共同点，实现跨学科学术创新。本书就是其不断钻研外交礼仪，精进教学实践的成果。

通读本书，可以发觉此书详细介绍了日常生活、学术、商务、外交外事等多个方面的礼仪知识，范围广、内容全，编排合理、行文流畅，有诸多亮点，但此处我只结合我的自身经验谈谈本书中“外交外事礼仪”部分的内容，以达到抛砖引玉的目的。

学术性。大多数有关外交外事礼仪的书籍都重实操，轻实践，常常开门见山，直接写明礼仪的操作技巧，这样的风格确实能够直观、迅速地把外交外事的实操技巧传递给读者。但要强调的是，外交外事礼仪的研究必须要处理好理论和实践的相互关系。马克思主义哲学原理表示，实践决定理论，同时理论对实践有能动的反作用。理论产生的最终目的是为了更好地指导实践，真理和科学理论对实践有巨大的推动作用。以礼宾为代表的外交外事礼仪本来就是外交非常重要的组成部分，只有把实践上升为理论，才能更好地提高外交外事水平，更加淋漓尽致地展现我国风采。而本书的此部分在兼顾实用性的同时，也注重学术性。先不提本部分严谨、完整的分类方式和对所谈范围的精确限定，本书仅在开篇部分就试图通过辨析外事、外交、外事礼仪、外交礼仪、礼宾几组概念来对外交外事礼仪做出界定，这已经体现出本书对学术研究的尝试。

趣味性。趣味性是我在阅读本书时最强烈的感受之一。一方面，本书虽然试图围绕外交外事礼仪进行一定的理论研究，但本书并未囿于专业学术文章的写作风格，而是广泛搜集外交实例，用生动的外交实例解释相关的理论知识，寓教于乐。这些外交故事中有不少是我或者我同事的亲身经历，现在回想起来仍记忆犹新，颇为亲切。另一方面，本书收录了许多优秀的学生作品。这些作品是学生在吴蔚老师的引导下，结合自身经历和兴趣，围绕着广义上的外交礼仪进行自我学习、自我探索的成果。学生作品中展现出的活跃思维、对相关国家的研究深度和对外交礼仪的研究热情再一次让我感到欣喜，让我对我国外交事业的蓬勃发展充满信心。

全面性。礼仪工作涉及的内容很广，既包含国家对外礼仪事项、国家涉外庆典、国家领导人出访和外国领导人来访的接待以及160多个驻华使馆礼仪活动和管理工作，又包含诸如住房、乘车、宴会桌次安排等琐碎小事。本部分内容把外交外事礼仪分为通用礼仪和特殊礼仪(某些国家、地区特有的礼仪)两部分进行介绍。在外交外事通用礼仪中，又以一般场合和具体场合为标准分别介绍了各场合需要注意的问题。在一般场合中的外交外事通用礼仪部分介绍了包括握手、着装、名片递接、国旗升挂等非语言礼仪和称呼、文书等语言礼仪；在具体场合下的外交外事通用礼仪部分又将其划分为接待和访问两个具体场景，针对不同事件的礼仪做了介绍。仅从这一部分的分类方式就可以看出笔者对系统概括有关内容的尝试。根据我多年的工作经验，该部分所包含的内容已经在极大程度上覆盖了外交礼仪工作所涉及的内容，考虑到篇幅的限制，可以说本部分内容具备了全面性。

总之，礼仪是人类文化的一个重要组成部分，是人类文明和社会进步的重要标志，而外交礼宾工作直接影响着一个国家外交工作的顺利进行，在一定程度上反映了一个国家外交工作的水平。吴蔚老师主编的《外交礼仪与谈判》一书既包含外交外事礼仪的相关内容，又包含其他方面的礼仪内容，不仅对正在从事或将要从事外交外事工作的人员大有裨益，也能让从事学术、商业甚至其他行业的朋友从中获益，是值得一读的佳作。

鲁培新

中华人民共和国外交部前礼宾司代司长

中国驻斯洛文尼亚共和国首任大使

2021年1月于北京

序　二

礼是对他人的恭敬之心，仪是礼的外在表现。中国历来被称为“礼仪之邦”，礼仪是中国传统文化的核心，治理国家的重要形式。古人曰：“不学诗，无以言。”“不学礼，无以立。”就外交而言，礼仪是交际的政治，是外交的基础。正如《荀子·修身》所言，“人无礼则不生，事无礼则不成，国无礼则不宁”。因此，外交外事工作者都应熟悉基本的外交外事礼仪。

深受国立武汉大学人文底蕴的影响，秉承“弘扬传统文化”的初衷，吴蔚博士在多年研究的基础上编写了《外交礼仪与谈判》这本专门介绍外交礼仪的专著。作为曾长期从事礼宾工作的外交老兵，我对吴蔚博士的努力和成果表示高度赞赏。阅读本书，我认为有一些值得肯定的亮点。

第一，把握主旋律，弘扬传统文化。党的十八大以来，习近平总书记高度重视5000年中华文明的文化精髓，围绕传承和弘扬中华民族优秀传统文化，发表了一系列重要论述。习总书记特别强调：“要讲清楚每个国家和民族的历史传统、文化积淀、基本国情不同，其发展道路必然有着自己的特色；讲清楚中华文化积淀着中华民族最深沉的精神追求，是中华民族生生不息、发展壮大的丰厚滋养；讲清楚中华优秀传统文化是中华民族的突出优势，是我们最深厚的文化软实力；讲清楚中国特色社会主义植根于中华文化沃土、反映中国人民意愿、适应中国和时代发展进步要求，有着深厚历史渊源和广泛现实基础，推动中华优秀传统文化创造性转化、创新性发展，不断提高人民思想觉悟、道德水平、文明素养，不断铸就中华文化新辉煌。”中国礼仪文化作为世界礼仪文化的重要组成部分，随着全球化节奏的加快，正在与各种文化相互影响、相互交融。本书在进入专题礼仪讲解之前，在第一章详细梳理了古今中外对礼仪概念的厘定、礼仪文化的历史进程，并“取精华，弃糟粕”，总结了如何加强现代礼仪文化建设，条理清晰，内容全面，奠定了全书弘扬优秀礼仪文化的主基调。

第二，贴近生活，实用性强。本书系统地将礼仪分为日常、学术、商务、外交外事和谈判六个分支，既涉及平日生活，又包括正式场合；从妆发、服饰，到论文写作、外事往来，有张有弛，由表及里，在避免了过于枯燥严肃的“说教”的同时，又保持了其通识教材应有的指导属性。值得一提的是，随着时代变迁，科技也赋予了礼仪崭新的内容。于是，本书在第二章日常礼仪部分，加入了有关通信网络礼仪的内容，这也是它的新颖之处。

第三，结合实例，通俗易懂。为了表示对作者的支持，我向吴蔚博士提供了自己多年来在从事外交工作中积累的一些经验，望通过此书同各位读者分享，加深初学者对外交礼仪的理解。此外，吴蔚博士有着丰富的礼仪课程教学经验，她在武汉大学开设的礼仪通识课，多年来一直深受学生的欢迎。为鼓励学生保持学习热情，激发这些后起之秀的创造力，本书还收录了许多优秀的学生习作。这些作品主题广泛且表达生动，充分体现出当代学生的活跃思维，也让我见到了中华传统文化传承与创新中的旺盛活力。

中华优秀传统文化是我国的精神瑰宝，是实现中华民族伟大复兴的“底气”。愿此书带动更多“后浪”关注传统文化，知礼懂仪，延续精髓，并为传统礼仪注入新的生机。

是为序。

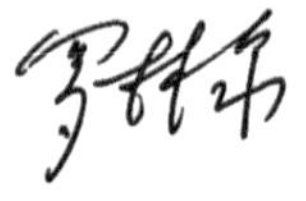

中华人民共和国外交部前礼宾司司长

中国驻旧金山大使衔总领事

2021 年 1 月于北京

前　言

2012年习近平总书记提出："中国需要更多地了解世界，世界也需要更多地了解中国。"因此，以礼相交，继承和发扬中华传统礼仪文化十分必要。

中国素有"礼仪之邦"之美誉。中华上下五千年的历史，孕育了光辉灿烂的中华文化。其中，礼仪文化作为中华文化中不可或缺的一部分，呈现出中华民族自信、端庄的面貌与气度，对中国历史文化有着重要的影响和价值。《诗经·小雅·楚茨》有"献酬交错，礼仪卒度"；《春秋左传正义》有"中国有礼仪之大，故称夏；有服章之美，谓之华"；《史记·礼书》有"至秦有天下，悉内六国礼仪，采择其善"，等等。这些都反映了礼仪在历朝历代的地位。

如今，随着经济的高速发展，中国人的礼仪交往不再限于国内，人们纷纷走出国门，在世界舞台上进行全球互动。人，代表着国家，是移动的文化载体，在塑造国家形象上扮演了重要角色。立足于弘扬优秀传统文化的需要，同时响应国家社会的发展，我们编写了这本面向莘莘学子普及实用礼仪知识的教材，望对此抱有兴趣的读者能够通过本书，知晓不断演化的外交礼仪知识和实用的谈判技能，并将其运用到日常生活之中，让礼仪的魅力浸润个人的言行举止。

本书由六章组成。第一章外交礼仪与谈判概论，陈述礼仪的内涵与其演变、外交礼仪的意义与原则，以及外交谈判中的礼仪，有助于读者在对礼仪进行系统学习前形成宏观且清晰的认识。第二章日常礼仪，主要从衣、食、住、行四个方面介绍个人形象礼仪、社交礼仪、餐饮礼仪以及境外出行礼仪。第三章学术礼仪，主要介绍学术文书规则及学术活动礼仪，本章内容旨在帮助学生规范学术写作，对于高校学生尤为适用。第四章商务礼仪，主要介绍商务用语礼仪、商务着装礼仪、商务往来礼仪、商务仪式礼仪以及涉外商务礼仪。了解商务礼仪，有利于学生未来更加自信、得体地融入社会，走向职场。第五章外交外事礼仪，主要介绍外交外事礼仪的概念与意义、外交外事通用礼仪，以及外交外事特殊礼仪。第六章谈判与谈判礼仪，主要介绍谈判的基本要素、谈判的执行程序、特殊谈判情况及应对建议、辩论礼节与日常沟通原则，其中的规则与技巧在多数谈判场合均有实用价值。

目前已出版的礼仪书籍中，较具权威性的代表作品主要有外交学院周加李老师的《涉外礼仪》、中国前驻法国斯特拉斯堡总领馆总领事张国斌老师的《礼赢天下》，两位合编的《新编公务员外事礼仪》，以及杨金波老师的《政务礼仪》，文泉老师的《国际商务礼仪》。非常感谢各位资深专家尽心尽力的著写与编纂，为本书提供了宝贵的参考价值。特别感谢外交部礼宾司前司长鲁培新大使、罗林泉大使为本教材作序。大使们宝贵的外交经历，为本书提供了许多生动且有分量的实例和极具建设性的建议，对此，编者深感荣幸。

“外交礼仪与谈判”是武汉大学 2018 年本科生通识课程建设规划项目，得到学校的大力支持。本书既是面向大学生，也是面向广大想了解外交礼仪与谈判的社会人士的教材。当代高等教育，不仅培养的是专业知识和技能，有风度、懂礼节，更是高等教育培养出的人才的必备素质。本书在编写过程中力求内容精要，语言平实，使读者更加容易接受。

本书是在笔者七年来讲授“外交礼仪与谈判”课程的教案基础上撰写的，笔者负责构思、统稿和校稿，并撰写书中核心章节。协助撰写的还有：聂向明第一章，周密第二章，李阳第三章，全丽第四章，晋玉第五章，朱子杰第六章。特此感谢授权给笔者、为本书提供精美照片的武汉大学 2001 级人文基地班校友：四川乐山市人民检察院陈杨副处长、武汉大学国际交流部副部长罗安娜老师，武汉大学边界与海洋研究院熊晓煜副院长，俄罗斯极地问题研究专家徐广淼老师、武汉大学边界与海洋研究院院办主任郁艳琴老师。另外还要感谢各位选修笔者课程的可爱的本科生们，书中的学生成果展示是教材的亮点。总之，没有他们的贡献，就没有这本教材的诞生。

最后，鉴于礼仪领域博大精深，作者涉猎有限，本书多有不足之处，欢迎广大读者予以补充和指正！

吴蔚

2021 年 3 月于武昌珞珈山

目 录

第一章
外交礼仪与谈判概论

中国素有“礼仪之邦”之美誉。中华上下五千年的历史，孕育了光辉灿烂的中华文化。其中，礼仪文化作为中华文化中不可或缺的一部分，呈现出中华民族自信、端庄的面貌与气度，对中国历史文化有着重要的影响和价值。《诗经·小雅·楚茨》有“献酬交错，礼仪卒度”；《春秋左传正义》有“中国有礼仪之大，故称夏；有服章之美，谓之华”；《史记·礼书》有“至秦有天下，悉内六国礼仪，采择其善”，等等。这些都反映了礼仪在历朝历代的地位。如今，随着经济的高速发展，中国人的礼仪交往不再限于国内，越来越多的人走出国门，在世界舞台上进行全球互动。人，代表着国家，是移动的文化载体，在塑造国家形象上扮演了重要角色。2012 年习近平总书记提出：“中国需要更多地了解世界，世界也需要更多地了解中国。”因此，继承和发扬中华传统礼仪文化十分必要。以礼相交，既是国家发展的需要，也是日常实际交往的需要。

第一节　礼仪的概念与古今

一、何谓“礼仪”

对“礼仪”的理解一般有两种。第一种观点认为礼仪是维护社会秩序的工具；第二种观点是将礼仪看作衡量文明程度和个人修养的标准。总体来说，礼仪是在人际交往中，以一定的约定俗成的方式来表现的律己敬人的过程，涉及穿着、交往、沟通、情商等内容，不仅是一个人思想道德水平、文化修养、交际能力的外在表现，更是一个国家社会文明程度、道德风尚和生活习惯的综合反映。

在中国古代长期实行的组织严密的三省六部制中，礼部居其一。礼部的设置始于北魏，沿袭至清朝。宣统三年(公元1911年)，礼部改为典礼院，成了清政府专管朝廷坛庙、陵寝之礼乐及制造典守事宜，并掌修明礼乐、更定章制的机关。古代对负责“礼”机构的单独设置，反映出“礼”在中国政治和文化中的重要地位。“礼”之义主要有四：(1)在社会日常生活中，人们根据道德观念和风俗习惯而形成的仪节，如：婚礼、丧礼、典礼；(2)符合统治者整体利益的行为准则，如：礼教、礼治、克己复礼；(3)显示尊敬的态度和举动，如：礼让、礼赞、礼尚往来、先礼后兵；(4)为表示庆祝、友好或敬意所赠之物，如：礼物、礼金、献礼。“仪”在古文中有两种意思：一是仪容仪表。仪容仪表具体指人的音容、衣着、举止、姿态、气质等，它不仅可以体现个人喜好，还可以体现对别人的重视和信任。二是法度、标准。“礼仪”则可解释为“仪以示礼”，即通过外在表现，将自己对他人的尊敬与重视表达出来。因此，仪是礼的外化，是依据“礼”的规定和内容形成的一套完备的与场合相适应的规范举止。

“礼仪”，为“礼”所延伸出的词组，其词义自然与“礼”相关，表示：礼节的规范与仪式。《周礼·春官·肆师》有记：“凡国之大事，治其礼仪，以佐宗伯。”“礼”作为一种制度、规则和社会普适的意识形态，其内涵颇为丰富。但万变不离其宗，无论在哪种语境之下，都必定围绕一个“敬”字展开。礼仪是人们在社会交往活动中，为了体现相互尊重，在仪容、仪表、仪态、仪式、言谈举止等方面约定俗成的行为规范，是对礼节、礼貌、仪态和仪式的统称。回溯历史，远在伏羲、皇帝时代，礼乐、占卜、衣冠、嫁娶、甲历和八音等各方面，都形成了对应的礼仪规则。至尧舜时期，“五礼成备”，吉凶军宾嘉，已经初步形成规模。这些礼仪源于古人对自然进行的祭神敬鬼的活动，是古代人们约定俗成的，对人，对己，对鬼神，对大自然，表示尊重、敬畏和祈求等思想意识的各种惯用形式和行为规范。这里的惯用形式包括礼节和仪式。礼节一般是个人性的，并且不需要借助其他物品就可以完成的形式，譬如磕头、鞠躬、拱手、问候等；而仪式大多是集体性的，并且一般需要借助其他物品来完成，譬如奠基仪式，下水仪式，迎宾仪式，结婚仪式，祭孔大典，等等。这些行礼活动虽然在今天看来带浓厚的迷信色彩，但蕴含了中国人早期朴素的价值观。

在西方，通常用“Etiquette”表示“礼仪”。该单词源于法语，早期的“Etiquette”在欧洲指的是用于书写贵族家规与礼仪，并挂在住所外以示来宾的告示牌。《韦氏大学词典》(*Merriam-Webster's Collegiate Dictionary*)将“礼仪”定义为“由好的家教或者权威当局认定应该在社会或官方生活中遵守的行为或者程序”，在英文中，可概括解释为“Rule”。

西方礼仪和习俗是在自己的特殊社会历史条件下形成的。西方社会最早建立的民主与平等的共和制度，影响着礼仪的内容与形式。这些礼俗是社会生活中的“不成文法”，反映了西方文明的基本精神原则，并通过一定的行为方式加以体现。其中的精神内涵和基本准则主要有：善良精神、公正精神、自制精神、利他精神、文雅原则等。

现代西方礼仪讲究对等性，即认为礼节、礼貌不是单方的、单项的，而是对等的、双向的，违背了对等性，就是失礼行为。除此之外，同地区和民族间，也存在着诸多相同或相似的礼仪文化，表明礼仪具有共同性和通用性特征。比如，西方各国普遍以名片、明信片作为交际礼节形式，将圣诞节作为非常隆重的节日之一。这是因为：第一，不同地区和民族的礼俗受到共同的社会交往规律和社会生活属性的浸染；第二，在文化交流、传播和融合的过程中，地区性、民族化的礼仪逐渐转化成为被广泛认同的礼仪。总体来讲，礼仪追求的是和谐关系的实现，是一系列公认的社交准则，是个人内心谦恭态度的外化，是教养素质的体现。

中国著名历史学家钱穆一生重视发扬中国优秀传统文化，且尤其把礼文化放在核心地位，并评价其为“一种原始的学术”。美国历史学家杰里·邓尔麟在其研究东方的著述《钱穆与七房桥世界》中记载，1983 年在他们二人谈论中国文化的特点及其与西方文化的区别时，钱穆为他上了“一堂中国文化课”。钱穆认为“礼”是中国文化的特质与核心，它与西方礼仪大不相同。西方的礼仪文化通常是一种根据民族或者地域差别来区分的风俗，各地方的风俗和语言，代表着不同的文化，是多样性的。而中国的礼仪是五千年传统文化的传承，其中的核心精神超越了不同民族和地域的差异，对每个中国人都有着烙印般的影响。正因为“礼”为全体中国人民树立了必须遵循的社会关系准则，中华民族才成为了一个统一的大民族。这是中国礼文化的特殊性。

总之，礼仪在层次上一般高于礼貌、礼节，包含的内容也更加广泛。它作为交往规则，在今天主要用于个人、团体或官方之间表达接纳和尊重。礼仪不仅是一种处世的规范程序，还是一种感性的互动，体现着个人内在修养，调整着各种社会关系。

二、中国礼仪文化的历史进程

“礼”的观念最早见于卜辞，作“豊”，为祭神的器物和仪式。西周初期，周公旦十分重视“礼”在治国中的作用，他不仅“一沐三捉发，一饭三吐哺，起以待士”，以求贤才，更是最早制定了中国早期礼乐制度，以此体现地位尊卑，对上规范着官员的言行举止，对下加强了百姓教化。后人在周公“制礼作乐”的基础之上，整理形成了中国历史上第一部礼仪专著《周礼》。其内容系统且完善，既对祭祀、朝觐、封国丧葬等国家大典进行规范，也纳入了用鼎、礼玉、车骑、服饰等具体制度。在历史的发展过程中，这些规范标准对国家至民间层面的礼仪文化有着持续且深远的影响。春秋时期，孔子积极倡导礼仪与教育，把“礼”分成仪式和本质两个层面，仪式将“礼”具体化，而“礼”的本质是仁。因此，孔子强调“礼”是人们身心与情感需求的凝聚统一，“不学礼，无以立”，以“言为士则，行为世范”，并要求弟子们“非礼勿视、非礼勿听、非礼勿食”。南宋时期著成的十三部儒家经典中，讲述礼仪的精神实质与行为规范就占了三部，被称为“三礼”，即《周礼》《仪礼》《礼记》，这“三礼”是历代读书人的必读经典。另外，孔子提出，上层统治者作为“士君子”，应当重视“兴于诗，立于礼，成于乐”。战国时期荀子在《荀子·修身》中提出“人无礼则不生，事无礼则不成，国无礼则不宁”，认为“礼”是一切之本。宋明理学兴盛时期，“礼”为天理的表现形式，人们认为守礼即是循天理，否则便有悖于天理，会受到惩罚。南宋朱熹在其讲学的白鹿洞书院制定的《白鹿洞学规》中对不同社会关系提出礼仪要求：“父子有亲，君臣有义，夫妇有别，长幼有序，朋友有信。”该要求自古广泛推行，深入人心。

然而，中国的历史，很长时期是封建文化下的历史。从公元前770年到公元1911年，在这将近2700年的时间中，封建制礼仪一直占据主导地位。汉代是中国封建礼仪形成的重要时期。西汉董仲舒提倡“罢黜百家，独尊儒术”，并被汉武帝采纳。在儒家思想的独导下，产生了约束中国封建社会的“封建礼教”。虽然其中对道德伦理、行为规范的约束有利于稳定社会秩序，维护国家统治，但长期看来，“封建礼教”是为统治者服务，等级森严，“天地君臣亲师”的法则严重干扰了个体的精神自由，成为一种枷锁。随着社会的发展和变革，封建礼制已无法适应社会的需要，根深蒂固的封建思想，已牢牢束缚了人们的思想，社会进步出现滞后。

公元1911年至公元1949年，社会发生巨大变革，礼仪也随着革命发展进入新的阶段。辛亥革命的胜利推翻了存在两千余年的封建统治制度，将人们从封建礼教中解放出来。叩拜、缠足等旧习，以及人们着装方面潜在的封建文化因素，逐渐被淘汰。在国内有识之士和西方先进思想的影响之下，人人平等、互相尊重成为礼仪的新内容。自由、平等、民主成为人们更加迫切的诉求，也成了近代礼仪的基本原则。1949年，中华人民共和国成立，人民真正成为国家的主人，新制度下的礼仪往来，变得更加平等友善。

历经数次社会变迁，当今礼仪与起源之时已大不相同，但并不能一概否定曾经的封建礼仪文化，而是应当取其精华，去其糟粕，批判地继承。总体看来，律己敬人是亘古不变的准则。人们对礼仪的遵守，代表着国家和社会的整体利益。礼仪在协调社会矛盾、稳定社会秩序，和塑造人格等方面起着重要作用。

从“五讲四美三热爱”(“五讲”：讲文明、讲礼貌、讲卫生、讲秩序、讲道德；“四美”：心灵美、语言美、行为美、环境美；“三热爱”：热爱祖国、热爱社会主义、热爱中国共产党)到社会主义荣辱观(以热爱祖国为荣，以危害祖国为耻。以服务人民为荣，以背离人民为耻。以崇尚科学为荣，以愚昧无知为耻。以辛勤劳动为荣，以好逸恶劳为耻。以团结互助为荣，以损人利己为耻。以诚实守信为荣，以见利忘义为耻。以遵纪守法为荣，以违法乱纪为耻。以艰苦奋斗为荣，以骄奢淫逸为耻)，再到“四个自信”(中国特色社会主义道路自信、理论自信、制度自信、文化自信)，我国精神文明的建设与时俱进，礼仪文化始终贯穿其中。中国共产党十八大以来，习近平总书记多次提到要树立文化自信，指出“我们要坚持道路自信、理论自信、制度自信，最根本的还有一个文化自信”。2017年初，中共中央、国务院印发《关于实施中华优秀传统文化传承发展工程的意见》，提出“要加大对国家重要礼仪的普及教育与宣传力度，在国家重大节庆活动中体现仪式感、庄重感、荣誉感，彰显中华传统礼仪文化的时代价值，树立文明古国、礼仪之邦的良好形象”。文化自信有助于提升综合国力，是一个民族、一个国家以及一个政党对自身文化价值的充分肯定和积极践行，也是对自身文化生命力持有的坚定信念。礼仪是一个国家或一个民族社会风貌、道德水准、文明程度、文化特色和公民素质的重要标志。国家的强大要从国民精神素质抓起。

积极且充分地发挥“礼”的作用，在培育和弘扬社会主义核心价值观、增强文化自信的过程中，显得尤为重要。根据习近平总书记的核心精神，要认真汲取中华优秀传统文化的思想精华和道德精髓，使中华优秀传统文化成为涵养社会主义核心价值观的重要源泉。因此，未来将中国礼仪文化融入社会主义核心价值观的培育和践行中，就要科学地对中国礼仪文化的思想内涵进行阐述，坚持以礼仪文化教育促进社会主义核心价值观教育。在礼文化的教育当中，紧紧围绕“取其精华、去其糟粕”的原则，将那些“向善”“求和”“有序”的礼仪文化价值追求完整保留并传承。如：孟子主张的“恻隐之心”“羞恶之心”和“是非之心”，儒家强调的“礼之用，和为贵”，还有“礼，经国家，定社稷，序民人，利后嗣者也”。在这些传承下来的精髓基础之上，纳入当今社会注重的价值观：和谐、友善、法制等，使得中国千百年来的传统礼仪文化永远保持其生机勃勃。以礼治理国家，以礼教化国民，以传统礼仪文化为鉴，把社会主义核心价值观潜移默化地融入当代生活的方方面面。人们遵规守矩，各司其职，既有利于国家井然有序的建设，又有助于个人道德文明的提升。

三、加强现代社会礼仪文化建设

除了深掘“礼”在中国本土的当代价值，将其推向世界文化舞台，同其他杰出思想文化进行碰撞交流与深度融合，也是扩展其内涵、提高其被认可程度的有效途径之一。通过不同文化的交锋，从各特性中再次提炼出来的共性，有着比之前更高的普遍适用性，有利于在将来的涉外往来中，减少障碍冲突，促进和平交流，使礼仪文化的作用最大化，为稳定国际环境贡献力量。

扩大中国礼仪文化的影响，需要借助多元化的宣传平台，占领宣传阵地，努力提高公众认可度。评选“感动中国人物”“时代楷模”等方式已经得到公众认可，其中典型们展现出来的忠、孝、仁等精神思想，得到了社会的高度赞扬，并踵事增华。当然，“礼”的观念还要渗透到更多细微的侧面，让公众日常明礼、点滴知礼、时时处处遵礼，增强“礼”这一概念的可见性和可用性。

对比古代传统，不难发现现代礼仪的内容规则已发生一定改变。一方面，相较于传统文化，现代礼仪的内涵和作用范围已经明显缩小。现代礼仪是人们的外化修养和一定程度的程式化规范，是一种交流的“语言”，用于人与人的平等交往中，传递着友好、尊重的信息，力求高效、简明地表达最真实的情感与目的。而中国传统文化之礼，目的主要在于统治国家、稳定国民。如，“仁、义、礼、智、信”，在当时是统治者治理国家的基本原则，它比以刑治国平和、有效，且等级差别显著。另一方面，传统文化讲究礼与法相结合，现代礼仪注重自我约束。在古代，礼具有法的性质，法又是礼的支撑，二者互为表里。现代的法制社会中，礼与法各自独立，相互区别。违背礼节，是道德修养的缺失，受到的是来自社会道义的谴责指斥；而违背法律，则会受到国家严格的制裁。一言以蔽之，传统文化是文明演化汇集而成的一种反映民族特质和风貌的一种文化，是民族历史上各种思想文化、观念形态的总体表征。现代礼仪泛指人们在社会交往活动过程中形成的应共同遵守的行为规范和准则。

尽管传统意义上的“礼”与现代的“礼”存在差异，但当代礼仪文化是二者的结合，中国传统文化对现代礼仪的影响仍然不可小觑。

第一，中国传统文化是现代中国礼仪的基础，是其形成的必要前提。中国传统六艺“礼乐射御书数”中，“礼”居第一，充分说明了中国人自古对礼仪传统的重视。《三字经》中提到儿女自幼就应开始学习用于不同场合的礼节。历史记载中不乏大量关于日常衣食住行、待人接物等礼仪方面的“古训”和“学规”。比如人际交往中，处于不同的关系，应该如何称呼对方，如何恰当站位、迎来送往。吃饭时，如何区分长幼尊卑，不失修养，如此做法被特称为“食礼”。传统礼仪传承延续至今，在现代社会交往中，人人都希望表现文雅大方、彬彬有礼，由此为对方留下好印象，增进交往。一个人的修养与其礼仪表现是统一的。普遍观点认为，一个人的道德品质是在其为人处世和生活态度中直观地反映出来的。第二，中国传统文化与现代礼仪相辅相成，二者相互促进，不管是在个体还是群体理想品格的形成过程中，都发挥着不可或缺的作用。荀子有言：“人无礼则不生，事无礼则不成，国无礼则不宁。”现代社会中，该准则同样适用。现代交往中，人们更加注重展现风采与美好，讲究礼仪，不仅体现个人的内在修养，还反映着国民的整体素质。现代礼仪文化的内涵与传统文化息息相关，密不可分。传统文化是现代礼仪的灵魂，现代礼仪是传统文化发扬的保证。因此，学习了解当代礼仪文化、内外兼修，是人们从古至今的必修课。

中国特色社会主义文化，是以先进的世界观和方法论为指导的先进的思想文化。该文化建设的根本任务和目标，是创造出先进的、健康的社会主义崭新文化，繁荣社会主义文化事业，不断满足人民群众的精神文化需求，形成有利于建设中国特色社会主义事业、有利于促进改革开放的价值观念、精神风貌、舆论氛围、文化条件和社会环境，从而振奋人民献身于社会主义现代化建设，培养一代又一代有理想、有道德、有文化、有纪律的新人，提高中华民族的整体思想道德素质和科学文化素养。加强现代社会礼仪文化建设，是建设中国特色社会主义文化的重要内容。

第一，加强现代社会礼仪文化建设，要进一步加强公务员礼仪文化修养，发挥公务员模范带头作用。在公务员队伍中积极推广礼仪规范活动。扎实有效地开展公务员职业道德培训，把加强公务员礼仪文化修养与完善公职人员管理制度、强化公职人员职业道德结合起来，建立健全相应的检查监督长效机制，提升公务员队伍整体素质和形象，带动广大民众形成良好的礼仪文化道德素养，促进社会和谐与文化建设。

第二，加强现代社会礼仪文化建设，要广泛开展现代礼仪文化宣传教育活动，加强社会主义核心价值体系和道德教育体系的构建并落到实处。借助媒体，以丰富多彩的形式，推进现代礼仪文化建设。

第三，加强现代社会礼仪文化建设，要努力完善现代有关礼仪文化的法律法规和社会制度保障体系，建立社会信用机制。加大对失信的打击力度，及时曝光失信行为和事件，把道德礼仪观念渗透到日常社会管理之中，促进良好风尚的形成与稳固。

第四，加强现代社会礼仪文化建设，要加大礼仪文化在学校教育和整个国民教育体系中所占的比重和分量，将优秀传统礼仪文化与现代礼仪文化有机结合起来，纳入各级各类学校的教育，以及整个国民教育体系，通过出版礼仪教育读物、开设礼仪文化课程，对此进行普及建设。

第五，加强现代社会礼仪文化建设，可以发挥传统节日的作用，开展类似礼仪文化日、文化月等社会活动，对传统节日在传承的基础上进行创新。通过群体活动，让人们在切身实践中加强社会各界对礼仪文化的重视与学习，形成人与人、人与社会之间的和谐有礼相处，从而更好地促进社会主义和谐社会的建设。

习近平总书记在党的十九大报告中指出，“没有高度的文化自信，没有文化的繁荣兴盛，就没有中华民族伟大复兴”，如果一个国家、一个民族丢掉了其传统文化，就丧失了传承与发展的根本，“就割断了精神命脉”。中华礼仪文化，是实践层面的文化自信，在各种交往中，体现着国民的文明素养程度，影响着一个国家文化软实力的发展。首先，作为传统文化精华的一部分，它明确指引着文化建设的发展方向，潜移默化地塑造着国民的价值追求，同时，还在往来之中，为他国、他民族提供文化经验借鉴，巩固中华文化在世界文化中的地位。另外，在文化竞争和交流中，准确的文化表达，有利于传播中国优秀文化，积极争夺文化话语权，做好中华优秀文化的对外传播，增强自身文化的生命力。

对礼仪文化培养给予足够的重视，有利于实现文化在“最后三公里”的传播。所谓传播的“最后三公里”，是指和国际社会，有近距离真切的交流，同时展现良好的素质素养。其核心问题是在具体的交流中、接触中展现良好的形象。而礼仪，既充实了其中传播的内容，又为这“三公里”的传播铺筑了“高速公路”。

从古至今，历经时代的淘洗，如今的中国礼仪文化是真正反映时代精神和前进方向、居于制高点上的先进文化，是有灵魂的文化。党的十八大以来，在以习近平同志为核心的党中央领导下，中华优秀传统文化得到了创造性的继承和发扬。中国梦、社会主义核心价值观、“一带一路”、人类命运共同体等新思想、新理念，都展现了如今中华文化在新时代下的新风貌，同时也让世人感受到中华五千年的文化底蕴。

四、高校礼仪教育建设

中共中央总书记、国家主席、中央军委主席习近平于 2020 年 7 月 29 日就研究生教育工作做出重要指示并指出，中国特色社会主义进入新时代，即将在决胜全面建成小康社会、决战脱贫攻坚的基础上迈向建设社会主义现代化国家新征程，党和国家事业发展迫切需要培养造就大批德才兼备的高层次人才。

习近平强调，研究生教育在培养创新人才、提高创新能力、服务经济社会发展、推进国家治理体系和治理能力现代化方面具有重要作用。各级党委和政府要高度重视研究生教育，推动研究生教育适应党和国家事业发展需要，坚持“四为”方针，瞄准科技前沿和关键领域，深入推进学科专业调整，提升导师队伍水平，完善人才培养体系，加快培养国家急需的高层次人才，为坚持和发展中国特色社会主义、实现中华民族伟大复兴的中国梦做出贡献。

中共中央政治局常委、国务院总理李克强做出批示指出，研究生教育肩负着高层次人才培养和创新创造的重要使命，是国家发展、社会进步的重要基石。改革开放以来，我国研究生教育实现了历史性跨越，培养了一批又一批优秀人才，为党和国家事业发展做出了突出贡献。要坚持以习近平新时代中国特色社会主义思想为指导，认真贯彻党中央、国务院决策部署，面向国家经济社会发展主战场、人民群众需求和世界科技发展等最前沿，培养适应多领域需要的人才。深化研究生培养模式改革，进一步优化考试招生制度、学科课程设置，促进科教融合和产教融合，加强国际合作，着力增强研究生实践能力、创新能力，为建设社会主义现代化强国提供更坚实的人才支撑。

7 月 29 日在北京召开的全国研究生教育会议上，中共中央政治局委员、国务院副总理孙春兰出席会议并讲话。她表示，要深入学习贯彻习近平总书记关于研究生教育的重要指示精神，全面贯彻党的教育方针，落实立德树人根本任务，以提升研究生教育质量为核心，深化改革创新，推动内涵发展。把礼仪文化研究作为衡量研究生素质的基本指标，优化学科专业布局，注重分类培养、开放合作，培养具有研究和创新能力的高层次人才。加强导师队伍建设，针对不同学位类型完善教育评价体系，严格质量管理、校风学风建设，引导研究生教育高质量发展。

高校学生是新时代的建设者，也是社会主义精神文明的发扬者和传播者，他们不仅能够在自己的国家为精神文明建设出力，还能够通过国际交往，将中国文化带至国际舞台。学生的道德品质是衡量个人综合素质的关键。在培养高素质人才的过程中，知礼、树人一直都是核心主旨。礼仪教育有利于塑造道德观、规范行为举止，因此，礼仪文化建设在培养社会主义高层次人才方面起着举足轻重的作用。教师在礼仪教育中责任重大。为人师表，教师的一言一行对学生都有着潜移默化的影响。为此，强化教师的礼仪意识，提升其礼仪修养，让其在德、智、体、美、劳多方面言传身教，便显得尤为重要。

当下高等教育中传统礼仪观念的缺失已成为一个较为明显的问题。大量高校学生礼仪知识匮乏，修养程度不高，表现出自大、自卑等不健康的情绪状态，有的甚至会由此产生极端过激行为，这也为高校管理造成了一定压力。一些学生不懂得如何在不同场合正确使用礼仪进行社交，因此在言谈举止方面出现各种问题。这些表现很大程度上是由于学生本身缺乏传统的道德精神和礼仪文化知识而导致的。

目前高校礼仪文化教育主要存在以下两个问题：第一，高校普遍对礼仪素养教育重视不足，对相关课程的设置尚未系统化、精细化，缺乏专业师资，在大多数学生心中，该类教育可有可无，仅凭兴趣选择，整体处于松散状态。第二，高校教学目的功利性强，重实用、轻精神，学习的工具作用远大过其他。学生对礼仪知识的学习，是为求职而救急，只学到最基本的技巧方法，对礼仪文化的认知停留在表面，缺少对本质的深入把握。这些都直接影响了礼仪教育的发展和学生礼仪素质的培养。

高校礼仪教育建设具体措施：

(一)大学生礼仪素养教育应当规范化

“无规矩不成方圆”，礼仪教育本身就是对学生的规范化培养。《高等学校学生行为准则》要求学生“注重个人品德修养。服饰整洁，讲究卫生；诚实守信，谦虚谨慎；说话和气，待人有礼；男女交往，举止得体；尊敬师长，尊重他人；敬老爱幼，乐于助人”。这些要求涉及道德、礼仪、法律等几大方面。《公民道德建设实施纲要》指出：“开展必要的礼仪、礼节、礼貌的活动，对规范人们的言行举止，有着重要的作用。”在高校中认真开展礼仪规范教育，有助于加强高素质人才精神风貌建设，在高校中普及礼仪规范教育应得到重视。“明礼”在《公民道德建设实施纲要》中被列为基本道德范畴，全社会包括高校都应该加强和重视礼仪教育。目前，高校的重要任务是把大学生的思想政治教育同礼仪教育有机地结合起来，用科学的教学态度和方法对学生进行规范化的礼仪教育。

(二)礼仪教材内容的创新与教学方法的改进

礼仪教学课程要将继承优良传统道德作为准则之一。礼仪教材既要把符合中国国情的礼仪习俗和规范部分纳入其中，还要注意结合时代特点，赋予其崭新的内容，切忌采取说教的形式。在开展高校礼仪教育时，要想让学生对礼仪课程产生兴趣、给予重视，不但要营造一个良好的氛围，还应对高校礼仪教育教学进行必要的改革。首先，礼仪教育要列入学生的必修科目，而且要选定在这方面有研究的专业教师任教，选定专门的教材，为礼仪课堂教学和实践培训创造良好的条件。其次，教学方式要灵活丰富，有趣且直观地传达知识点，在授课过程中增加师生互动环节，增强实践感。如：通过鼓励学生做宣传栏、排演短剧等形式定期介绍一些礼仪常识，并组织礼仪知识竞赛等课外活动激发学生对礼仪知识的兴趣，这样也避免了学生在学习过程中产生疲惫感。最后，学校要努力搭建学生和社会沟通的桥梁，设立专门机构传播、更新社会信息，让学生及时了解社会对礼仪文化的需求，从而增加学生的责任心。

（三）教育工作者自身修养的提高与教育氛围的营造

古人云："其身正，不令而行；其身不正，虽令不从。"为了达到良好的教育效果，教师要努力投身礼仪研究，注意言传身教，在教育教学工作中，保持良好的仪容仪表仪态，良好的言谈举止，使学生耳濡目染。因此，从特殊的职业角度出发，从事教育的工作者应当以身作则，把自身的礼仪素养中美的方面展示给学生，为学生提供标准的礼仪示范教育。当今，树立正确的舆论导向，创造良好的校园环境，树立健康的学习榜样，对大学生规范自身行为、逐步提高自我约束力是十分必要的。为了营造良好的校园氛围，学校应当从硬件、软件两方面着手，如在教学楼、图书馆、活动中心、食堂等公共场所张贴提示性标语，随时随地提醒全校师生注意自己的言行。或者发给学生一些礼仪规则和准则手册，并将其列入始业教育，定期进行检查和考核。由于礼仪具有很强的操作性和实践性，因此礼仪教育就不能只局限于学校单一的课程讲授和指导中，学生还要通过各种社会实践活动去理解礼仪知识和规范，充分发挥和展示其自我教育优势，提升其自我礼仪修养。加强礼仪教育，还可以通过校园文化活动，如组织开展礼仪知识竞赛或实践展示等来丰富校园礼仪文化生活，营造良好的礼仪学习氛围。总之，学校应正确引导和鼓励大学生积极参加校内外的各种社会活动，在活动中培养学生的人际交往和沟通能力，不断积累丰富的礼仪实践经验，展示大学生自身的礼仪魅力和时代风范，通过实践提升大学生的礼仪素养。

第二节　外交礼仪的意义与原则

现今礼仪内容丰富，其主要内容包括：日常礼仪、学术礼仪、商务礼仪、谈判礼仪、外交外事礼仪等。

日常礼仪，旨在维系社会正常关系的运转，是要求人们共同遵守的最基本的道德规范。它在人们的长期共同生活和相互交往中逐渐形成，并且以日常行为习惯和传统风俗等方式固定下来。日常礼仪受到历史传统、风俗习惯、时代潮流等因素的影响，并在此基础上而形成，既为人们所认同，又为人们所遵守，以建立和谐关系为目的。由于关乎社会、道德、习俗、宗教等方面的行为规范，所以它是衡量人们文明程度和道德修养的外在表现形式。

学术礼仪，是指来自不同学校、单位、国家的人在学术活动中普遍遵循的一套约定俗成的礼仪规范。可见，学术礼仪的适用范围贯穿学术活动的整个过程。学术活动不是指一件或某件具体的事情，而是一个模糊概念，凡是主题与学术密切相关的社会活动一般都可以视为学术活动，比如专题讲座、学术会议、论文审稿和各种类型的学术比赛等。

商务礼仪，即商务活动中体现尊重态度的行为准则，是提高企业核心竞争力的主要因素，也是推动企业双方达成合作的重要手段。通过这些准则，对参与商务活动的人们进行指导和约束，包括仪表礼仪、言谈举止、书信往来、电话沟通等技巧。根据商务活动场合的不同，又可以将其划分为迎宾礼仪、宴会礼仪和办公礼仪等。掌握商务礼仪，既可以塑造外在形象，又可以提升内在素养。

谈判礼仪，广义的谈判指的是除正式谈判以外的一切谈判，如协商、交涉、商量、磋商等，这些都可以看作谈判。狭义的谈判仅仅指正式场合下的谈判。谈判作为冲突解决的途径，社会和个体对其的需求与日俱增。作为新时期的公民，有必要了解谈判礼仪，掌握谈判方法，切实提高自身的沟通协商能力，以应对生活中不断出现的挑战。

外事是与外交密切相关的概念。外交外事一般有狭义和广义两层含义。狭义的外交外事是指中央政府非外交部门、地方政府以及国家其他社团机构依法与国外和境外的机构和个人所进行的一切和平往来活动。广义的外交外事是在狭义的基础上，把国际外交事务纳入其中。外交外事礼仪，多指广义上的涉外礼仪或国际礼仪，它与外事纪律一样，是在长期的政务交往中逐渐形成的礼仪规范。随着世界各国交往日益频繁，国与国之间相互依存关系不断加深，不管是在官方还是在民间的涉外活动中，外交外事礼仪都发挥着越来越重要的作用。外交外事礼仪是涉外活动中必不可少的形式，与国家主权、民族尊严紧密相连。

一、外交礼仪

外交(diplomacy)这一术语源于希腊文“diploma”，原始意义为“折叠”。在罗马帝国时代，当时人们所使用的护照、通行证都是用折叠或缝合在一起的两块金属片制成，于是“diplomas”这个词就被用来称谓此类具有官方性质的证件。后来，一些并非金属制成的官方文件，特别是那些同外国或外族之间的协议，也被称为“diploma”。公元18世纪，英国人艾德门・伯尔克首先使用“diplomacy”来表示“外交”的概念，从此，这种用法便沿用至今。

外交在国际体系的运作中居中心地位，通常是指一个国家为了实现其对外政策，通过互相在对方首都城市设立使馆，派遣或者接受特别使团，参加联合国等国际组织，参加政府性国际会议，用谈判、通讯和缔结条约等方式，处理其国际关系的活动。在这些国际活动中，各种场合都离不开一定的程式规范。这便形成了外交礼仪。

外交礼仪，是外交活动中的关键内容，也是礼仪中一个重要分支，它指在长期涉外交往中形成的国家或个人应遵守的行为规范。这种规范往往是当今国际通用的、约定俗成的礼仪习惯，有些甚至具有国际法的性质，被写入国际公约。例如：《维也纳外交关系公约》中涉及对国旗、位序等内容的规定。《荀子・君道》有言：“法者，治之端也，君子者，法之原也。故有君子，则法虽省，足以遍矣；无君子，则法虽俱，失先后之施，不能应事之变，足以乱矣。”意思是说：法治是治理国家的开端；君子是法治的本体。二者相互成全，维护国家的秩序。因此，于官方，外交礼仪是维护国际关系、社会秩序的关键工具。于个人，它代表了自身的修养深浅与文明程度。由于所处国家与环境不同，往来双方存在文化和认知差异。而礼，通过尊重、理解，在平衡相互关系中，力图将文化和认知差异最小化，为交往双方创造和谐共赢的局面。因此，外事活动中礼仪的规范程度越高，主体与客体之间的交往成本就越低，交往效益就越大。

讲求外交礼仪有利于减少交流屏障。当面对不具有普遍性的文化时，必须保持谨慎和尊重的态度。信仰、文化和风俗禁忌，是涉外交往的红线。一旦触碰，很容易造成俱损的局面。鉴于此，学习涉外礼仪时不但要熟知普遍性规则，对于往来对象的特殊文化习俗也要悉知。

遵循外交礼仪有利于推动交往的顺利进行。相互尊重和主权平等，是现代国际礼仪的核心特点。与古代封建国家关系不同，现代国家关系建立在国家主权完整的基础上，国家不论大小强弱，主权应当一律平等。外交礼仪的存在为对等且顺利的往来提供了表达途径。

重视外交礼仪有利于展现国家形象。礼仪活动讲求实效，活动内容要丰富，时间安排要合理。如领导人之间的实质性会谈要倍加重视，举行宴会时要讲究礼仪但不可铺张浪费。在外交外事工作中，要以严谨高效的工作作风展现大国风范。

总之，任何一项对外交际活动，都需要大量且具体的准备工作。因此，这也要求每一位礼宾工作人员既要有高度政治责任感，又要熟悉各方面的业务，并且还要有既严谨又灵活的工作作风。

二、外交礼仪的基本原则

外交礼仪作为涉外礼仪中的一个重要部分，其基本原则主要有四点：第一，相互尊重，求大同存小异。某些文化习惯可以按照国际惯例做出妥协，但如果无法轻易让步，那么此时，则要在遵守规范的前提下，入乡随俗，相互体谅，避免给对方带去不悦与伤害，以致己方遭受损失。当然，入乡随俗并不意味着一味迁就，一方为了顾及另一方的文化习惯而牺牲自己。主客双方都应该得到充分的尊重。比如，有些地方以蛇羹、狗肉、生羊肉等特殊食物作为招待尊贵客人的盛宴，而在有些文化当中，食用这些东西是粗鲁、冒犯之举。那么当双方举办宴会时，究竟是吃还是不吃，这一问题就要被谨慎对待。因此，在交往中，双方要适度把握“客随主便”和“主随客便”，双方都要把对方放在首位，换位思考，重视细节，切忌好心办坏事。

第二，遵守工作规范与原则，树立维护官方形象的意识。“外交无小事”，在多数的涉外活动中，即便往来双方是个人，却代表着国家的官方形象。因此，无论场合大小，代表人员的一言一行都需要做到谨慎而不失风度，保持庄重与敬畏，如《礼记》所言：“夫礼者，自卑而尊人。”人类共有的文明、普遍认同的价值观，如诚实守信、尊老爱幼、文明用语等，这些价值观适用于任何国家、民族和场合，是交往中必须具备的基本素养。对于文化认知的差异，需要遵守国际惯例。国际惯例往往是在英美等西方发达国家的影响下形成的，因此，中国在外交中不得不放弃一些东方文化传统。例如，在位次排序问题上，中国自古“以左为尊”，而西方却“尊右为大”，为了确保交往的顺利进行，就必须尊重普遍约定俗成的习惯，顺应西方引领的国际主流。

第三，灵活有度，随机应变。规范的存在并不是绝对的条条框框。学会根据实际情况进行及时调整，做出正确选择，可以避免刻板遵循规范而造成尴尬局面。当然，这也需要外交外事工作者积累相当丰富的经验。

第四，普遍提高个人素质，以礼束己。在国际体系中，主权国家是最基本的单位，所以，除在正式外交场合之外，一个具有某国公民身份的普通人也时常代表着国家的形象，这已经无意间成为一种非官方确认的共识。前些年，中国游客的旅游陋习屡屡出现在新闻热议之中，乱丢垃圾、抢座插队、大闹机场等现象时有发生，令人唏嘘。即便这种个案并不能判断一个国家的文明程度，但此种举动常因涉及国际间关系而被放大加重，进而可能影响更深层次的国家交往。由此看来，遵礼仪、守规矩不仅是对外交外事工作者的基本要求，也是对每一位国家公民的基本要求。

三、外交外事活动中的礼仪细节

外交外事活动环节繁多且复杂，不光要着眼大局，也要重视细节。

饮食禁忌。有些人受到宗教和个人身体状况的影响，在饮食方面存在忌讳，如佛教徒不吃荤食。交往嘉宾是否因身患疾病或者存在过敏史等而对饮食有特殊要求，这是接待方务必要注意到的。在安排餐饮时，最好事先了解清楚对方在饮食方面的要求和喜好，并在菜单备注中标明。总之，外事工作者在安排用餐时，应及时同被接待者沟通，多加注意。

话题禁忌。每个国家和个人一样，或多或少都有一些不愿提及的话题。比如，有关尚未解禁的政治敏感话题、种族冲突问题。对于他人的身体状况、家庭生活也不要过度关心，最好是克制好奇心，以免冒犯。如果遇到非聊不可的情况，要注意使用恰当委婉的表达方式，以保持对他人的充分尊重。

文化禁忌。文化禁忌在西方被称作“cultural taboo”，指在某个民族传统文化里，人们在观念上有一些禁忌的事物、行动或言语。多年前，杭州一家旅行社接待一个意大利旅游团，当导游带领客人参观丝绸厂后，代表旅行社赠给每位客人一份纪念品——绣花真丝手帕，但客人们看到礼品后并未显露欣喜，而是一片哗然。其中一位女士甚至大喊大叫，表现出极大的气愤和伤感。原来，在意大利人看来，手帕是擦眼泪时用的。他们刚来到中国，就给他们送这种礼物是很难理解的。特别是那位情绪激动的女士，看到手帕上面绣着菊花图案更是难以接受。菊花虽然是华夏高雅纯净的名花，但在意大利却是送给逝者的花，寓意并不吉利。因此，在外交外事活动中，充分了解对方的文化忌讳，防止“踩雷”，是必修课。

地点问题。确认各种地点，也是外交外事活动中非常重要的一项。在接送客人之前，到达时间、会和地点、停车位置，以及附近显眼的标志性建筑，一定要准确无误地反复确认，必要的时候以书面形式同对方进行交流，以防止造成误解而为后期接待工作带来麻烦。另外，来宾对住宿楼层、卫生状况的要求也应予以重视。个别国家对卫生间环境十分讲究，那么接待这类外宾，就要提前考察活动地点的卫生条件。

时间安排。因为文化的不同，每个国家对时间观念和作息时间的安排也不尽相同。在印度，约会迟到是很平常的事情。所以，当印度人说“exactly”的时候，并不意味着他会按约定时间准时到达，迟到半个小时是常见情况。在日本、韩国这样的国家，人们是非常重视守时的。而德国，人们往往会比约定时间提前到达至少十分钟。假期方面，中国商店通常不分节假日，正常营业。而欧洲很多国家，节日即打烊，也不存在延时加班的习惯。所以，在和不同国家打交道之前，要先了解他们的时间认知习惯。

四、外交外事礼仪的国际化

外交外事礼仪随着国际发展趋势而更新发展。1967 年，加拿大传播学家 M. 麦克卢汉在其著作《媒介即信息》中第一次提出了“地球村”的概念，形象地描述了世界逐渐向全球化、一体化发展的趋势。随着世界各国之间的联系日益紧密，外交外事礼仪也呈现出国际化趋势。

第一，礼仪标准的多元化发展。起初，在涉外活动中应该遵守的仪式规范标准，主要源于西方发达国家，世界通用外交语言也是英语。如今，随着时代的发展，国际力量格局发生了改变，世界各国实力此起彼落。新兴力量、崛起国家的影响力慢慢扩大，这些国家的文化习俗，很有可能成为日后国际公认的规范。中国就是很好的一例。随着中国的不断振兴，海外无论官方还是民间，学习汉语的人在不断增加，对汉文化感兴趣的人也越来越多，中国传统礼仪文化，便以语言为媒介，更加广泛地在世界范围传播。

第二，礼仪标准的发展逐步趋同。全球化是持续不断的动态过程，世界各国的礼仪文化随着全球化的进程而更加趋同，外事礼仪标准也越发具有共性，在使用过程中各方因为礼仪互通而更加理解包容。礼仪作为一种通行证，可以使用的地方越来越多，而由于文化差异产生的阻碍，越来越少。世界各国人民都能够用国际礼仪的标准去沟通彼此、相互理解。

第三，各国礼仪文化不会因趋同而消失各自的独特性。虽然世界愈发趋同，但各国文化仍保持其特性继续存在。那么对于这一特性部分，要被认真对待与尊重。因此，在外交外事礼仪实践中，需要“两条腿走路”。既要熟悉被世界各国所接受的国际通用礼仪规范，又要包容多元文化，尊重每个国家的文化习俗差异。

第三节　外交谈判礼仪

一、外交谈判

美国谈判学会主席杰勒德·尼尔伦伯格在著作《谈判的艺术》一书中写道：“只要人们是为了改变相互关系而交换观点，只要人们是为了取得一致而磋商协议，他们就是在谈判。”任何种类的谈判，都是指人们对于有争议的问题交换意见，为了取得妥协而相互磋商的一种行为。谈判的作用是为和平解决争端提供一个途径，双方的共同利益或者对问题的认识促成了彼此的对话。在外交中，突出表现之一，便是沟通的过程，这是国际行为体通过谈判和对话来解决冲突，并且这种沟通过程具有高度的制度化和职业化特征。外交谈判是外交方式的一种，指的是国家之间就政治、军事、经济、科技等方面开展官方的谈判，如：国际贸易合作、国际文化交流、国际军事纠纷、围绕朝核问题进行的“六方会谈”、围绕中国加入“世贸组织”的多方会谈等。外交谈判必须程序严谨，准备充分，效果鲜明，谈判的结果对各方都有制约性。谈判的主体是主权国家及其国家联合体，而实际参与的谈判者，是外交主体的官方机构和代表人员，如国家元首、外交部部长、驻外大使，以及联合国秘书长、欧盟负责共同外交与安全政策的高级代表等。

外交谈判在中国自古有之。公元前279年秦昭王和赵惠王“渑池之会”及公元1005年北宋的宋真宗与辽国的萧太后“澶渊之盟”，都是很典型的史例。外交谈判是指主权国家的中央政府就彼此之间存在的争议问题及其他重要国际事务进行协商讨论、协调彼此立场，力求最终和平解决问题的方式。外交谈判是国际政治领域为解决国家、地区之间的纷争、矛盾及其历史遗留问题而进行对话、会谈的外交行为。相对战争方式而言，外交谈判是一种和平、明智的解决国家间争端和矛盾的方式。在日本国际法学会编著的《国际法辞典》一书中，谈判被看作“和平的国际关系的基本形式”。英国学者尼科松则认为“外交的职能就是通过谈判的方法来处理独立国家之间的关系”。

外交谈判也是外交外事工作者的必备技能。作为外交形式的一种，外交谈判议题更加具有针对性，也更为具体，包括政治、军事等高级政治议题以及经济、文化等低级政治议题。同时，外交谈判的主体也是多种多样的。中央政府、地方政府、国际组织等都可以作为谈判的主体。

外交谈判的目标一般可以分为直接目标和终极目标。外交谈判的直接目标是为了解决谈判各方之间的争端，这也是人们通常进行谈判的原因。而外交谈判的终极目标是要实现谈判方的共同利益。解决能导致双方既有利益受损的争端将实现各方的消极共同利益，避免争端使各方的消极共同利益受损。而解决能妨碍积极共同利益实现的争端有助于各方去实现积极共同利益，在现有利益的基础上为各方带来更多的利益。

尽管绝大多数的谈判是为了解决争端，但是，如果谈判各方之间的争端非常激烈，而共同利益缺乏，那么，即使各方走到谈判桌前，遵守规则，开展谈判，也达不到双方预期的效果，甚至谈判结果适得其反。但这样的外交谈判往往不是为了取得一致，而是服务于其他目的，如拖延、宣传、转移注意力或寻求获得有关对方及其谈判立场的情报。

二、外交谈判的特点与作用

外交谈判的特点主要有以下八点：

其一，外交谈判是主权国家之间的谈判。通常参与外交谈判的主体是主权国家，即参加者必须是主权国家所委派的正式代表。这样一来，谈判方能取得有效的结果。为了谈判能取得实际效果，各国谈判者的资格非常重要，必须是被其所在国家的中央政府授予全权的代表。依照常规，在参与外交谈判时，代表必须出具本人的全权证书。根据国际惯例，只有作为国家代表的国家元首、领导政府的政府首脑和主管本国外交事务的外交部部长才可以例外。当各国经过外交谈判达成协议，最后签署具有法律约束力的条约时，亦应提请本国的中央政府或者立法机构予以正式批准。

其二，外交谈判是主权国家之间的自愿行为。外交谈判之所以能正常进行，是因为它是相关国家的自愿行为。如果只有一方希望通过谈判与其他有关国家解决彼此之间存在的问题，却得不到对方的回应与合作，那么外交谈判就无法开展。是否需要谈判，谈什么问题，谈判应在何时何地以何种级别进行，都要由各国在自愿的基础上提前进行讨论。

其三，外交谈判是各国之间完全平等的行为。既然外交谈判的主体是主权国家，而主权国家之间的外交活动讲究的是一律平等，那么有关国家进行正式外交谈判，无论国家大小强弱，都应当相互尊重，平等交往。外交谈判的平等性主要应体现在以下几个方面：(1)谈判代表的地位、级别要基本平等；(2)谈判代表的政治地位要完全平等；(3)谈判代表的发言权要一律平等；(4)谈判代表所受的礼遇要大体平等。如此，才能体现外交谈判国家之间的真正平等。

其四，外交谈判是一种各方和平说理的行为。在外交谈判中，有关国家的代表为了维护本国的国家利益，可以直陈己见、寸土必争、锱铢必较，努力达到自己的既定目标。但是，在任何外交谈判中，谈判代表都要讲究方式，注意以理服人。在外交谈判中，不论陈述自己的见解，还是反驳他人的主张，谈判代表都必须注意讲理、有礼有节，采用摆事实、讲道理的和平方式。反之，在外交谈判中，谈判代表如果不注意以理服人，而是自以为是、蛮不讲理、为所欲为，甚至动辄对谈判对象进行冲动的诅咒或威胁，非但不能自圆其说、取得成效，往往还会授人以柄，甚至导致谈判破裂，双方关系恶化。

其五，外交谈判得以成功的保证是严守秘密。实际上，说外交谈判是一种必须严守秘密的行为，也是完全说得通的。秘密性，应当被视为外交谈判的主要特征之一。但这与秘密外交截然不同。秘密外交，是指某些国家的政府之间为了不正当的目的而私下进行的阴谋性的外交活动。它一旦造成不好的后果，往往就要由其本国人民或别国人民去承担。而外交谈判的秘密性，则是指对外交谈判的意图、策略、内容及过程保守秘密。在谈判的任何阶段，对其公开得越少，成功的希望就越大。

其六，外交谈判的基本依据是国际法。进行谈判，必须有法可依、有法必依。国内有关各方进行谈判时，谈判的主要依据是本国的法律。进行外交谈判时，国际法是基本依据。根据国际法的有关规定，外交谈判只能在主权国家的政府之间进行，谈判的参与者应当代表本国中央政府。政府与民间代表所进行的谈判，不应被视为外交谈判，其结果也不具有法律效力。一国政府与另一国的叛乱团体进行谈判，实质上是干涉别国内政的一种变相行为，同样也有违国际法。总之，对于国际法已有明确规定的内容，在外交谈判中都必须严格遵照执行。

其七，外交谈判十分重视礼仪的运用。通常外交谈判正式进行于国家与国家之间，任何国家都将本国的尊严形象视为生命，因此在外交谈判中体现着尊重与友善之意的礼仪的运用，一向受到重视。比如：谈判者的表现必须讲究礼仪；谈判者的着装必须讲究礼仪；谈判现场座次的安排必须讲究礼仪；谈判后举行签字仪式时必须讲究礼仪；谈判和签字仪式举行时所摆放或悬挂的有关国家的国旗必须讲究礼仪。

其八，外交谈判要求参与者有所妥协。一般来说，在外交场合，“谈判是一个连续的过程”。国家为了维护本国的利益总是要想方设法地与谈判对象讨价还价。但是，如果想使谈判取得真正成功，在谈判时就既要有所坚持，又要有所退让，善于求同存异，学会智慧地妥协，为双方留下一定余地，以有所让步的方法避免争执或冲突，从而使谈判获得成功。应该说，一般的外交谈判大多会以有关各方有所妥协、相互让步而告终。在外交谈判中的妥协，并不是随意的，而是必须要坚持原则，设定退让的底线和范围，这样才不至于有碍本国的外交大局。

外交谈判的作用，主要体现在两个基本方面。一方面，外交谈判为各国之间进行实质性的接触提供了一种最佳方式。国际社会中，各个国家之间都应当礼尚往来、和睦共处，其中最重要的是要做到相互沟通、互谅互让。如果各国政府缺少往来、少有接触、难以沟通，往往就容易互相猜忌、产生矛盾，甚至发展成为国际性的冲突。各国政府之间所进行的接触，大体上可以分为两类：一类是礼仪性接触，另一类则是实质性接触。实质性接触，一方面是为了发展彼此之间的友好关系，另一方面则是为了处理、解决彼此之间的冲突或纠纷，意在协商或处理彼此之间所存在的问题，要么对其进行开诚布公的充分讨论，要么争取达成某种程度上的谅解或一致。通过外交谈判，各国政府之间可以进行实质性接触，在互相理解的基础上，协商解决问题，从而进一步发展友好关系。各国外交要有所成就，就必须经过外交谈判。离开了外交谈判，外交活动便难以正常进行。

外交谈判的另一个作用就是为解决各国之间的国际争端提供一种最正常的方式。国际社会中的众多国家，各自利益不尽相同，因此，彼此之间在相互交往中就难免会产生各种形式的国际争端。争端一旦出现，就必然会对有关国家之间的正常关系造成一定影响。一般来讲，世界各国对与自己有关的国际争端都会给予相当的重视，并且往往会力求尽快解决。正常情况下，解决国际争端自古以来就存在着两种基本方式：一种是和平的方式，即主要通过外交谈判理性解决。另一种是非和平的方式，即通过使用武力或以武力相威胁的手段来激进地解决。实践证明，要使国际争端得以正常而合理地解决，采用和平方式最为恰当，而非和平的方式通常是损失最大的、最不可取的。

三、礼仪在有效谈判中的作用

在外交谈判中，务必重视礼仪所发挥的作用。礼仪对谈判者起着约束和规范作用。如前文所述，礼仪文化核心离不开“律己敬人”，因此，遵守谈判礼仪是尊重对方最直接的表现形式。对礼仪知识的知晓和运用，反映着谈判人员所在国家的文明程度。通过自然形成的礼仪来约束和规范个人行为，从而展示个人内在的良好素质和修养，这不但能提升个人信心，而且还可以赢得他人的认可和尊重。通过个人展现出的礼仪，向对方更好地表达尊重、善意和友好，从而进一步增强互信，深化友谊。

为了让礼仪在外交谈判中充分发挥作用，谈判技巧是必不可少的。首先，谈判参与方都应该客观地依据自身综合国力，以主权平等为主导的国际准则，提出可能争取的最高谈判条件和可以接受的最低谈判条件。其次，在谈判中，不仅要尊重对方，同样要尊重自己，必要时要善于为了己方利益而坚持或等待，绝不拿国家原则作为交易。另外，注意要既给对方创造台阶，又给自己留有回旋的余地，无论谈判气氛融洽还是冲突较为激烈，切记不可违反礼仪规定，一旦打破礼仪规定，则处于劣势地位。总之，在谈判过程中，谈判人员要深思熟虑、准备周全；坚持原则、互谅互让；高屋建瓴、着眼大局；相机行事、决定进退；求同存异，打破僵局。

文化自信是一个民族在文化问题上所具有的一种积极精神状态，它体现为在观察、思考和推动文化发展进程中对优秀传统的礼敬、对世界变化的从容、对开创未来的决心。高度的文化自信，是一个民族在文化创新上的精神底气，是一个民族能够走向并始终走在时代前列的必备条件。坚持外交与谈判礼仪，是践行文化自信的重要表现。十八大以来，在扎实推进社会主义文化强国建设、推进中华民族伟大复兴的进程中，我们党始终高度关注当代中国文化自信的构建与增进。习近平总书记反复强调文化自信问题，多次要求加强对中华民族优秀传统文化和光荣历史的宣传教育，增强中国人的骨气和底气；指出要讲清楚中华优秀传统文化的历史渊源、发展脉络、基本走向，讲清楚中华文化的独特创造、价值理念、鲜明特色，增强文化自信和价值观自信。

2017 年年初，中纪委第七次全委会上，习近平总书记再次从党的建设高度论述了文化自信问题。习总书记强调，要依靠文化自信，坚定理想信念，“没有中华优秀传统文化、革命文化、社会主义先进文化的底蕴和滋养，信仰信念就难以深沉而执着”。在 2017 年 10 月召开的党的十九大会议上，习近平总书记再次强调：“文化自信是一个国家、一个民族发展中更基本、更深沉、更持久的力量。”“没有高度的文化自信，没有文化的繁荣兴盛，就没有文化的繁荣兴盛，就没有中华民族伟大复兴。”

将中国优秀传统文化融入外交礼仪与谈判，有利于中国思想文化“走出去”，以高度的文化自觉推动中国思想文化迈出国门、走向世界，促进中国与世界的和谐健康发展具有重大意义。这不仅有利于提升国家文化软实力，进一步增强国家综合国力，还可以在实现民族复兴的同时，增强国际话语权，维护国家意识形态安全，在国际交往中更有力地传递中国声音、塑造中国形象、贡献中国智慧、促进世界和平发展。

思考题

1. 什么是“礼仪”？请简述“礼”的内涵。
2. 中国的礼仪与西方的礼仪有哪些不同？
3. 礼仪文化在当今社会发展中发挥着什么样的重要作用？
4. 为什么礼仪在外交外事工作中必不可少？
5. 外交谈判和礼仪之间有着什么样的联系？
6. 谈谈自身在社会主义现代化建设中，可以从哪些方面践行个人礼仪。

第二章
日 常 礼 仪

第一节　个人形象礼仪

个人形象是一张无声的名片，每时每刻都在传递着信息。人们通过彼此的形象，能够大致了解彼此的年龄、职业、教养、民族、信仰乃至经济条件等信息。因此，个人形象礼仪在涉外日常礼仪中就显得尤为重要。学习涉外日常礼仪，首先应当学习个人形象礼仪。本章将从仪容礼仪、仪表礼仪、仪态礼仪三个方面来介绍涉外个人形象礼仪。

一、仪容礼仪

所谓仪容，通常是指人的外观、外貌。在人际交往中，我们的仪容首先会引起交往对象的关注，并影响对方对自己的整体评价。在个人形象建设方面，仪容建设乃是重中之重。个人形象礼仪对个人仪容的基本要求是美观。要做到这一点，自然就要注意修饰个人的仪容，包括发型发饰修饰、面部妆容修饰与身体(人体头部以下未被服饰遮掩的肌肤)护理等。

(一)发型发饰

在正常情况下，人们观察一个人往往是“从头开始的”。所谓“一头映半身”，头发更是位于人体的“制高点”，对于个人形象的影响是显而易见的。那么，在涉外场合中，什么样的发型才能给对方留下既美丽又得体的印象，为个人的整体形象加分呢?

1. 标准发型要求

首先就男士而言，在涉外场合中，男士的发型应该给人严谨、利落、精神之感。一般情况下，男士头发长度最好不要超过 7 厘米，且要做到“前不覆额、侧不掩耳，后不及领”。也就是说，前面的头发不要遮盖住额头，侧面的头发不要掩盖住耳朵，后面的头发不要触及衣领。根据自己的头发生长规律，适时地修剪头发。

图 2-1　标准男士发型

相较于男士的发型式样而言，女士的发型式样则更为多样化。女性如果为短发，则应该将其梳理整齐并保持干净；若为中等长度的头发，则发长不过肩；若为长发，则在正式的场合一定要将长发扎起或盘起，不可披散着头发。整体而言，女士发型要符合典雅、大方、简洁的原则。

图 2-2　标准女士发型

2. 五种常见发型与脸型搭配

除了头发长短的选择以及相对应的标准外，对于女性而言，重要的一点就是找到一款适合自己的发型。找到一款适合自己的发型并不容易，但也并非没有规律可循。发质、个人的脸型、性格与体型等都是选择合适发型的重要依据。在发型的选择上，脸型是否与发型相匹配是最应该考虑的。有些女性会有这样的疑惑：为什么她人的发型美丽得体，而自己剪相同的发型却不一定能达到相同或类似的效果呢？这说明发型与脸型是相辅相成的，恰当的发型，可以让两者相得益彰。下面介绍女性几种不同脸型所适合的发型：

(1)圆形脸。

圆形脸的最大特征是脸部长宽的比例接近1：1，脸部给人较宽的观感。圆形脸面部的外轮廓略圆，五官紧凑均匀但额头窄、下巴短。一般来说，人的面部最佳长宽比例为1：0.618。因此，圆形脸的女性可以考虑将刘海向上梳，露出额头，保持顶部头发高而蓬松，两鬓收紧呈弧线等，从而达到拔高额头、拉长脸型的效果。具体来说，若留短发，则要利用刘海增加头部的高度，若留长发，应利用直线条的发型削弱两边的宽度。

(2)长形脸。

长形脸的长宽比例一般大于3：2，其特征表现为面长，额宽、颊线直、鼻子显长等。拥有这种脸型的女性在发型的选择上与圆形脸不同，应强调宽度而不是高度。也就是说，应避免留长而直的头发，也应当避免头顶高而蓬松的发型以及一片云刘海。相对而言，遮住额头的薄刘海、耳侧较蓬松、顶发不蓬松的发型都比较适合长形脸。

(3)三角形脸。

三角形脸的特征是额头窄小，两腮宽大。这样的脸型在视觉上缺乏秀美之感。这样的发型适合增加额头两侧的发量，将额头的发型维持在一定的宽度。在刘海的处理上，可以选择稍长的厚刘海遮盖较窄的额角。同时，可选择比较温柔的波浪卷发，长度以中长或及肩为佳，以达到遮盖和修饰两颊的目的，从而使整体变得柔和。

(4)心形脸。

心形脸也称“倒三角形脸”或“甲子脸”，这种脸型的特征是额头宽大饱满，下颌消瘦，给人脸型偏小的感觉，颇为女性所钟爱。一般来说，这种脸型可以驾驭的发型比较多样。在头发长度的选择上，可以选择落在下颌骨两侧的长度，适当的量感可以增加下面的分量，让下颌处看起来有加宽的效果。若为曲线形的锥形脸，可以选择过肩长发，把耳朵以下的头发烫卷，使发型富有层次与动感。

(5)菱形脸。

菱形脸的特征是额头与下颌窄，颧骨突出。这种脸型给人以冷酷、有个性的感觉。在发型的选择上可以参考锥形脸。具体来说，要把耳朵以上部分的头发做出体积感，刘海是最佳的选择，头顶直发可以通过烫发来实现蓬松感，这样就可以使头顶饱满起来，高颧骨可以靠两侧的头发来掩饰，让其不那么生硬。在满足这两项条件的情况下，下颌可以大胆地露在外面。

以上介绍了五种不同脸型的人所适合的发型。总之，发型发饰的选择应当注意扬长避短，将最美的角度展现出来，这样才能反映出个人最佳的精神面貌，给人一种得体而美丽之感。

(二)面部妆容

容貌是一个人精神面貌的外观体现，合适的妆容不仅有助于展现个人优雅的精神气质，也是对他人的一种尊重。特别是对于从事外事工作的公务人员来说，保持日常面容整洁大气是对其最基本的要求。男性忌讳胡子拉碴，面部油腻；女性要避免面部不洁、发型凌乱。出席正式场合，男士面容应清爽干净。女士在妆容方面要求稍多，总的原则是自然协调，通过淡妆提升面部色彩亮度，突出优点，遮盖瑕疵。基础妆容一般包括四个方面的内容：修饰面部、修饰眉毛、描画眼睛、涂抹口红。

1. 修饰面部

化妆前要彻底洁面，然后进行基础护肤。待化妆水和润肤乳液滋润皮肤之后，可以进行粉底的涂抹。粉底颜色的选择，要与自己的肤色和肤质相适应，既不要显得暗淡，又不要过于白亮。干燥的皮肤应选取滋润型粉底，补充水分；油性皮肤则应选择清爽型粉底，以保持定妆效果和皮肤的良好状态。总之，面部修饰可以让皮肤更加白皙平整、肤色更加均匀，给人呈现良好的气色。

2. 修饰眉毛

眉毛的形状应依据个人的脸型和五官的特点，突出眼睛的神态。在修眉的过程中，应避免眉色太重而使眉毛过于显眼。适当的修剪眉毛可使眉形更加整齐，对杂眉的修剪也有利于勾勒眉毛整体的形态。修眉时，修眉刀与皮肤应呈 45 度角，逆向剃除。

3. 描画眼睛

眼睛是心灵的窗户。得体的眼妆有助于突出眼睛的特点，提升人的整体气质。鉴于眼线并不适用于所有人，眼妆一般分为眼影和睫毛膏两部分。首先，眼影颜色要与场合、服饰等相匹配，正式公务场合要避免过于鲜艳闪亮的颜色。涂抹眼影时，利用晕染的方法画出层次感，从眼皮底部到外眼角，颜色逐渐变淡，增加眼睛的立体感和神韵。当然，仅用单色平涂，也是一种选择，但仍要符合出席的场合。其次，要注意刷睫毛膏的程序，刷睫毛膏前，可先使用睫毛夹轻夹睫毛数秒，使其略微弯卷，然后用睫毛刷从睫毛根部向上轻刷，让睫毛看起来浓密、修长。需要注意的是，切忌睫毛膏过多导致睫毛打结、粘连，从而影响美观。

4. 涂抹口红

口红颜色的选择对于个人气质的衬托非常重要。一般来说，偏暖色的皮肤选择暖色，偏冷色皮肤搭配冷色。正式的外事场合应避免怪异的小众颜色，如蓝色、紫色、黑色等，也不要选择过度鲜艳的颜色。口红颜色的选择原则是挑选与自身唇色最相融的色调，这样整个人看起来才有精神、有气场、有底气。

需要注意的是，在涉外场合，女士不论是化妆还是补妆，都应避开旁人，选择去盥洗室、化妆间等人少处完成。除面部妆容外，还需时刻注意头发的洗护与手部的清洁。无论男女，都应定期修剪、清洗头发，保持头发的清爽不油腻；在公众场合，要做到勤洗手，保持卫生。

二、仪表礼仪

什么是仪表？从广义上来讲是指一个人外在的容貌、表情、举止、服饰等给人的总体印象。狭义的仪表则是指动态的面部表情和静态的衣着配饰。

（一）面部表情

看一个人的脸部，通常以观察五官为首要，这是一种静态的观察。表情作为一种更加动态的因素，以五官为基础来表达情绪，对整个人的相貌和气质等有着重要的影响。此外，对表情的管理也是自身素质的外在表现，做好表情管理，能使自己优雅从容地应对各式各类的交往场合，提升个人魅力。本专题主要从目光和微笑两个方面来对表情礼仪进行介绍。

1. 目光

眼睛是心灵的窗户，眼睛的表现力极为丰富和微妙。在交际过程中，目光有着非常重要的作用。正确地运用目光，能恰当地表现出人内心的情感，在人际交往中为个人形象加分。在不同场合和不同情况下，应使用不同的目光。在见面时，首先要睁大眼睛，以明亮的目光正视对方片刻，面带微笑，以显示喜悦热情的心情。在交流过程中，应始终保持目光的接触，这是对话题感兴趣的一种表现。但目光接触应避免盯视、眯视和斜视，做到“散点柔视”，即将目光柔和地投向他人，而不是只聚集于对方的眼睛；当双方沉默不语时，应将目光移开。交谈结束后，要抬起头，注视对方，表示谈话的结束。道别时，仍应用目光注视着对方的眼睛，脸上表现出惜别的深情。

2. 微笑

人的感情是非常复杂的，表现在面部有“喜怒哀乐”等多种形式。其中，笑在人际交往中有着非常重要的作用。微笑能产生亲和力，有效缩短交流双方的距离，给对方留下美好的心理感受，从而形成融洽的交往氛围。因此，微笑是处理人际关系的一种重要手段。要笑得恰到好处是一门学问。微笑时，要大方自然、发自内心，避免生硬、虚伪和言不由衷。

(二)服饰穿搭

着装是一门艺术，正确得体的着装，能体现个人良好的精神面貌、文化修养和审美情趣。正确得体的着装应区分场合，一般说来，公务场合着装要端庄大方；参加宴会、舞会等应酬交际则应突出时尚个性；休闲场合则以舒适自然为主。全身衣着颜色一般不超过三种。

1. 男士着装

男士穿着西装时务必整洁、笔挺。正式场合应穿着统一面料、统一颜色的套装，内穿单色衬衫，打领带，穿深色皮鞋。其中，衬衫的领子要挺括，不可有污垢、油渍。衬衫下摆要塞进裤子里，系好领口和袖口。衬衫领口和袖口要长于西服上装领口和袖口 1～2 厘米，以显示层次感。领带结要饱满，与衬衫领口要吻合。领带的长度以系好后大箭头垂到皮带扣为宜。系纽扣时，领带夹夹在衬衫的第三粒和第四粒纽扣之间。皮鞋的颜色不应浅于裤子。黑皮鞋可以配黑色、灰色、藏青色西服，深棕色鞋子配黄褐色或米色西服，鞋要上油擦亮。袜子一般应选择黑色、棕色或藏青色，与长裤颜色相配。任何时候，忌用黑皮鞋搭配白袜子。

图 2-3　男士着装

2. 女士着装

女士的着装比男士更具个性，但也有一些必须要遵守的规则。女士的着装首先要与场合相协调。如在日常工作中，白领职员的着装应尽量与办公室色调、气氛相协调，并与具体的职业分类相吻合。服饰应以舒适方便为主，以适应整日的工作强度。过分暴露、花哨、反光的服饰是办公室着装所忌讳的。在较为正式的公务或商务场合，衣着应庄重考究，按惯例应着正装。在涉外场合出席正式宴会时，则应穿中国的传统旗袍或西方的晚礼服。在朋友聚会、出游等场合，着装应轻便舒适。在自己家里接待客人时，可以穿舒适但整洁的休闲服。其次，女士着装还应注重年龄、体型和环境。试想三十多岁的成熟女性，如果还穿着带有蝴蝶结或印满俏皮字母的衣服，未免会给人一种老天真的感觉。相反，一些年轻女孩经常穿黑色为主调的服装，以为带有神秘感，却把青春给掩藏了。第三，选择服装时一定要了解自己的体型特点，衣不合身不仅穿着不舒服，而且可能会给人留下可笑的印象。第四，女士的着装要随时间而变换，白天工作时，应穿着正式套装，以体现职业性；晚上出席鸡尾酒会就须多加一些修饰，如戴上有光泽的配饰，围一条漂亮的丝巾。最后，服装的选择还要适合季节气候特征，与潮流保持同步。

图 2-4　女士着装(1)

图 2-5　女士着装(2)

3. 配饰配件

佩戴饰物要考虑人、环境、心情、服饰风格等诸多因素之间的关系，力求整体搭配协调，遵守以少为佳、同质同色、符合身份的原则。

男士只能佩戴戒指、领饰、项链等，注重少而精，以显阳刚之气。女性饰物种类繁多，选择范围比较广，饰物的佩带要与体型、发型、脸型、肤色、服装和工作性质相协调。

三、仪态礼仪

仪态是指人们身体所呈现出的各种姿态，包括举止动作和相对静止的体态，是一种“形体语言”。正如英国著名哲学家培根所说：“优雅的动作姿态是美的精华，它比相貌美更为重要。”一个人的仪态不但能反映一个人的外表，而且能反映一个人的精神面貌和内在素养。所以仪态在礼仪中占有十分重要的地位。人们常常凭借一个人的行为举止来判断其品格、学识及修养，然后决定是否与其交往。

仪态主要包括站姿、坐姿、走姿、蹲姿和手势等几个方面，下面将具体介绍这几个方面的礼仪要求。

(一)站姿礼仪

站姿是一个人站立的姿势，是人们平时所采用的一种静态的身体造型，同时又是其他动态身体造型的基础和起点，最易表现人的姿势习惯。人们在描述一个印象不错的人的时候，经常会使用“身姿挺拔”这类词语，由此可见站姿对于一个人外在形象的重要性。优美的站姿是保持良好体型的秘诀，也是衡量一个人精神面貌是否良好的重要标准。优美的站姿需要做到以下几点：

1. 标准站姿要求

在涉外场合，尤其是较为正式的社交场合或公共场合，站立姿势一定要力求标准、优雅。标准的站姿要求站立者在站立时，应该像松树那样笔直挺拔。从正面看，站立者应全身笔直、精神饱满、两眼正视前方、两肩平齐微向后张、两臂自然下垂(或者双手在体前相握，右手放在左手上)、两脚跟并拢，两脚尖张开约60度呈“V”字形(女士双脚可呈“丁”字形或一前一后)，身体重心落于两腿正中；从侧面看，站立者应头不偏不倚、下颌微收、挺胸收腹、腰背挺直、手中指贴裤缝，整个身体庄重挺拔。

标准站姿不仅能使人看起来稳重、大方、优雅、挺拔，还可以帮助呼吸，改善血液循环，并在一定程度上缓解身体疲劳。当站立时间过久需要稍作休息时，站姿可稍作变化。站立者可以两脚分开(两脚外沿宽度以不超过两肩的宽度为宜)，以一只脚为重心支撑站立，另一只脚稍作休息，然后轮换。

2. 其他注意事项

除了标准站姿要求以外，站姿礼仪还包括以下几点注意事项：

(1)站立时表情要自然，嘴微闭，面带微笑。

(2)切忌东倒西歪，无精打采，懒散地倚靠在墙上、桌子上。

(3)不要低着头、歪着脖子、含胸、驼背。

(4)不要将身体的重心明显地移到一侧，只用一条腿支撑身体。

(5)不要下意识地做小动作，如腿不由自主地抖动，用手摆弄头发、打火机、笔等。

(6)不要将手插在裤袋里面，也不要双手交叉抱在胸前，或是双手叉腰。男子双脚左右开立时，注意双脚之间距离不可过大，女士站立时尤其要注意不要让臀部撅起。

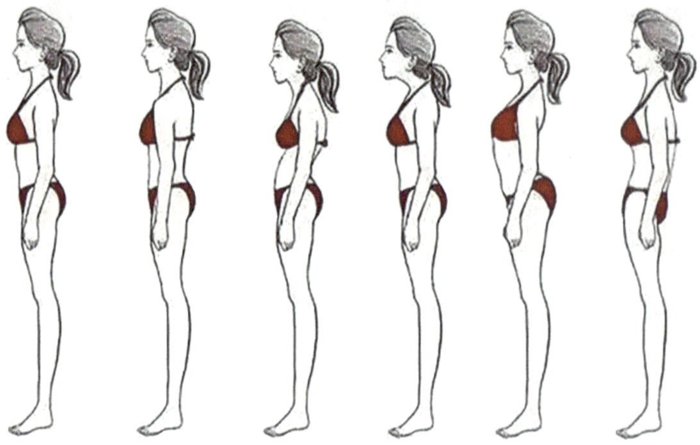

图 2-6 站姿体态对比

(二)坐姿礼仪

坐姿是人们日常起居中最常见的样态之一，一个好的坐姿能反映出良好的精神状态和内在素质。在中国人的传统中，人们总是教育孩子要“坐要有坐相”，“坐如钟”。在现代涉外礼仪中，关于坐姿也有其规范要求。坐姿讲究男女有别，不同场合适用不同的坐姿。正确的坐姿礼仪能够营造融洽、和谐的气氛。

1. 男士标准坐姿

入座时要轻缓，落座后双腿略打开，双腿放在正中或微向前伸展，大腿和小腿成 90 度角，双手轻松自然地平放或微微握起放在双腿上，后背挺直，目视前方，表现出男士的练达和自信。

2. 女士标准坐姿

女士坐着时应膝盖并拢，不可分开双腿，不可东歪西倒，穿短裙更要防止“走光”，要时刻保持女士的优雅并彰显内在修养。注意腰背要挺直，双手自然相叠放在一条腿的大腿上，确保背部直立且不能完全倚靠在椅背上，坐满椅面的 2/3 或 1/2。

女士入座五个步骤：第一步，从座位左侧入座；第二步，右脚后退半步，感知椅子的位置；第三步，用右手手背整理裙子；第四步，轻轻入座，坐在椅子的 2/3 或 1/2 处；第五步，双手相叠放在一条腿的大腿上，并轻轻调整好坐姿。

图 2-7　标准男士坐姿

图 2-8　标准女士坐姿

3. 男女常见坐姿

(1)开膝式(男士)。

在基本坐姿的基础上，两腿分开不超过肩宽。

(2)叠放式(男士)。

在基本坐姿的基础上，左(右)腿垂直于地面，右(左)腿叠放于上面，注意不要形成“4”字形坐姿。

(3)斜放式(女士)。

在基本坐姿的基础上，两腿并拢，将两脚同时放于左侧或右侧。

(4)交叉式(女士)。

在基本坐姿的基础上，将两脚踝盘住交叉并垂直于地面。注意膝盖并拢，两脚尖外展。

(5)斜叠式(女士)。

在基本坐姿的基础上，左(右)腿斜放，右(左)腿叠放于另一腿上，注意脚腕绷直，脚尖外展。

(6)内收式(女士)。

两小腿向后侧屈回，双脚脚掌着地，膝盖以上并拢，两脚稍微张开。

图 2-9　男士坐姿

图 2-10　女士坐姿

图 2-11　挂膝式坐姿正面展示

图 2-12　挂膝式坐姿侧面展示

4. 其他注意事项

除了以上标准坐姿和几种常见坐姿以外，坐姿礼仪还包括以下几点注意事项：

(1) 入座时，遵循“左入左出”的原则。

(2) 在座位上坐定后不可有太多小动作。

(3) 在尊长面前陪坐时，切不可把椅子坐满，也不可以跷起二郎腿。

(4) 倾听尊长讲话时，应保持上身挺直且微微前倾。

(5) 离席时要轻缓轻巧，不可大力挪动椅子。

(三) 走姿礼仪

如果将站姿和坐姿称为人体的静态姿势，那么走姿则是人体的动态姿势。很多时候，人体的动态美，就体现在个人的行走姿势上。在现实生活中，一些走姿因过于随意而有失优雅与礼节。要想走得好看、走出风度，则需要掌握行走的要领。

1. 走姿的基本要求

走姿的基本要求是走得正确而自然、优雅而风度、轻捷有节奏，能反映出积极向上的精神状态。在行走时，行走者上身需要保持基本的站立标准姿势，挺胸收腹，腰背笔直。两臂以身体为中心，前后自然摆动，前摆约 35 度，后摆约 15 度，手掌朝向体内。起步时，身子稍向前倾，重心落前脚掌，膝盖伸直，脚尖向正前方伸出，双目平视，收颌，表情自然平和。

当然，除此以外，走姿礼仪还讲究男女有别。行走时，男士要步履雄健有力，不慌不忙，展现雄姿英发、英武刚健的阳刚之美。女士要步履轻捷优雅，步伐适中，不快不慢，展现出温柔、优雅的阴柔之美。

2. 步幅、步位与步韵

走路时步态的优美与否，是由步幅和步位决定的。步幅是指行走时两脚之间的距离，其一般标准是一脚迈出落地后，脚跟离另一只脚脚尖的距离恰好等于自己的脚长；而所谓步位，则是指脚落地时应放置的位置。走路时步位要尽量保持在同一直线上，而不是走平行线或曲线。如果两脚分踩两条线，是很不雅观的步位。

除了行走的步幅与步位以外，步韵的把握对于走出优美的步态而言也相当重要。走路时，行走者的膝盖和脚踝都应富有弹性，肩膀应自然、轻松地摆动，使自己走在一定的韵律节奏上，这样才会显得自然优雅。

3. 走姿的注意事项

除基本的走姿要求以外，走姿礼仪还包括以下几点注意事项：

(1)在行走时，要保持挺胸收腹，神采奕奕。避免含胸弓背、弯腰驼背，给人压抑、无精打采的感觉。

(2)在行走时，行进的速度应当平稳、均匀，既不能过快过慢，也不要忽快忽慢。

(3)在行走时，不要把手插在衣服口袋里，也不要双手叉腰或倒背着手走路。

(4)在行走时，脚步应干净利索，不可双脚在地上拖来拖去，拖泥带水。

图 2-13　优雅走姿

(四)蹲姿礼仪

蹲姿也是日常生活中常见的体态姿势，当我们要俯身捡起什么东西时，或者集体合影前排需要蹲下时，都要采取蹲姿。如果蹲无“蹲相”，随便弯腰，臀部后撅，上身前倾，袒胸露背，这既不雅观，也不礼貌。因此，与站姿、坐姿和走姿一样，蹲姿也有礼仪要求。

1. 蹲姿的基本要求

在采取蹲姿的时候，下蹲者应注意以下事项：

(1)下蹲拾物时，应自然、得体、大方，不遮遮掩掩。

(2)下蹲时，两腿应合力支撑身体，避免滑倒。

(3)下蹲时，应使头、胸、膝关节在一个角度上，使蹲姿优美。

(4)对于女士而言，无论采用哪种蹲姿，都要将双腿靠紧并拢，臀部向下，下蹲时注意内衣“不可以露，不可以透”。

2. 男士常见蹲姿

男士常见蹲姿主要有高低式蹲姿和半蹲式蹲姿。

(1)高低式蹲姿。

高低式蹲姿是男士所采用的最常见和最方便的蹲姿，这种蹲姿的要求是：下蹲时，双腿不并排在一起，而是左脚在前，右脚稍后。左脚完全着地，小腿基本上垂直于地面。右脚则脚掌着地，脚跟提起。此时右膝低于左膝，形成左膝高右膝低的姿态。臀部向下，基本上用右腿支撑身体。

(2)半蹲式蹲姿。

半蹲式蹲姿一般是在行走时临时采用，它的正式程度不及前种蹲姿，基本特征是身体半立半蹲。半蹲式蹲姿要求下蹲者在下蹲时，上身稍作弯曲，但不要和下肢构成直角或锐角；臀部务必向下，而不是撅起；双膝略为弯曲，角度一般为钝角；身体的重心应放在一条腿上，两腿之间不要分开过大。

3. 女士常见蹲姿

女士常见蹲姿主要有交叉式蹲姿和半跪式蹲姿。

(1)交叉式蹲姿。

交叉式蹲姿通常适用于女性，尤其是穿短裙的人员。短裙虽修身优雅，但由于长度原因，它要求着裙者在下蹲时将两腿前后交叉，缓缓下蹲。

这种蹲姿的要求是：下蹲时，右脚在前，左脚在后，右小腿垂直于地面，全脚着地，右腿在上，左腿在下，二者交叉重叠；左膝由后下方伸向右侧，左脚跟抬起，并且脚掌着地；两脚前后靠近，合力支撑身体；上身略向前倾，臀部朝下。

(2)半跪式蹲姿。

半跪式蹲姿又叫作单跪式蹲姿。它也是一种非正式蹲姿，多用于下蹲时间较长，或为了用力方便时，其特征是双腿一蹲一跪。

这种蹲姿的要求是：下蹲后，改为一腿单膝点地，臀部坐在脚跟上，以脚尖着地；另外一条腿全脚着地，小腿垂直于地面；双膝应同时向外，双腿应尽量靠拢。

图 2-14 女士蹲姿

4. 蹲姿的注意事项

除了蹲姿的基本要求和几种常见的蹲姿外，蹲姿礼仪还包括以下几点注意事项：

(1) 下蹲时，不要离人太近，应与身边的人保持一定的距离，避免彼此迎头相撞，并且速度也不要太快，冒冒失失地下蹲也不符合礼仪要求。

(2) 下蹲时，要注意下蹲的方位，避免在别人身体正前方或正后方下蹲，最好选择与别人侧身相向的方向下蹲。这是因为在正前方下蹲是非常不礼貌的。

(3) 对于穿着套裙的女士而言，下蹲的时候一定要避免个人身体隐私暴露在外。身体隐私暴露在外不仅是不礼貌的行为，而且还会影响自己的形象。

(五) 手势礼仪

与人沟通，我们会使用大量的手势。如果能够恰当地运用手势来表达自己的情感，将会增进与对方的相互理解，还能传情达意，提升个人形象。下面我们就来详细介绍一下日常生活中常用的一些手势。

1. “请”的手势

“请”的手势是日常生活和工作中经常用到的。做“请”的手势时，要在标准站姿的基础上，将手从体侧提至小腹前，优雅地划向指示方向。这时五指应并拢，掌心向上，大臂与上体的夹角在30度左右，手肘的夹角在90度到120度之间。同时，要用亲切柔和的目光注视客人，并说些与“请”相关的话。

2. 指引的手势

在指引的过程中要用到手掌，并且要求掌心向上，因为掌心向上有诚恳、尊重他人的含义。做指引手势时，可以站在被指引物品或道路的旁边，右手手臂自然伸出，五指并拢，掌心向上，手掌和水平面呈45度角，指尖朝向所要指引的方向，以肘部为轴伸出手臂。在指示道路方向时，手的高度大约齐腰，指示物品的时候，手的高度根据物品来定，小臂、手掌和物品呈直线就可以了。无论是指人还是指物，都不能用食指指点。

3. 鼓掌的手势

鼓掌一般是表示欢迎、祝贺、赞许、致谢等含义的礼貌手势。标准的鼓掌动作并不是双掌一拍这么简单，应用右手掌轻拍左手掌的掌心。根据鼓掌场合和情况的不同，又可分为三种不同程度的鼓掌：

第一种是应酬式的，主要是一种礼貌性的表示。鼓掌时动作不宜过大，轻拍几下即可。

第二种是比较激动的，发自内心的鼓掌。鼓掌时一般动作比较大，声音也很响亮，掌声热烈。

第三种是比较狂热的，表现难以抑制的心情。鼓掌时动作最为夸张，节奏不定，声音大，较少用于正式场合。

4. 举手的手势

在很多场合，如在一些会议上，需要做出举手的手势。举手表示招呼或者赞同的意思。举手就是手臂轻缓地由下而上，向侧上方伸出，手臂可全部伸直，也可稍作弯曲。此外，在向对方致意时也可做出举手的手势，在举手致意时要伸开手掌，掌心向外对着对方，指尖指向上方，手臂不要往左右来回摆动。

5. 告别的手势

告别的时候需要做出挥手道别的手势。这个时候要求身体站直，不要摇晃和走动；手臂向上前伸，不要伸得太低或过分弯曲；掌心向外，指尖朝上，手臂向左右挥动。用双手道别时两手同时由外侧向内侧挥动，不要上下摇动或举而不动，目光正视对方，不要东张西望或者目光游移。

第二节 社交礼仪

随着社会的进步，经济的发展，在日常生活中与国际友人交往已经变得不再新鲜。在接触外国人时，必须遵守相关国际交往惯例和基本原则。了解基本的社交礼仪，不仅是工作和交友成功的前提，而且也是展现国人良好涵养的重要机缘。涉外社交礼仪主要有会面礼仪、拜访礼仪、馈赠礼仪和通信网络礼仪。

一、会面礼仪

在社交场合中，会面决定了第一印象。掌握了基本的会面礼仪是涉外交往成功的第一步。会面礼仪主要包括致意礼仪、称呼礼仪、名片礼仪和交谈礼仪四个方面。

(一)致意礼仪

所谓致意，是指借由行为举止来向他人表达问候、尊重和敬意，作为会面礼仪之一，其对社交活动影响极大。世界各国习俗不同，致意礼仪也各不相同，常见的致意礼仪有握手礼、拥抱礼、亲吻礼、鞠躬礼、合十礼等。

1. 握手礼

在国际交往中，握手礼是最普遍的交际礼节，它表示亲近、友好、寒暄、祝贺、道别等多种含义。当与客人迎来送往的时候，当与友人久别重逢的时候，当被介绍与人相识的时候，当拜托别人做某事的时候……都需要行握手礼。

行握手礼时有伸手先后次序之分，其区别主要是为了表示对对方的尊重。一般来讲，社交场合遵循“位尊者先伸手”的原则。具体来说就是上下级之间，上级先伸手；长晚辈之间，长辈先伸手；男女之间，女士先伸手；主人与客人之间，主人先伸手(在告辞的时候，应该客人先伸手，否则会有逐客之嫌)。

通用的握手姿势是：双方相向而立，距离约半米，上身微微前倾，右手四指并拢，大拇指伸出，大大方方地虎口相握，用适度的力道上下摇晃。在握手的过程中，目光一定要直视对方，面带微笑，神情友好，整个握手的持续时间把握在3~4秒为宜。

除以上所讲的握手礼仪规范外，还有一些握手时的忌讳是需要注意的。这些忌讳主要有：

(1)戴着墨镜或手套与他人握手。

(2)握手时另一只手放在口袋里或者交叉相握。

(3)伸出左手与他人相握。

(4)握手时左右摆动。

(5)与女士握手过于用力。

2. 拥抱礼

拥抱礼常见于欧美国家，是熟人与朋友间在迎送场合表达亲密感情的一种礼节。行拥抱礼的正确姿势为：两人相对而立，各自上身微微前倾，左臂搂住对方腰部以上的位置，右臂搂住对方的后肩或右肩，使彼此头部及上身向左侧相互拥抱。如果是为了表达较为接近的情感，可以轻拍对方的右肩头，或者保持原手位不变的情况下，双方接着向右拥抱，最后向左拥抱。

一般而言，初次见面的陌生人不必行拥抱礼。行拥抱礼时应避免躲避和尖叫，非情侣关系的男女拥抱时避免距离过近、拥抱过紧过久，同时也不要过于急促地伸出手臂，以防拥抱遭拒，尤其是男性对女性的拥抱。

3. 亲吻礼

亲吻礼是盛行在西方的一项传统致意礼仪，它是亲近的朋友之间为了表示友好、尊敬或者爱护的一种重要手段。亲吻礼的正确姿势是：用右手扶住对方的左后肩，左手扶住对方的右后肩，两人按各自的方位以自己的右脸颊与对方相贴、相吻，然后换左边的脸颊，再是右脸颊。不过也有个别欧洲国家直接从左边开始贴面、亲吻。因此，在行亲吻礼前，最好弄清楚当地的亲吻顺序。此外，亲吻对方时，嘴唇不要接触对方的皮肤，否则就可能是失礼行为了。

除了贴面亲吻礼外，值得一提的还有流行于西方上流社会的吻手礼。这种礼节一般是由男士对地位尊贵的女性施行，行礼前男士一般会立正、致意，然后用自己的右手或双手轻轻托起女士的手，以微闭的嘴唇轻吻其手背。一般而言，行吻手礼需要女性主动伸出手来，而且这种礼节除了在英、法、意三国仍比较常见外，在其他西方国家已经很难见到了。因此，如果不是非常了解吻手礼的艺术，最好不要贸然行吻手礼，以免闹出笑话。

4. 鞠躬礼

鞠躬，意思是弯腰行礼，是表示对他人敬重的一种郑重礼节。鞠躬礼起源于中国先秦时代，现常见于日本和韩国。以日本为例，鞠躬分为“座礼”(跪式鞠躬)和“立礼”(站式鞠躬)，在日常社交中通常使用的是“立礼”。“立礼”根据弯腰的角度不同，又基本可以分为“会积(释)”“敬礼”“最敬礼”。

(1)会积(释)。

会积(释)是日本日常生活中最常见的敬礼方式，用在朋友之间相互问候、打招呼，服务人员对客人表示欢迎等场合。施行该礼时需以15度角轻轻弯腰，视线落在对方腰和胸之间，时间停留1~2秒即可。

(2)敬礼。

敬礼是“立礼”中最正式的鞠躬方式，常用在工作场合对客户、前辈、同事、客人等人表示敬意与感谢，或希望对方多多关照。施行该礼时以30度角鞠躬，视线落在对方从脚底往上约120厘米的距离处。

(3)最敬礼。

最敬礼在日常生活中并不多见，是对重要的客人、岳父母、上司等所行的鞠躬礼，表达的是深深的感谢或道歉。施行该礼时以45度角鞠躬，视线落在对方从脚底往上约120厘米的距离处，持续时间3秒为宜。

除以上三种“立礼”外，现实生活中日本人也会使用90度的鞠躬，一般在深度道歉或者致哀时使用，时间为4~5秒，常见于日本重大事件后相关负责人在发布会上道歉或在追悼会上对逝者表示哀悼。

在使用鞠躬礼时应该注意以下细节：

(1)说话和鞠躬不可同时进行，先说问候语，再鞠躬。

(2)站立时保持挺拔身姿，鞠躬时从头到腰绷成直线，自腰以上向下前倾。

(3)鞠躬时，男士双手自然下垂，贴放于身体两侧裤线处，女士双手交握搭放在腹前。

(4)地位较低者要先鞠躬，并且鞠躬要相对深一些。受躬者应还以鞠躬礼。

(5)躬身前后均要目视受礼者，全程保持微笑。

5. 合十礼

合十礼源于印度，通行于当今东南亚、南亚信奉佛教的国家或佛教信徒之间，用于见面打招呼、感谢、道歉和告别。新冠肺炎期间，许多国家领导人使用“合十礼”互相问候。合者，和也，代表和平、友好、团结合作。

行合十礼时，一般是两掌相合，十指伸直举至胸前，身子略下躬，头微微下低，口念“萨瓦蒂”(“萨瓦蒂”为梵语，原意是吉祥如意)。施礼者可以面带微笑，也可以同时颂祝词或问候对方。

合十礼有诸多讲究，长幼有序、贵贱有别是行合十礼的基本原则。具体来讲就是晚辈先向长辈行礼，下级先向上级行礼，平民先向皇室、僧侣行礼，平辈之间争相行礼。除了先后顺序外，行礼姿势也因所遇之人身份高低而有所不同。见到身份地位越高的人，指尖应举得越高，下蹲姿势越明显；见到身份地位低的人，指尖举得低一些，胸前合十即可。

平辈之间，双手居胸前，微点头即可，不用下蹲或鞠躬。

(二)称呼礼仪

由于各国、各民族语言不同，风俗习惯各异，社会制度不一，因而各国在称呼与姓名的使用上差别很大，如果称呼错了，姓名不对，不但会使对方不高兴，引起反感，甚至还会闹出笑话，出现误会。

1. 区分各国姓名使用差异

在日常交往中，正确、恰当地称呼对方，记住对方的姓名，是一个基本要求。但由于世界各国历史文化与风俗习惯的差异，姓名的称呼也不尽相同。因此，在我们称呼外国友人的姓名时，一定要区分差异，避免出错。具体而言，有以下三个方面需要注意：

(1)姓名的排列方式不同。

在我国，一个人的姓名往往是姓在前，名在后。而在国外，除了亚洲几个受儒家文化影响的国家同中国一样外，其他大多数国家都是名在前，姓在后。英国、美国、法国、西班牙等都是如此。俄罗斯人通常也是名在前，姓在后，但有时也把姓放在最前面，特别是在正式文件中。

(2)姓名的构成不同。

在我国，一个人的姓名通常只有父姓与名两节，且多为两个或三个汉字组成。而国外有些国家的人，姓名则很长，且多分为三节或四节。如英、美等国的人，姓名第一节是本人的正式名字(教名)，最后一节为姓，中间一节是母亲的姓或家庭关系密切者的名字，也有的是尊敬的好友或名人的名字。例如，约翰·斯图尔特·史密斯(John Stuart Smith)，即姓史密斯，名约翰。俄罗斯人的姓名，其第二节为父名。例如，伊万·伊万诺维奇·伊万诺夫，即姓伊万诺夫，名伊万，而伊万诺维奇为父名。阿拉伯人的姓名，其第二节为父名，第三节为祖父名。例如，沙特阿拉伯前国王费萨尔·阿卜杜拉·阿齐兹·阿卜杜拉·拉赫曼·沙特(Faisal ibn Abdul Aziz ibn Abdul Rahmamal Sand)，即姓沙特，名费萨尔，而阿卜杜拉·阿齐兹为父名，阿卜杜拉·拉赫曼为祖父名。

从以上例子可以看出，称呼这些国家的人，最主要的是记住第一节本人的名字和最后一节的姓。平时称呼，中间的部分可以省略。

(3)姓名的称呼方式不同。

在称呼外国人时需要区分清楚何时应当称其姓氏，何时应当称其名字，何时采用其全称。采用不同的称呼方式，不仅意味着双方具体关系有别，而且也表现出对对方的尊重程度。如对于英国、美国、英联邦国家以及法、德、意等国的人而言，在十分正式的场合，应称其姓名全称；在一般情况下，可仅称其姓氏。只有在关系特别亲密的人士之间，才会直呼其名。再比如称呼俄罗斯人，除了在正式场合宜称呼全称外，在一般情况下既可称其姓，也可称其名。将其本名与父名连用时，表示比较客气。而在向长者表示尊敬时，则只称其父名。

2. 选择合适的称呼

正确地称呼对方，是交际礼节中的一项基本要求。一个得体的称呼，会令彼此如沐春风，为以后的交往打下良好的基础。下面就针对不同对象，介绍一些在国际交往场合常用的称呼：

(1)在国际交往中，一般对男子可统称先生(Mr.)，对女子统称夫人(Mrs.)、女士(Ms.)、小姐(Miss)。其中，已婚女子称夫人，未婚女子称小姐，年长而婚姻状况不明的女子可称女士。在称呼先生、夫人、女士或小姐时，可以带上对方的姓名，也可以只带上姓，但不能单独带名而不带姓。例如，可以称“约翰·史密斯先生(Mr. John Smith)”，也可以称“史密斯先生(Mr. Smith)”，但不能称“约翰先生(Mr. John)”。

(2)对于有学衔、军衔、技术职称的人士，可以称呼他们的头衔。例如，某某教授、某某博士、某某将军、某某工程师等。对于参议员、律师、医生、主教的称呼，在他们的姓名前冠以职衔。如克拉克参议员、布朗律师、格林医生、怀特主教等。但是，外国人一般不用行政职务称呼别人，不称呼“某某局长”“某某校长”“某某经理”等，但是可以在介绍时说明被介绍者的职务。

(3)对于地位较高的官方人士，一般为部长级以上的高级官员，按国家情况称“阁下”、职衔或先生。如“部长阁下”“总统阁下”“主席先生阁下”“总理阁下”“总理先生阁下”“大使先生阁下”等。美国、墨西哥、德国等国没有称“阁下”的习惯，因此在这些国家可称先生。对有地位的女士可称夫人，对有高级官衔的妇女，也可称“阁下”。

(4)对教会中的神职人员，一般可称呼其在教会的职称，或姓名加职称，或职称加先生。如“福特神父”“传教士先生”“牧师先生”等。有时主教以上的神职人员也可称“阁下”。

(5)在君主制国家，一般对国王、王后可称“陛下(Majesty)”；对王子、公主、亲王可称“殿下(Royal Highness)”。在英国，对有爵位者，如侯爵、伯爵、子爵、男爵，以及公爵和侯爵的儿子、伯爵的长子均可称“某某勋爵(Lord...)”。对他们的夫人和公爵、侯爵、伯爵的女儿，以及新封的女伯爵等，则可称“某某贵夫人、小姐或女勋爵(Lady...)”。

(6)社会主义国家之间可以用职务相称，或按国际通用的习惯称呼，也可以用“同志”相称呼。

(7)对于服务人员，可以称呼其服务员，如知道姓名可单独称呼其名字。但现在很多国家越来越多地称呼服务员为“先生”“夫人”“小姐”。

(三)名片礼仪

名片是一个人的代表和象征，它相当于人的第二张身份证。在涉外交往中，名片既是一个人的形象广告，也是一个人寻找机会、认识新友的窗口。因此，在制作名片、递送名片、接受名片的时候，也要讲求一定的礼仪。

1. 名片的内容

名片上应该包含个人的基本信息。对于有工作单位的人，一般来说应该包括姓名、所属单位(Logo)、工作职位(职称)、联系方式这几项。关于联系方式，一般会有办公电话、传真号码、电子邮件、网址、通信地址这几项，私人手机号码是否公开可以根据个人意愿。此外，在涉外场合建议采用双语名片，一面为中文，一面为英文。值得一提的是，在姓名的翻译上，如果按照西方的习惯应该是名在前，姓在后，但随着中国不断地崛起与发展，保留中国人的习惯把姓标在前、名标在后的做法也越来越多。国家领导人出访均沿用中国式称呼。所以，这两种方法都是可以的。

2. 名片的递送

(1)出示名片的顺序。

名片递送的先后顺序虽说没有太严格的礼仪讲究，但也是有一定的顺序的。一般是地位低的人先向地位高的人递名片，男性先向女性递名片。当对方不止一人时，应先将名片递给职务较高或年龄较大者；或者由近处至远处递，依次进行，切勿跳跃式地进行，以免对方产生厚此薄彼之感。

(2)出示名片的礼节。

向对方递送名片时，身体应前倾、面带微笑并注视对方，将名片正对着对方，用双手的拇指和食指分别持握名片上端的两角，然后送给对方。此外在出示名片时，还应把握好时机。初次相识时，在自我介绍或别人为你介绍时可出示名片；当双方谈得较为融洽时，为了建立联系可出示名片；当双方告辞时，可顺手取出自己的名片递予对方，以表达想结识对方并希望能再次相见的意愿，从而加深对方对自己的印象。

3. 名片的接收

(1)接受名片的要求。

接过名片一定要看，切忌认错对方姓名，这是交往中最起码的尊重。拿到名片后，最好先仔细看一下并轻声念出某些核心信息，然后放入名片夹或者按顺序摆放在会谈的桌面。

(2)回赠名片礼仪。

“来而不往非礼也。”如果接受了对方的名片，应该在第一时间回赠名片以示尊敬。任何只收名片不回赠名片的行为都是傲慢和无礼的。如果没有携带名片可以向对方适当解释，以获取对方的谅解，并且找一些补救措施，如手写一张名片，或者给对方发送一个自我介绍的短信，最好的做法是回家后给对方发送一封自我介绍与致歉的邮件。

4. 名片礼仪中的注意事项

(1)注意递送名片的场合和时机，不要在用餐时递送名片。

(2)应把名片放在公文包或上衣口袋等容易取出的地方，不要在交换名片时当场翻找，以免造成尴尬。

(3)双手递送是东方人以示恭敬的常用做法，欧美人士有单手递接名片的习惯，如果对方如此，我方也可以单手递接，但不要用左手递送名片。

(4)不要把别人的名片拿在手中把玩，更不要在别人的名片上做谈话记录。

(5)如果对方名片上未标注手机号，不要直接询问。如果对方的联系方式对你很重要，可以非常含蓄地提醒对方。

(四)交谈礼仪

在涉外社交场合，当与对方进行简单致意后，免不了还要进行一番寒暄或交谈。一场融洽的交谈往往会使对方如沐春风，也可以拉近彼此的距离。那么，融洽的交谈有哪些礼仪要求呢？

1. 选择合适的话题

选择好交谈内容，谈话时才能有话可讲。对交谈内容的选择，也是交谈者个人品位、素养和人生阅历的一种体现。那么在社交场合中，那些是适宜交谈的话题或内容呢？在交谈话题的选择上有以下推荐：

(1)双方感兴趣的话题。

聊天不是一场独角戏，聊天的目的在于宾主尽欢。在交谈中，找寻与交谈者之间的共同兴趣不仅可以拉近双方的距离，打开交谈的局面，而且还可以在交谈中收获意外之喜。当然，如何找到双方共同感兴趣的话题并不是一件易事。它可能需要你事先对对方基本信息有一个了解，也需要你不断拓宽自己的知识面，培养一些自己的业余爱好。如果发现实在没有双方共同感兴趣的话题，应退而求其次，以“对方为中心”寻找对方感兴趣的话题。比如与欧美人交流时，谈一谈交响乐、橄榄球、足球、香水等，对打开对方话匣，进行愉快交流是相当有帮助的。

(2)高参与度的话题。

有些话题不一定是双方特别感兴趣的，但却具有共享性，人人皆容易参与进来，如天气、时下流行的事、人们热议的民生议题等。选择这样的话题不仅有利于避免无话可说的尴尬，而且还可以在互相表达看法的过程中增长见识、收获干货。

(3)对方擅长的话题。

每个人都有自己的一技之长，在交谈中向对方讨教其所擅长的内容，不仅可以找到与其交谈的兴奋点，而且还可以向对方传达自己虚心好学的态度，在交谈中有所收获。

(4)格调高雅的话题。

交谈中的具体内容反映着交谈者的个人素质与精神世界。如果你对哲学、历史、地理、文学、音乐、绘画或者时事这些领域有所涉猎、有所擅长，不妨尝试在交谈中将话题向这些领域引导。只是在具体选择这些话题时，一要考虑对方是否感兴趣，二要量力而行，切莫不懂装懂、弄巧成拙。

(5)轻松愉快的话题。

理想的交谈氛围应以轻松诙谐为基调，既应避免话题选择过于沉重，也应避免话题选择过于枯燥无味。在交谈过程中，主动谈论一些轻松、愉快的内容，比如电影电视、名人轶事、风味小吃、体育比赛以及潮流风尚等话题，不仅可以令交谈者感到轻松，而且往往还可以令众人一笑，活跃聊天氛围。

2. 交谈礼仪中的注意事项

交谈的话题包罗万象，但一些不适宜的话题也要避免提及，否则会适得其反。那么交谈时要避免哪些问题呢?

(1)个人隐私问题。

在闲谈时要避免询问对方的年龄、收入、健康状况以及家庭情况等涉及个人隐私的问题。因为对于极其注重个人隐私的外国人来说，询问个人隐私问题是一种冒犯行为。

(2)有争议的话题。

由于世界各国国情、文化风俗的不同，政治、战争等话题都容易引起争议。如果不熟悉该国情况，最好不要随意谈起这类话题。

(3)陈旧哀伤的话题。

有些话题已经被人讨论过无数遍，再次提起会让人感到无聊。而诸如灾难、事故、死亡等话题，则容易引发伤感，破坏闲谈时的轻松气氛。

(4)自己感兴趣的话题。

交谈是一场双向或多向交流，因此，在闲谈中要注意给别人发表意见的机会。有一些话题自己很感兴趣，谈起来眉飞色舞、滔滔不绝，而对方可能对此并不了解，缺乏兴趣，因此可能会导致尴尬冷场的局面。

3. 把握好肢体语言

在交谈中，为了避免出现尴尬或误解，除了选择合适的话题外，还应注意以下细节：

(1) 神情自然。

谈话时表情要自然、语言要温和可亲。在对方说话时，要注视对方的面部，并适当地进行眼神互动。东张西望会显得心不在焉，给人留下不好的印象。

(2) 手势适当。

有些人讲话时会不由自主地搭配手势等肢体语言，尤其是在与外国人交流时，由于语言隔阂，手势等肢体语言有助于传达信息，烘托气氛。但做手势时应避免动作过大，尤其要避免指指点点。

(3) 举止得当。

在闲谈时，要注意自己的行为举止，做到站有站相、坐有坐相、落落大方。当站着与人交谈时，不可双手抱头、叉腰；当坐着与人交谈时，要端坐在座椅上，切忌靠在椅背上。女性在穿套裙时，双腿要时刻保持并拢，无论男士还是女士，都不要跷二郎腿。

二、家庭拜访礼仪

人与人之间相互拜访是最为普遍的社交活动，在这样的活动中，主人与客人之间也有很多礼仪规范需要遵循，否则就会显示出自己的失礼。尤其当我们走出国门，受邀去他人家做客或邀请他人来住处做客时，掌握基础的拜访礼仪便显得格外重要。

(一) 拜访前的礼仪

一般来说，家庭聚会也有正式与非正式之分。但无论哪一种，都要提前与被拜访者联系。在预约方式的选择上，可以选择电话预约、短信预约、邮件预约，也可以选择当面预约。

1. 选择拜访时间

西方人的时间意识比较强，因此如果双方约定好了拜访时间，一般在约定时间后的5~10分钟之内到达是比较合适的。如果双方没有明确说明拜访的时间，拜访者在选择拜访时间上要以不打扰对方为原则，如果是到对方家中去，最好避开用餐时间、午休和晚睡时间。一般情况下，选择在下午三四点钟或晚上七八点钟为宜。

2. 准备拜访礼物

如果是初次登门拜访，可以为主人带一些小礼物。礼物的选择应当充分尊重地域文化与禁忌。一般而言，一束鲜花、一盒包装精致的茶叶、一瓶好喝的葡萄酒、一本畅销书、一张好听的音乐碟都是不错的选择。

3. 明确拜访主题

时间是宝贵的，一般而言，拜访他人之前应确定好主题。见面时稍作寒暄后应尽快进入正题，这样既可以节约时间，也可以避免拜访时无话可说、东拉西扯、冷场等尴尬局面。

（二）拜访中的礼仪

1. 善于表达感谢

家庭聚会往往比较温馨，主人为了迎接客人的到来会做精心的布置与准备。因此，登门后首先应该感谢主人的盛情邀请，同时要善于发现主人家的美好，并及时赞美，如称赞漂亮的家居布置、可口的饭菜等。

2. 注意言谈举止

古人云："如其家者避其讳。"在普通朋友家里，不要乱脱、乱扔衣服。与主人关系再好，也不要翻动主人的书信和工艺品。未经主人允许，不要随便出入主人的卧室、书房、储藏室以及卫生间。做客的坐姿也要文雅。同主人谈话时，态度要诚恳自然。交谈时，如果还有其他客人在场，要善于与主人或者其他客人交流，不要一个人坐在角落里沉默不语；如有长辈在场，应用心听长者谈话，不要随便插话或打断别人的谈话。

3. 把握拜访时间

在主人家做客，无谓的消磨时光是不礼貌的。拜访目的已达到，见主人显得疲乏，或还有其他客人，便应适时告辞。如果主人留客心诚，执意挽留用餐，则饭后稍作停留后再告辞。

（三）辞行告别礼仪

家庭拜访要注意时间，以免影响主人家的正常休息。当决意告别以后，辞行要果断，不要"走了"说过几次，却口动身不移。辞行时要向其他客人道别，并感谢主人的热情款待，出门后应请主人就此留步。有意邀主人回访，可在同主人握别时提出邀请。从对方的公司或家里出来后，切勿在回程的电梯及走廊中窃窃私语，以免被人误解。

三、馈赠礼仪

馈赠是人际交往中常见的一种礼节，是为了表达敬意、友好、祝贺等心意而赠送物品的一种形式。适当的馈赠，可以表达情意，加深理解，增进友谊。此外，馈赠也是一门艺术，送给谁，送什么，怎么送，怎么接都很有讲究。如果不具备这方面的礼仪知识，礼品馈赠就有可能弄巧成拙，适得其反。

(一)礼品的选择

如何选择合适的礼品是整个馈赠礼仪中极其关键的一环。那么在选择一份礼品时，应当做哪些方面的考量呢?

1. 礼品的分量

这里的“分量”有两层意思，一指礼品的昂贵程度，二指礼品的体积大小。在送外国友人礼物时，首先要记住一点：“礼轻情义重”，花费大价钱准备的礼物虽然本身具有较“重”的价值，但对于受者来说可能并非一件合适的礼物。许多外国人并不看重礼品的实用性或者是否昂贵，他们非常在意的是礼物是否有观赏价值和文化品位。一些体积小、携带方便，同时又具有象征意义和文化气息的小礼品是非常受外国人欢迎的。比如一本画册、一个小瓷碟、一本介绍中国文化的书籍等，这些在外国朋友看来是非常珍贵的礼物。

2. 礼品的包装

礼品赠送应当重视包装，无包装的礼物会被视为过于随意，不够重视且使礼品贬值。一个精致的包装则不仅能体现送礼者的心意，也能给收礼者以惊喜。此外，在涉外馈赠礼品的外包装方面，其色彩、图案、形状乃至结法等，都需要与受礼人的风俗习惯联系在一起考虑。

3. 礼品的故事性

礼品的故事性是指礼品本身所具有的文化内涵或者说隐藏在礼品背后的一些有趣的、具有纪念意义的故事。很多精心挑选的礼物，可能因为送礼者的“低调”，最终导致礼物的平淡无奇。如果在赠送礼物时，能够通过一定的表达渠道将自己礼物的由来、背景、内涵以及隐藏在背后的小故事等一一介绍给对方，主人一定会格外欣喜。

（二）礼品的赠送

礼品的赠送有一些礼仪规范和技巧，可以从赠送方式、赠送时机、赠送地点和赠送方法这四个方面来把握。

1. 赠送方式

赠送方式可分为三种：当面赠送、托人赠送与邮寄赠送。当面赠送是最常见的一种形式，赠送者可以当面向被赠送者解释礼品的寓意，以此表达自己的情意。托人赠送是在本人不能当面赠送礼品的情况下委托第三者代送，但是一定要解释清楚自己不能亲自赠送的缘由。邮寄赠送适用于身处异地的双方，以此保持良好的关系。

2. 赠送时机

什么时候赠送礼物是一个复杂的问题，赠礼时机因场合、国家不同而不同。通常来说，送礼品的时机有道喜之时、道贺之时、道谢之时、鼓励之时、慰问之时和纪念之时等。切记不可送过时之礼，这会引起对方的不快，造成失礼。

3. 赠送地点

赠送礼品同样要选择合适的地点，不分场合地赠送礼物可能会给收礼者造成麻烦。出于公务赠送的礼品应在工作场所进行，若送到对方家中，则会使人公私不分、进退两难。在私人交往中，礼品则最好送到对方家中，如果送到单位，则有贿赂之嫌。

4. 赠送方法

赠送礼品应说明原因和寓意。邮寄或托人赠送时应附上卡片或名片并写明赠礼原因。此时不应过谦，如果告诉对方“这是我随便买的”就会让对方有不受重视的感觉。当面送礼时，应站立，目视对方，面带微笑，双手递交。在解释完礼品的寓意之后可以热情地握手。

（三）礼品的接受

送礼很重要，受礼也不能忽视。接受礼品看起来很简单，但其中也有一些需要注意的事项，必须认真对待。

1. 接受礼物的方式

当他人口头宣布有礼相赠时，应起身站立，面向对方，做出礼貌的回应。在赠送者递上礼品时，要尽可能地用双手前去迎接。不要一只手去接礼品，特别是不要单用左手去接礼品。在接过他人礼品的同时，应向对方立即道谢，并表达对礼物的喜爱与赞美。很多赠礼人非常喜欢看到受礼人打开包装看到礼物时兴高采烈的样子，如果此时再说一些动听或者令人开心的话，则更是一件令赠礼人高兴的事情。

2. 接受礼物的态度

接受礼品后，西方人喜欢当着客人的面打开礼物欣赏，并从外包装一直夸赞到内包装，看见礼物后，也会好好地夸赞一番，高兴时甚至还会拥抱你一下，与送礼者共同分享收到礼物的喜悦。欣赏完礼物后，他们会重新将礼物包装好，对他们而言，这才是一个完整的受礼礼仪。相较于西方人的直接与随性，东方人则更加含蓄。但总体而言，在涉外交往中，收受礼品时面无表情、不当场拆开礼品，接受礼品后不向赠礼人致以谢意，都是不合礼仪规范的行为。

3. 回赠礼物

“来而不往非礼也。”人与人的交往讲究对等与互惠，只收礼不还礼是不符合礼仪规范的。此外特别要注意的是，回礼的价值要同对方送给你的礼物价值相当。回礼过轻或过重都是不可取的行为。

4. 拒收礼物的方式

当因特别原因，不能接受礼物时，应该向送礼人说明理由并婉拒。对于通过邮寄方式赠送的礼物，一定要尽快退回。

四、通信网络礼仪

通信指人与人之间通过某种行为或媒介进行的信息交流与传递。在古代，人们受当时科技水平的限制，超出一定空间范围的通信有赖于书信往来、车马邮驿等方式。如今随着互联网与通信技术的发展与成熟，通信早已打破时空限制并越来越便捷化。在这些便捷化通信工具不断推陈出新并被广泛应用的过程中，一些相应的通信礼仪与规范也就随之出现。本小节将从电话、邮件和视频通话三个方面来介绍通信礼仪。

（一）电话礼仪

电话礼仪探讨的是打电话前的准备、如何打电话、怎么接电话才符合一定的礼仪规范等方面的内容。电话被现代人公认为便利的通信工具，在日常生活中，通过电话可以粗略判断对方的人品、性格。因此，掌握正确的、礼貌的接打电话方式是非常必要的。

1. 接听电话的一般礼仪

接听电话不可太随便，得讲究必要的礼仪和一定的技巧，以免横生误会。

(1)接听电话一定要及时。一般来说，办公电话铃响3声之前就应接听，3声后再接听就应道歉："对不起，让你久等了。"如果受话人正在做一件要紧的事情不能及时接听，代接的人应妥为解释。

(2)确认对方身份。对方打来电话，一般会主动介绍自己。如果对方没有介绍自己或者接听人没有听清楚，就应该主动问："请问您是哪位？我能为您做什么？您找哪位？"

(3)通话时讲究艺术。接听电话时，应注意使嘴和话筒保持4厘米左右的距离；要把耳朵贴近话筒，仔细倾听对方的讲话。

(4)应让对方结束电话，然后轻轻把话筒放好。如果在接电话时又有电话打进来，则应向正在通话的一方说明情况，并请对方稍等，待与后打电话的一方说明情况后再回头继续通话，遵循先来后到的原则。

2. 打电话的一般礼仪

打电话并非拿起电话就说这么简单，进行重要通话前需要做好一番准备。

(1)选择一个恰当的时间打电话。工作日早上7点以前、节假日9点以前、三餐时间和晚上9点以后这些时段一般来讲都是不宜打电话给别人的。

(2)提前准备好通话内容。打电话前先想好要讲的内容，不仅可以节约通话时间，而且也可避免陷入现想现说"煲电话粥"或无话可说的尴尬境地。

(3)电话接通后，必须要先问候对方，确认对方身份后再自报家门。如果要找的通话对象不在，要对对方表示感谢，拨错电话要道歉。

(4)把握好通话时间。通话内容的表达要尽量简洁明了，注意控制通话时间，一次电话的通话时间一般控制在3分钟为宜。

(5)最后，结束通话时要注意先后顺序。结束通话一般遵循尊者先挂，卑者后挂的原则。如果双方地位、身份平等，应由打电话的一方结束通话并客气地道别。

3. 接打电话的共同要求

(1)无论是打电话还是接电话，我们都应做到用语文雅礼貌。使用文雅、礼貌的语言是尊重通话对象的直接体现，也是个人修养的基本功。

(2)要注意语调自然，语气温婉。通话时的语音、语调、语气等细节问题也会对通话质量产生影响，自然的语调和温和的语气有助于提升通话的美感。

(3)通话时注意话筒与嘴保持在适宜的距离，这样才能保证适合的音量。如果说话的声音过大会显得过分粗犷，声音过小则会给对方造成困扰。

(4)通话时最好面带微笑，面带微笑虽然不是对语言的直接要求，但能够影响语言的声音色彩及情感表达。

4. 移动电话特殊礼仪

移动电话又称“手机”，是现代社会生活中不可或缺的通信工具之一。在使用手机通话时，除了应遵守一般的电话礼仪外，还应注意一些特殊规范。

(1)注意安全。

手机以其“便携性”区别于传统座机电话，无论你身处何地，只要有信号覆盖，便可方便地接打电话。但出于安全考虑，在自己开车时或对方开车时应避免接打电活，以免发生交通事故；在病房、飞机、油库等地方，也不要接打电话，以免信号干扰影响医疗器械的使用、干扰飞机的飞行、引发爆炸等。

(2)遵守公德。

曾有人打趣地说：“手机现已成为社交与公共场合的一大杀手。”这话虽然不完全正确，但也反映出社会上一些人对于“放肆”使用手机的不满。那么，在公共场合，需要遵守哪些手机使用规范呢？

第一，在剧场、电影院、会议室、报告厅接打手机是不合适的，应自觉地关闭手机或将手机调到振动或静音状态，以免影响他人正常活动。

第二，在乘坐公共交通工具时，应避免大声接打电话，播放音视频文件时自觉佩戴耳机，不要打开外放功能而影响他人。

第三，在餐桌或宴会上，注意不要因为接打手机而打扰他人。如果有重要的电话，应首先向客人致歉，然后到较安静的地方通话。

第四，不用手机时，应将其放在合乎礼仪的常规位置，如手提包或公文包内。把手机挂在胸前是不雅观的。

第五，注意手机彩铃的选择。最好不要用怪异和格调低下的铃声，以免影响个人形象。

(二)即时通信软件礼仪

即时通信是目前互联网上最为流行的通信方式，它支持两人或多人通过网络实时地传递文字消息、文件和进行语音与视频交流。在中国，最为流行的通信软件当属 QQ 与微信，国外则是有 Skype、Line，FB Message 等。如今，即时通信软件已经成为当代人沟通交流必不可少的工具，使用此类通信软件时应注意以下几点：

1. 不影响他人

现如今，使用即时通信软件的人越来越多。许多人在朋友圈里看到好的文字、图片就忍不住要转发给朋友分享，但很少有人仔细阅读这些内容。有些内容并不适合给每个人读，过多的转发对他人可能造成困扰。

2. 不公群私聊

有些即时通信软件如QQ、微信等有组建群聊的功能，可以邀请多个用户进行同组交流。大家在群聊中谈论共同话题，可以拉近彼此间的距离，但切莫把群聊当成与群里某一成员的私人聊天场所，对他人造成不便。

3. 不谈论敏感违规话题

每个人都有自由表达的权利，但也应遵循相关法律规定和道德准则。即时通信软件的使用通常会受到相关政策法规的限制约束，并不是所有内容均适合在这些平台上展示、讨论或传播。因此，要尽量少谈涉及政治、民族等方面的敏感话题，不传播色情、暴力等违规内容，避免给自己或他人带来麻烦。

4. 重要事项使用文字

在实际的工作生活中，即时通信软件可以发送语音、图片、视频，但如果是交代重要事项，特别是涉及重要的时间、地点等重要信息时，应尽量使用文字。

（三）电子邮件礼仪

电子邮件是通过互联网传递的邮件。由于国际交往常常会受到时差的影响，因此电子邮件成为双方沟通的良好载体和便利渠道。发送电子邮件时应注意以下几点：

1. 规范撰写邮件

一封完整的电子邮件由标题、称呼和问候、正文和附件、署名以及日期等几个因素组成。其中，标题是一封邮件的眼睛，标题的拟定应言简意赅，让人对主旨一目了然，发送空头邮件是极不礼貌的行为。邮件的开头一定要有称呼和问候，关于称呼的使用，可参照前文称呼礼仪。在问候的使用上，英文邮件通常是以“Hi”开头，结尾常用“Best Regards”；中文邮件开头写“你好”，结尾常用“祝好”等。邮件正文同标题一样，需要简明扼要，不可长篇大论。使用附件时，应在正文中对附件做简要说明，同时这样做也是提醒收件人查看。如果存在多份文件，最好进行压缩打包。最后，邮件的结尾应有署名和日期。一般来说，署名的字号应比正文略小一号，日期置于姓名下面一行。

2. 及时查询和回复邮件

及时查询邮件是非常重要的，尤其对于商务、办公人士而言。及时查询和回复邮件不仅有助于快速地了解信息、提升工作效率，而且还会给他人留下高效与礼貌的印象。一般而言，最理想的回复时间应是2小时以内，但大多数人没有办法如此及时。因此如果以一个工作日8小时计算，4或8小时之内查询和回复邮件都算较正常的速度。回复邮件的最低要求是24小时之内，最好不要久拖从而给人造成轻慢之感。

3. 其他注意事项

(1)发送邮件时最好一次把事情说完，不要发完邮件后才想起来还有事情没有说，再发补充说明，这会给人留下办事毛躁的印象。

(2)写完邮件后多检查几遍，看看语句是否通顺、是否有错别字，特别是英文单词，一定要进行拼写检查。

(3)要多使用礼貌用语，如“请”“谢谢”之类的词。

(4)不提倡使用自动回复，这有可能被视为无礼，因为它会给人一种居高临下的感觉。

(四)视频通话礼仪

在各种层出不穷的通信方式中，视频通话以其即时性、便捷化以及“面对面”等优势而越来越受到人们的青睐。除了在日常生活中的应用以外，视频通话还被越来越多地应用于国际会议、谈判、面试等场合。在进行视频通话时，有以下几个方面需要注意。

1. 选择合适的时间

与外国友人进行视频通话时需要考虑时差问题，因此，在进行视频通话前一定要协商好彼此之间方便的时间。如果对方是欧美等与中国时区跨度较大的国家，较难选择一个大家都方便的时间，此时应本着互相体谅的原则商定时间，不能只考虑自己。此外，尊重对方的宝贵时间，如果涉及公务、商务、学术等正式场合，视频通话时应以高效为原则，提前确定好视频通话时长。

2. 确保良好的通话环境

视频通话的通畅有赖于良好的网络环境与电子设备，在进行视频通话前，最好进行一次或多次设备调试，固定设备位置，确保视频通话能够顺利进行。此外，视频通话时还应有一个安静、整洁的环境，尽量避免在公共场合进行视频通话。比如在星巴克这类地方进行视频通话，虽然环境安静、整洁，但极有可能会影响或破坏邻桌客人的心情。而如果是在一个嘈杂、人流密集的环境下进行视频通话，也会严重影响通话效果，给对方留下不好的印象。

3. 注意个人形象

视频通话的一大特征是实现了“面对面”沟通，在通话过程中可以看到彼此的容貌。因此，在进行视频通话时一定要注意自身的形象。除非是跟对方很熟，不然在进行视频通话前最好整理好自己的仪容仪表。此外，在视频通话时要注意表情管理，专注地与对方进行视频交流，避免心不在焉或者一些不必要的小动作的出现。

第三节 餐饮礼仪

一、中餐礼仪

餐饮礼仪在中国源远流长。据文献记载，早在周代，饮食礼仪已形成一套比较完善的制度，后经孔子的推崇而成为历朝历代表现大国之貌、礼仪之邦的重要工具。随着时间的推移，中国的餐饮礼仪不断丰富与完善。在中国，用餐已经不仅是满足基本生理需要的方法，更是一项重要的社交活动。本章节将从座次安排、入座礼仪、餐具使用礼仪、用餐礼仪、酒水礼仪和饮茶礼仪六个方面来介绍中餐礼仪。

(一)座次安排

根据礼仪要求，餐桌上不同座位代表不同身份，其中较重要的是上座和下座的安排。

1. 上座的选择

中国的房子设计大多坐北朝南，讲究面门为尊。因此上座通常面向门口，离门最远。下座则背向门口，离门最近。有的酒店会将上座的餐巾折出不同花样，如下图可看到上座的餐巾比其他座位的高，也显示出这个位子的特殊性。

上座的确定除了通常的面门为尊外，也可能受环境的影响而有所改变。在一些高档酒店，如果窗外有优美的景致或高雅的演出，此时观赏的最佳位置便是上座。

饮食的礼仪因宴席的性质不同、目的不同而千差万别。在稍为正式的宴请中，身份不同、地位不同的人的座次是有一定讲究的。通常来讲，主宾落座于上座，即“以客为尊，但有客来，常请上座”；如果是家宴，则辈分最高或年纪最长者坐在上座，长者或女宾优先落座；如果是同事、朋友等平辈聚餐，则不必太过拘泥。

图 2-15 上座餐巾高于其他座位

2. 下座的选择

下座也叫主人位，通常主人坐在下座，客人坐在对面上座，以示主人对客人的尊重。下座离门最近，也方便招呼上菜。

3. 其他座位

现在中国除了国内政务会议是以左为尊外，国内餐饮宴请(除了个别地方风俗外)和涉外活动皆以右为尊。原则上是座位次序以上座的右边为尊，以靠近上座为尊。

以图 2-16 为例，每个座位上的数字以小为尊，以靠近上座为尊，因此上座两侧数字从 2 开始逐渐增大。与上座的距离相同的，则以上座的右边为尊，即数字 2 的位置尊于数字 3 的位置。若面对门的位置有两个，那么还是以右为尊，即上座靠右手边的位置尊于上座靠左手边的位置，如图 2-17 所示。若桌上有转盘，如图 2-18 所示，此时按照转盘的使用礼节，应该是以顺时针方向向左手转。此时，其他宾客从上座的左手开始顺时针排列。总体来说座次排序讲究“面门为上，以远为上”“居中为上，居右为上”“临台为上，开阔为上”等原则，但并没有固定说法，如果不清楚要遵循哪种方法，那么“主随客便，客随主便”。主随客便指客人若自行入座，可请坐但不必强让。客随主便指主人请客，该如何入座听主人安排即可，不必过分推让。

(二)入座礼仪

到达宴请场合，找到或确认完自己入座的位置后，便可入座。一般来说，入座时也应讲究入座礼仪，最得体的入座方式是从座位的左侧入座，女士入座时由服务员或者就近的

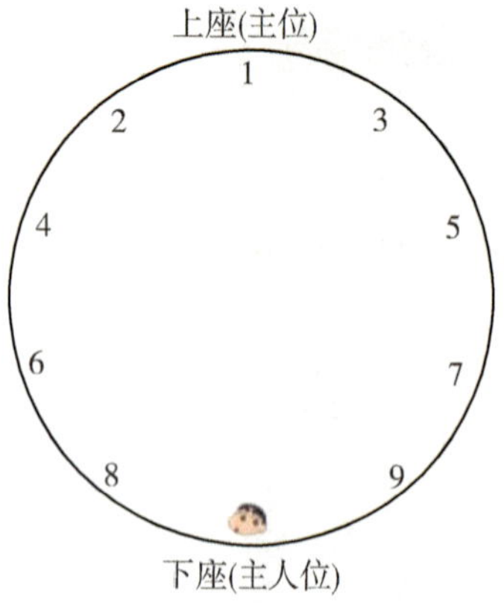

图 2-16　圆桌(单主人)

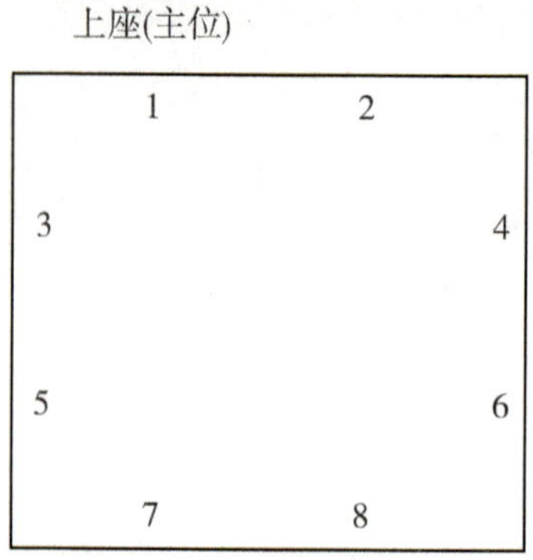

图 2-17　方桌

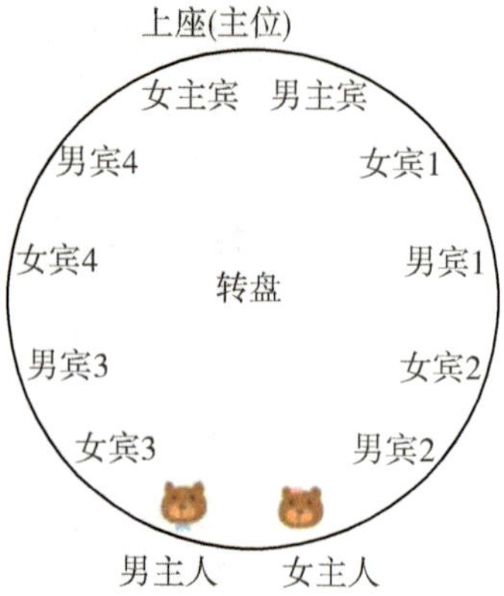

图 2-18　转盘桌

男士拉开椅子，不可用脚踢开椅子。入座后，坐姿要端正，切不可用手托腮或将双臂同时放在桌上，也不要随意翻动菜单，摆弄餐具或餐巾，这些举动都会给人留下迫不及待的坏印象。解决一双空手的最好办法就是将其放在自己的大腿上。尽管别人看不见我们的双脚，但同样也应该守规矩，将双脚平放在本人的座位下，把脚搁在椅档上或伸出去踢着别人都会令人尴尬。

(三)餐具使用礼仪

中餐餐具可以分为主餐具与辅餐具两类。主餐具是指进餐时主要使用的、必不可少的餐具，通常包括筷、匙、碗、盘等。辅餐具指的是进餐时可有可无、时有时无的餐具，它们主要在用餐时发挥辅助作用，最常见的有水杯、湿巾、牙签等。

1. 筷子的握法

筷子具有上粗下细、无明显棱角的特点，用筷子将菜送入口中时不会对口腔、唇舌造成伤害，其木头的质地也会让人感到柔和。筷子折射出中国人以和为贵、包容谦逊的特质。拿筷子和拿笔一样，都有所谓的正确握法，其正确的握法是：使用前应将筷子自然地握在手中，然后两根筷子对齐，食指、中指、大拇指控制上面的筷子，虎口和无名指固定下面一根，夹菜时下面的筷子固定不动，上面的筷子依靠食指和中指稍作旋转。

2. 筷子的使用礼仪

筷子作为中华民族最主要的餐具之一，数百年来有着诸多的礼仪规定。使用筷子时，不仅要保证筷子的握法正确，更要遵守筷子的使用礼仪。使用筷子需要注意以下五点：

(1)不“品尝”筷子。不论筷子上是否有残留食物，都不要去舔它。长时间把筷子含在嘴里也不合适。

(2)不“跨放”筷子。暂时不用筷子时，可将其放在筷子座上，或放在自己所用的碗、碟边缘上。不要将筷子直接放在餐桌上，更不要将筷子横放在碗、盘上，尤其是公用的碗、盘上。

(3)不“插放”筷子。不把筷子插在饭里。因为根据民俗，只有祭祖先时才可以这样。另外，也不要把筷子当叉子，去叉取食物。

(4)不“舞动”筷子。与人交谈时，应暂时放下筷子。切不可用筷子敲击碗、盘，指点对方，或是拿着它停在半空中。

(5)不“滥用”筷子。不要以筷子代劳其他事情，比如剔牙或夹取菜肴、食物之外的东西。这样不但不雅观，而且很不卫生。

3. 匙的使用礼仪

匙是用来喝汤、吃甜品的工具，在食用中餐时，一般不单用匙来取菜。用匙取食时，不宜过满，免得溢出来弄脏餐桌或衣服。舀取食物后，可在原处“暂停”片刻，待汤汁不再滴流后，再移向自己。使用匙时要注意以下两点：

(1)当不用匙时，应将其置之于自己的食碟上，不要将其直接放在餐桌上，或放在食物上。

(2)若取用的食物过烫，不可用匙来回搅拌食物或者用嘴对着匙上的食物不停吹气，而是要将食物放在碗里晾凉再吃。

4. 碗的使用礼仪

碗在中餐里主要是盛放主食、羹汤之用的。在正式场合用餐时，使用碗时要注意以下两点：

(1)不要手心朝上托起碗来进食，尤其是不要双手托碗。如果桌子太低，俯下身子不太雅观，碗放在桌子上又不方便吃到碗里的食物，这时可以将碗端起来，要注意的是这里是“端”而不是“托”，端就是用大拇指扣住碗口，用其他手指扣住碗底，手心空着。

(2)食用碗内盛放的食物时，应以筷子、匙加以辅助，尽量避免直接用手取用，或不用任何餐具以嘴吸食，更不能仰头将食物直接倒入口中。

5. 盘子的使用礼仪

盘子的使用注意事项和碗大致相同。盘子在餐桌上一般应保持原位，而且不宜将多个盘子叠放在一起。需要特殊介绍的是一种被称为食碟的盘子。食碟的主要作用是用来暂放从公用的菜盘里取来享用的菜肴的。使用食碟时，要注意以下两点：

(1)取放的菜肴不要过多，过多的话看起来会杂乱不堪，而且如果是带有汤汁的菜肴堆放在一起，那么其他菜肴原本的味道也会受到影响，这样既不好看也不好吃。

(2)不要将残渣、骨、刺吐在地上、桌上，而应将它们放在食碟前端，再由侍者取走、换新。要注意的是，不要将残渣与菜肴混在一起，这样会搞得杯盘狼藉。

以上提到的礼仪大多是从雅观和礼貌的角度考虑的，无论在哪里我们都需要遵循这些礼仪规定。但餐具的使用方法在不同地方还有不同之处。例如部分北方城市通常用碗盛汤或者粥，用盘子盛菜，骨头和鱼刺则放在盘子一侧，盘子剩余部分用来盛菜。而在一些南方城市，例如武汉，人们则用碗盛汤、粥及菜等，盘子只用来放残渣。相对于礼仪来说，这些更多算是习惯，只要不有失礼节，在一些习惯上入乡随俗即可。

（四）用餐礼仪

1. 用餐姿态

用餐时的姿态应以优雅为标准，向人传达享用美食的信息。用餐时主要展现的是上半身、头部和嘴部的动作，弯腰驼背趴在桌上埋头紧吃、用食物将腮帮子塞得满满当当是不可取的。用餐时要细嚼慢咽，这不仅有利于消化，也是餐桌上的礼仪要求。在整个用餐的过程中，应保持头部的高度，必要时上半身可以略向前倾，脸和额头应尽量朝向前方。中餐菜肴形式多样，有些食物需要撕、剥、啃食等，如虾蟹类食物或者带骨的菜式，撕、剥、啃食等都是在所难免的，但务必要低调进行。食毕留下的食物渣滓不要丢在餐桌上，应堆在自己的餐盘一角，避免污染桌面。如有不合胃口、试吃难以下咽的食物，可用筷子、汤匙接住后，再用纸巾包裹好，不要将其直接展示在餐桌之上。

2. 取餐礼仪

在中国，我们会有一种讲究好事成双的习惯，所以只有当桌上有两道或者有双数菜品的时候，才可进食。在场若有长辈，则要先等长辈用过第一口后，小辈才可食用，且由于中餐的菜肴是持续送来而不是一次上完，所以每当有新菜送上的，也要先等长辈先动筷，以表重视之意。在正式的宴请上，则应待主人打招呼，由主人示意开始后，客人才能动筷子，客人不得抢在主人前面。夹菜要文明，应等菜肴转到自己面前时，再动筷子，不要抢在邻座前面，也不要在夹菜时碰到邻座。

一次夹菜不宜过多，适量盛取。别人夹菜时，不要旋转转盘，也不要将自己的手伸出，距离自己远的菜肴不要站起来伸长手臂夹取，应轻轻旋转转盘，就近夹取。在夹取汤汁饱满的菜肴时，可左手拿汤匙承接滴落的汤汁。如果不小心将食物掉在餐桌上，可用纸巾将之包起拿走，不要再夹回公盘。

3. 用餐禁忌

(1)大声喧哗。

中国人就餐讲究热闹，热闹对中国人来说是极为重要的一个氛围感受。但走出国门，其他文化的人未必能够理解中国人的这一文化喜好。尤其对西方人来说，用餐氛围总体是安静的。因此，无论是走出国门享用中餐，还是在国内款待外国人都要尽量控制交谈音量。

(2)用筷子挑菜。

如果没有服务员帮忙分菜或者没有公筷、公勺，夹菜的时候要事先看好，切不可用自己的筷子在盘子里挑来拣去，甚至搅拌。这种行为不仅不文雅、不礼貌，还容易破坏餐桌上其他人的心情与胃口。

(3)吃东西发出声音。

咀嚼食物时，应细嚼慢咽，避免发出声响，还应闭紧嘴唇，防止食物漏出或汁水外溢。此外，口中有食物时不要说话，一定要等食物嚼完下咽之后再与人交流。

(五)酒水礼仪

在中国人的餐桌上，酒是十分重要的一部分。中国的制酒历史源远流长，酒品种类繁多，敬酒文化也颇为丰富。

1. 酒的分类

中餐中最正式的餐酒是白酒，白酒作为世界著名的六大蒸馏酒之一，颇受中国人的欢迎。它以高粱、玉米，大麦、大米或其他杂粮酿制、蒸馏而成，其核心酿造工艺为纯粮固态或半固态发酵技术，这也是中国白酒区别于其他蒸馏酒的最大特点。2018 年中国国家标准规定了 10 种中国白酒香型标准和一种非单独香型标准的地理标志标准，其中为其他香型之母体的酱香型、浓香型、清香型和米香型是中国白酒的四大基本香型。

酱香型：以高粱、小麦、水等为原料，经传统固态法发酵、贮存、勾兑而成，其色微黄或无色，清亮透明，无悬浮沉淀；其酱香突出，香气幽雅，空杯留香持久。该香型的典型代表有贵州茅台、湖南武陵酒、四川郎酒。

浓香型：以粮谷为原料，采用浓香大麦为糖化发酵剂，经泥窖固态发酵、固态蒸馏、陈酿、勾调而成。其色微黄或无色，清亮透明，无悬浮沉淀；具有以浓郁窖香为主的、舒适的复合香气，绵甜醇厚，余味悠长。典型代表有四川五粮液、泸州老窖、剑南春、安徽古井贡酒、江苏洋河大曲。

清香型：其制作与色泽与浓香型相同，其味芬芳清香、口感纯净、甘润，是白酒的本宗。典型代表有山西汾酒、河南宝丰酒、北京牛栏山。

米香型：以大米等为原料，经传统半固态法发酵、蒸馏、陈酿、勾兑而成。无色透亮、无悬浮沉淀；其米香纯正、清雅，酒体醇和，绵甜爽冽，回味怡畅。典型代表有桂林三花酒、全州湘山酒、广东长乐烧。

2. 饮酒礼仪

中国人的好客，在酒席上发挥得淋漓尽致。人与人的感情交流往往在推杯换盏的过程中得到升华，饮酒有礼更为形象加分。

斟酒：主人斟酒，应先从第一主宾位置开始，如在座的有年长者，或有长辈、远道而来的客人或职务较高的同道，要先给他们斟酒。如果不是这种情形，可按顺时针方向，顺次斟酒，酒需斟满，但不要溢出来。斟酒时应站在客人身后右侧，右手拿斟酒瓶，但身体不可紧贴客人。给客人斟酒，应手持酒瓶将商标朝宾客先示意一下，若客人不想喝，应换其他饮品。倒入前要留神瓶内酒量的多少，瓶内酒越少，出口速度越快，倒时容易冲出酒杯，所以要控制好酒瓶的倾斜度。客人应起身端起酒杯致谢，或回敬以“叩指礼”，即以右手拇指、食指、中指捏在一起，指尖向下，轻叩几下桌面表示感谢。斟酒应当适量。

敬酒：敬酒分为正式敬酒和普通敬酒。正式的敬酒，一般是在宾主入席后、用餐前开始或者宾主在特定时间敬，一般都是主人来敬，同时还要说祝酒词。而普通敬酒，可以随时在饮酒的过程中进行，但要选择在对方方便的时候。如果向同一个人敬酒，应该等身份比自己高的人敬过之后再敬。敬酒顺序一般情况下应按年龄大小、职位高低、宾主身份为先后顺序。敬酒前一定要分清主次，避免出现尴尬的局面。如果身份高低不明确或都是平辈，可从自己身边按顺时针方向开始敬酒。一般来说，敬酒者应该把自己的酒喝干，这样才能表达自己的诚意。如果对方的酒量不错，可以提议干杯，若对方酒量尚浅，则不必勉强对方喝干，可以说“我干了，您随意”，更不能勉强长者。

干杯：主人或他人提议干杯后，应当立即停止用餐，起身站立，面带微笑，用手将酒杯举到双眼高度，在对方说了祝酒词或“干杯”之后，开始饮酒。敬酒不一定要喝干，但即使平时滴酒不沾的人，也要拿起酒杯抿上一口。喝酒之后，还须手持酒杯与提议干杯者对视一下，这一过程方告结束。在吃中餐时，主人向你敬酒干杯后，还要回敬主人。回敬的时候，要右手拿着杯子，左手托底，和对方同时喝。干杯的时候，可以象征性地和对方轻碰一下酒杯，不要用力过大，非听到响声不可。出于敬重，可以使自己的酒杯略低于对方酒杯。如果和对方相距较远，可用酒杯杯底轻碰桌面，表示碰杯。

拒酒：在宴请过程中，不会喝酒或不打算喝酒的人，可以婉言谢绝他人的劝酒，并说明自己不能饮酒的客观原因，或主动以其他饮料代酒，或委托亲友、部下或晚辈代为饮酒，但不可强硬拒绝或将酒偷偷倒掉。同时，劝酒之人也应对饮酒采取开放态度，对于不善饮酒的人也不应该强行劝酒、灌酒，对不熟悉中国饮酒礼仪的外国人尤其如此。

饮酒有度：礼记《玉藻》说，君子饮酒，饮了一杯，表情肃穆恭敬；饮了两杯，显得温雅有礼；饮了三杯，心情愉快而知进退。这是筵席上讲礼节的分寸，因为如果酒过三巡犹然不止，量浅的人难免失态。所以不管是在哪一种场合饮酒，都要有自知之明，最好主动将饮酒限制在自己平日酒量的一半以下，努力保持风度，做到“饮酒不醉为君子”。

(六)饮茶礼仪

中国是茶的故乡，中国人素有饮茶的习惯。“客来敬茶”，茶礼是中国最早重情好客的传统美德与礼节。近年来，随着人们生活节奏的加快，倡导清净、淡雅、和缓的饮茶越发受到人们的喜爱。到中国人家中做客，了解一些中国的饮茶知识和礼仪是非常有必要的。

1. 茶的分类与茶具

中国的茶叶种类繁多，在中国能叫得出名字的茶就有一千多种。如果对中国茶做一个基本分类，以“颜色”区分可分为绿茶、红茶、黄茶、白茶、乌龙茶和黑茶六类。之所以会有不同的“颜色”，一个很关键的因素便是制茶过程中的发酵程度。一般来说，不发酵的茶叶是绿色的；全发酵的茶叶是红色的；后发酵的茶叶是深红近黑的；半发酵的茶叶是黄绿色的。因此，依发酵程度而言，茶叶又可分为不发酵茶、半发酵茶、全发酵茶和后发酵茶四类。

不同种类的茶叶口味、功效也不尽相同。不发酵的绿茶最为清爽、鲜嫩、耐冲泡，具有生津止渴、明目安神、消炎解毒、去腻消食等多种功效，其也是我国产量最高的茶类。中国十大名茶中的西湖龙井、洞庭碧螺春、黄山毛峰、庐山云雾、六安瓜片、信阳毛尖等皆属此类。全发酵的红茶醇厚温和，具有提神消疲、利尿消肿、养胃护胃、强壮心脏功能等功效，典型代表有安徽祁门红茶、云南滇红、福建正山小种。后发酵的黑茶口味劲道、醇厚，具有降血糖血压、美容护肤、延缓衰老、促消化等神奇功效，代表茶有湖南安化黑茶、四川藏茶、湖北青砖茶等。半发酵的如黄茶、白茶等，口感清淡、细腻柔和、入口顺滑，有清热消暑、利尿解毒、保肝护肝之功效，代表茶有黄茶君山银针、安吉白茶等。

茶的种类繁多，所使用的茶具也不尽相同。一般来说，绿茶应使用无色、无花、无盖的透明色玻璃杯沏泡，因为绿茶均为一芽一叶或者一芽两叶的嫩叶所制，用透明玻璃杯冲泡可以看到茶叶在开水中翩翩起舞的样子。红茶以温暖的特性著称，可以用内挂白釉紫砂、白瓷、红釉瓷、暖色瓷的壶杯具、盖杯、盖碗或咖啡壶具沏泡。青茶又称乌龙茶，可以用紫砂壶杯具或白瓷壶杯具、盖碗、盖杯沏泡。黄茶可以用奶白或黄釉瓷及黄橙色壶杯具或者盖碗、盖杯沏泡。白茶可以用白瓷及有色瓷壶杯具或盖碗沏泡。

2. 品茶礼仪

中国人好以茶为客，看似简单的一杯茶，其中暗含了许多学问，泡茶、斟茶、品茶与添茶都颇有讲究。有关主宾之间斟茶、品茶的礼仪与注意事项有以下几点：

(1)清洁茶具。

待客所用的茶具从外观上看必须是干净的，杯子里没有茶垢、杂质、指纹等异物附着。许多人喜欢使用老物品，因为上面残留着岁月的痕迹，这当然是可以的，但是茶具上不应有令人不悦的水渍或茶渣。

(2)请客选茶。

主人在泡茶前，应先拿出一些名优茶供客人挑选，以表达主人对客人的尊重，同时让客人仔细欣赏茶的外形、色泽和干香。

(3)取茶。

应使用竹或木制的茶匙取茶，不要用手抓。若没有茶匙，可将茶筒倾斜对准壶或杯轻轻抖动，使适量的茶叶落入壶或杯中。

(4)泡茶。

泡茶时茶嘴不可对着人；茶具尖锐的部分也不能与人相对；出汤的时候最好使用茶滤，以免让客人喝到茶渣；泡茶的过程动作不能太大，不要发出过大的碰撞声。另外，女生泡茶的时候，要把长发挽起，以免头发掉落茶汤中。

(5)分茶。

分茶时要注意不得溅出茶水，要保证每位客人的茶水水量一致，以示茶道公正平等，无厚此薄彼之意。分茶时，茶杯多放于客人右手的前方。

(6)奉茶。

茶满欺人，茶以八分满为宜。有两位茶客以上，端出的汤色要均匀。若茶杯带有杯耳，应将杯耳朝向客人，使客人方便持杯。双手奉茶，待客人拿稳茶杯后，方可放手。奉茶的顺序为：先客后主；先女后男；先长后幼。等其他人都已接受茶杯后，自己方可取杯。

(7)续茶。

主人应随时注意续茶，空杯时要及时续茶，如果杯中还留有半杯茶，则表示“不需要续茶”。若客人杯中茶汤已冷，需要帮客人倒掉，然后重新倒上热茶。若发现客人的杯子里有茶渣，应替客人换杯。若茶水已无色，应及时更换茶叶。

(8)回茶礼。

客人在主人请自己选茶、赏茶或主人敬茶时，应在座位上略欠身，并说“谢谢”或以叩手礼表示感谢。

(9)饮茶。

饮茶时要求举止庄重得体，落落大方。客人喝茶时不能皱眉，也不能“牛饮”或“一口饮尽”，也不可发出声音。应当用拇指、食指捏起茶盅，小口啜饮。喝茶提杯以及喝完放杯时要轻拿轻放，不能让茶杯发出声响。在品茶之后，客人还应对主人的茶叶、泡茶技艺和精美的茶具表示赞赏。

(10)逐客。

我国古代有以茶待客不过三杯的习俗，第一杯叫敬客茶，第二杯叫续水茶，第三杯叫送客茶，所以如果一而再再而三地劝饮，不换茶叶，就有“暗下逐客”之意。另外若主人将茶壶壶嘴正对客人，或者擦拭茶壶，也表示送客的意思。

二、西餐礼仪

与中餐文化相比，西餐文化同样讲究规矩，注重礼仪。在涉外交往中，吃西餐可以说是一件必不可少的事情。因此，了解一些西餐方面的礼仪文化是十分必要的。

(一)席位礼仪

西餐席位礼仪与中餐席位礼仪有一些相似之处，如面门为上、恭敬主宾和由距离首席的远近决定席位尊卑等就同样适用于中餐席位礼仪。但西餐席位礼仪也有一些基本原则与中餐席位礼仪有所不同，比如西方国家特别注意对女性的尊重，在西餐礼仪里，往往是女士优先；又比如排列席位时，西餐讲究男女交叉排列的原则，用意是男士可以随时为身边的女士服务，这与中国传统习惯中男士与男士坐在一起，女士与女士坐在一起这种“泾渭分明”的做法形成对比。

除了一些基本原则以外，西餐的位次排法与中餐的位次排法也有一定的区别。与中餐多使用圆桌或八仙桌不同，西餐餐桌一般以长形桌和“T”形桌为主。若桌子为长形桌，男女主人则分坐两头，根据女士优先的原则，女主人坐面门一端，男主人坐靠门一端。男主人右边是女主宾，左边是2号女主宾；女主人右边是男主宾，左边为2号男主宾，其余依序排列。若桌子为“T”形桌，则横排中央位置是男女主人位，两边分别为男女主宾座位，其余依次排列。

(二)入座礼仪

优雅轻巧地落座是参加宴会时的一个良好开端。入座时应该遵循以下两点规则。

1. 入座顺序

西餐礼仪讲究女士优先，一般都是女士落座后男士再坐。在餐厅，服务员一般会按先女后男、先宾后主的顺序为客人拉椅让座，待客人坐下后，为客人铺餐巾，并点燃蜡烛以示欢迎。

2. 就座姿态

服务员领自己入座时，应站在椅子的左前方，由左侧入座。在服务员向后轻拉椅子的同时，将右脚向右迈出一小步，左脚快速靠拢。当身体居于椅子正前方，服务员会将椅子向前轻推，此时稍微后倾落向座位，轻轻地用腿感受椅子并保持后背直立，轻坐于椅子前端。坐下之后，应调整坐姿，坐于椅子的2/3处，双膝并拢，双脚一前一后放置或并立。

(三)餐具礼仪

1. 餐具的分类与摆放

对于习惯中餐文化的国人来说，西餐的繁文缛节会令人颇感头疼。这一点尤其体现在西餐餐具的辨识和摆放上。西餐餐具种类多样，狭义的西餐餐具专指刀、叉、匙三大件，其中刀分为正餐刀、鱼刀、沙拉刀、黄油刀；叉分为正餐叉、鱼叉、沙拉叉、甜品叉；匙则有汤匙、甜品匙，茶匙。广义的西餐餐具包括刀、叉、匙、餐盘、酒杯和餐巾。其中盘又分为菜盘、布丁盘和奶盘；酒杯则更为讲究，在正式宴会上，几乎每上一种酒，就要换上专用的玻璃酒杯。

西餐中的餐具摆放也颇为讲究，其中餐盘的位置是最重要的，我们以此来摆放其他餐具。刀叉的摆放一般是餐刀在右，餐叉在左，均纵向摆放在餐盘的两侧，方便用餐者使用。此外，餐盘的左前方45°的位置放面包碟和黄油刀，右前方45°的位置放饮品；餐盘正前方放甜品匙和甜品叉。

2. 餐具的使用

(1)餐巾的使用。

餐巾是用餐环节中非常重要的一个部分，它既可以保持用餐者衣物的清洁，又可以作遮挡擦拭用，还能体现用餐的节奏。主人将餐巾展开放置于膝上时，表示已经准备好用餐了。一般来讲，客人应跟随主人打开餐巾；然后将餐巾对折，平铺于双腿膝盖以上，并将闭合的一侧靠近身体，切记不可塞入领口或铺于餐桌之上，全程动作应尽量轻缓、优雅。

用餐过程中，可以用餐巾擦拭嘴角和手指，不能用餐巾擦拭刀叉或其他污渍。使用内侧擦拭，这样可以把污渍得体地隐藏起来。如中途有事离开，应将餐巾略折后放在餐椅椅面，表示临时离开。餐巾轻折后置于桌上，则是结束就餐的信号。

(2)刀叉的使用。

刀叉是分别用来切割和取食的工具，按照用途的不同，其规格和尺寸也不同。用餐时，如果有三种不同规格的刀，正确用法是：带锯齿的大刀用来切肉质食品；中等大小的刀用来切分蔬菜；小巧的圆头小刀，则用来切奶油。

在刀叉的具体使用方法上，分为欧洲大陆式用法和美国式用法两种。其中欧洲大陆式刀叉用法的主要特征是右手拿刀、左手拿叉，叉齿向下。左手餐叉负责固定食物，右手餐刀负责切菜，切菜的顺序是从左往右切。切下食物后，右手餐刀就握在手上，左手用餐叉叉尖朝下，负责将食物放入口中。美式刀叉用法在切菜阶段与欧洲大陆式相同，但是切完菜之后，要把右手中的餐刀斜放在餐盘偏右的位置或平放在餐盘顶部，然后将叉子从左手换到右手，叉齿向上将食物送入口中。每吃完一口，又将右手中的叉子换回左手，用右手将刀从盘中拿起，如此循环重复。

无论使用哪种方式，切记不要用刀挑食物吃，或手持刀叉在空中挥舞。如果用餐过程中，刀叉掉在地上，或不小心用错了刀叉，可以向餐厅服务员道歉，请他更换新的餐具。整个用餐过程中，需要平衡使用餐桌上所有被摆放的刀叉，注意刀叉的使用顺序。此外，在西餐中，顾客与服务员的很多交流都是通过无声的语言进行的，刀叉在使用的过程中，根据摆放的位置不同，可以表示不同的意义，具体如图 2-19 所示。

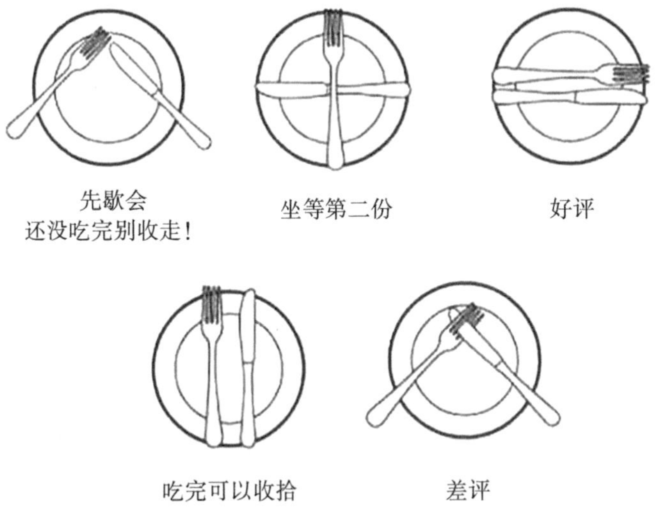

图 2-19 刀叉语言

（四）用餐礼仪

1. 用餐姿态

西餐在很大程度上讲的是情调，典雅的餐厅和优雅娴熟的姿态举止相互映衬方能相得益彰。在享用西餐时，应做到上身挺直并向餐桌微微前倾，头部保持一定的高度，用餐具送食。对西方人来说，低头弯腰、用嘴凑上去吃东西是十分不雅的行为。用刀叉切割食物时双臂和双肘尽量不要靠在桌上，悬空操作最为优雅。当然，吃完之后与人交谈时，肘部撑在餐桌上是可以的。此外，坐姿端正，切记不可跷二郎腿。

2. 部分食物的食用方法

面包：西餐厅一般都会有餐前面包，如果侍者端来面包篮，可以选择喜欢的面包让侍者放入面包碟中。如果餐桌上已放好餐厅准备好的面包，可用刀切一部分放入盘中食用或将面包用手撕成适口的小块，然后将少量黄油涂抹至面包表面，随涂随吃。

前菜：前菜常用中小型盘子或冰淇淋杯盛装，色彩鲜艳，装饰美观。如果同时上了几种前菜，须按照顺时针方向，从左手边开始食用。如果出现生火腿等较薄的食物时，先利用刀叉将其折叠起来，会更容易用叉子叉起。

汤：汤一般用汤盘或汤碗盛，饮用时横拿勺子，从后往前舀为英国式，从前往后舀为法国式，两种方式均可。如果汤略烫，可以让其自然冷却稍后食用，不要用嘴吹。舀汤时轻轻贴着表面，将汤匙底部平放在下唇位置缓缓送入口中。尽量避免汤汁泼洒在汤盘外。碗中汤量逐渐变少时，不能为了方便将汤舀起而将容器倾斜，这样是不得体的。

意大利面：意面的种类很多，有细面、宽面、通心面和笔尖面等。长条形意面的食用方法是，叉子垂直立于盘中，卷起离手边最近的几根面条，将其送入口中；粗短型意面，则先于酱汁拌匀后，用叉子将面盛起来。扁而宽的千层面，则用刀切下适口的量，用叉子食用。

牛排：西餐料理中的肉有牛肉、猪肉、羊肉、鸡肉、鸭肉等，种类相当多，又依烹饪方式分为烧、烤、蒸、煮等各式各样。牛排作为肉类料理代表，其吃法自然也就成为其他肉类料理的基本形式。食用牛排时，左手执叉将肉叉住，再用刀沿着叉子右侧将肉切开，然后将切好的肉用叉子叉住送入口中。

甜点：精美甜点的作用不是饱腹，而是精神需要。因此在食用时要遵守“保持绝景”的原则，尽量不要破坏它的美，以留住这种幸福的感觉。

3. 注意事项

适量取食：开始进餐取菜时不要盛得过多；盘中食物吃完后可以再取；如由服务员来

分菜，可待服务员送上后再去取。如遇到不爱吃的菜肴，也不要拒绝，可取少量放在盘内。即使是不合口味的菜肴，也勿显露出难堪的表情。

文雅吃食：吃东西要文雅，喝汤时不要啜，吃东西时不要发出声音。如汤菜太热，可稍凉后再吃，切勿用嘴吹。嘴内的鱼刺、骨头不要直接外吐，要用餐巾掩嘴，用手取出，或轻吐在叉上，放在菜盘内。

安静用餐：与中国人用餐时讲究热闹不同，西方人用餐讲究一个“静”字。因此在享用西餐时，嘴里含着食物说话、大声说话、劝酒猜拳是不合时宜的。另外，如果打喷嚏或者咳嗽，应用手绢或餐巾遮住；如果咳嗽时间过长，则应去洗手间处理。

(五)酒水礼仪

酒是餐桌上十分重要的一部分，西方人爱酒不亚于中国人。因此熟悉酒水礼仪在涉外交际中十分必要。

1. 酒的分类

前文提到，中餐中最正式的餐酒是白酒，且一般不习惯多种酒掺着喝。西餐酒品种类丰富且主要以餐前、餐中、餐后分类，一顿饭可能喝多种酒。

餐前酒：餐前酒也称开胃酒，是在正式用餐前饮用的酒。常见的有香槟酒、味美思、威士忌等。其中，除威士忌是烈性酒以外，大部分餐前酒口感较酸甜，有助于打开味蕾，增加食欲。不过餐前酒不宜喝太多，喝多反而影响食欲。

佐餐酒：佐餐酒是正式用餐时饮用的酒，通常指的是葡萄酒。葡萄酒的种类丰富，根据颜色可以分为红葡萄酒、桃红葡萄酒和白葡萄酒，不同颜色的葡萄酒搭配不同的菜肴，一般有“红酒配红肉，白酒配白肉”的说法(红肉指的是牛肉、羊肉、鸭肉等，白肉指的是鸡肉、鱼肉、猪肉等)。此外，根据甜度不同，葡萄酒又可分为甜葡萄酒、半甜葡萄酒、半干葡萄酒、干葡萄酒四类。其中，干葡萄酒是最理想的佐餐酒，其特点是酒中不含糖分。

餐后酒：餐后酒是有助于餐后消化的酒，常见的餐后酒有白兰地、雪莉酒、利口酒、冰酒等。其中，白兰地酒有“餐后酒之王”的美誉。该酒的酒精度数在40度至43度，虽属烈性酒，但由于经过长时间的陈酿，其口感柔和，香味纯正，饮用后舒畅愉悦。白兰地呈美丽的琥珀色，富有吸引力，其悠久的历史使其蒙上了一层神秘的色彩。

2. 饮酒礼仪

善于饮酒的人，不仅能饮，而且会饮。要真正做到善饮酒水、合乎礼仪，一般需要注意品酒、斟酒、祝酒、饮酒等问题。

品酒：西餐配酒多为葡萄酒，一般顺序是：搭配菜肴的先后顺序，先喝清淡的酒，后喝浓郁的酒；品酒时需要调动眼睛、鼻子和嘴巴，先看后闻再品尝。服务员斟上酒后，用三根手指轻握杯脚，举起酒杯并将酒杯向前倾斜 45 度，以分辨酒水的色调和浓淡；品酒前，可轻轻摇动酒杯，让酒与空气充分接触，以增加酒味的醇香，很多特殊年份的品质好酒，都需要轻轻摇动后才能让滋味充分融合，以达到最佳状态；最后在品尝前，应注意入口不要马上吞下，先将酒含在口中，做咀嚼吸气的动作，并反复于口腔中进行搅动，好让香味充分散发。

斟酒：不同的酒在斟酒的时候，方法和量是不一样的。比如，香槟酒斟至七八分，并让泡沫满至杯口；葡萄酒如果倒至品酒用的大酒杯，只需斟至四分之一到三分之一之间即可，若使用容量较小的葡萄酒杯，则倒至八分满；白兰地等烈酒，一般以一盎司为单位，倒十分之一的量。斟酒的顺序一般是先主宾、后次主宾；先女宾、后男宾。斟酒时不得触碰到杯口。如果不想继续饮酒，只需在服务员倒酒时用右手手掌轻覆杯口即可。

祝酒：西餐宴会的祝酒时间与中餐并不一致，一般是在热菜之后，甜品之前。祝酒之前，为了引起大家的注意，发言人通常会举起自己的酒杯站起来，礼貌地对大家说："请大家注意一下。"有时需要重复好几句，然后开始说祝酒词。西方人非常注重祝酒词的表达，一份短小简约而不失幽默、充满个性与条理的祝酒词是受人欢迎的。祝酒词能烘托气氛，愉悦心情。

西餐的祝酒与中餐的祝酒有所不同。在祝酒人祝酒时，中国的被祝酒人需要起身举杯以示尊重，并与祝酒人碰杯同饮，有时还须一饮而尽。而西方的被祝酒人可以不用起身，不用碰杯和喝杯中的酒，但一定要做到目视祝酒人，面带微笑认真聆听，并在祝酒结束时表达感谢。祝酒完毕后，大家便可各吃各的，各聊各的。总体而言，相较于中国频繁与热闹的祝酒氛围，西餐的祝酒更为简单。

饮酒：在饮用酒水时，应先将口中咀嚼物咽下，然后将刀叉在盘中放成"八"字形或穿插放置，再用餐巾纸擦拭嘴唇，然后方可饮酒。与中国人习惯碰杯与仰头畅饮、一口喝光不同，西方人饮酒时要求保持头部平直，一口一口静静地喝，最后杯中仍留一点酒。

（六）咖啡礼仪

东方人爱喝茶，西方人爱喝咖啡。在与西方人交际的过程中，不免要一起喝咖啡，西餐中的最后一道程序往往就是咖啡，因此，适当了解喝咖啡的礼仪在涉外交际中是有必要的。

1. 咖啡的分类与咖啡餐具

咖啡可以从种植、处理、烘焙、萃取和出品等多个方面进行分类。从咖啡豆的种类和烘焙程度来看，咖啡可分为意式咖啡和单品咖啡。意式咖啡是由来自多个产地的咖啡豆经过中度或深度烘焙，再拼配而成，不同咖啡豆的混合是为了兼顾咖啡的甜度、醇厚度等，人们常喝的浓缩咖啡、美式咖啡、花式咖啡都属于意式咖啡。而单品咖啡是由来自单一产地的咖啡豆经浅度或中度烘焙而成。较浅的烘焙度是为了体现各产区的风味。

在西餐餐桌上，盛放咖啡的餐具通常由咖啡杯、咖啡匙和咖啡碟三部分组成。其中，杯碟的作用是避免弄脏衣服和放置咖啡勺与方糖等；咖啡勺是用来加糖与搅拌咖啡的，其不可用于捣碎方糖，用后要置于碟子上。

2. 咖啡饮用礼仪

在西餐中，咖啡是用来品味的，饮用咖啡时需要注意的事项有以下几点：

(1)持拿咖啡杯。

咖啡杯一般很袖珍，它的杯耳较小，手指无法穿过去。其正确拿法是拇指和食指捏住杯把，再将杯子端起。如果是坐着喝咖啡，只需将杯子拿起饮用即可。如果是站立喝咖啡，一定要将咖啡碟一同拿起，左手拿碟。

(2)加糖方法。

给咖啡加糖时，可先用方糖夹把方糖放在咖啡碟的近身一侧，再用咖啡匙把方糖加在杯子里。不能用手来放方糖，既不文雅，也会使咖啡溅出。

(3)使用咖啡匙。

咖啡匙是用来加糖和搅拌咖啡的，而不是为了舀取咖啡，因此无论如何不能用咖啡匙舀咖啡喝。咖啡搅拌均匀后，应将咖啡匙放在咖啡碟中，匙柄与咖啡杯的杯把朝向同一方向。如果杯中咖啡过烫，也可以用咖啡匙轻轻搅拌加速冷却，或等待咖啡自然变凉，切记不能端起咖啡杯用嘴去吹凉。

☞ 延伸阅读

现代精品咖啡与手冲咖啡的基础理论

金宇(Jerry Kim)

第二次世界大战、美国以及精品咖啡

2020年，不论你是行走在大街上，穿梭于本地咖啡馆之间，还是在社交网络上游荡，浏览各种咖啡相关的图文，相信你一定会发现“精品咖啡”这四个字的频繁出现。那么什么是精品咖啡呢?

要解释精品咖啡，我们先要从世界咖啡发展史的三波浪潮说起。所谓的“第一波咖啡浪潮”是指“二战”期间，以美国为代表流行起来的咖啡饮用方式。当时咖啡是美国军队配备给大兵的军粮之一，主要是为了抵抗士兵作战疲劳、提升战斗力。因此方便携带、快速冲煮、方便士兵饮用的速溶咖啡自然而然地受到了美国士兵的疯狂青睐。而当时咖啡作为功能性饮料，主要以提神功效为主，品质、风味的好坏自然不是美国人在意的问题。

随着“二战”的结束，受战争文化影响的美国人，依然大规模保留着饮用速溶咖啡的习惯。而一些看不惯美式慵懒粗糙生活方式的欧洲移民自然沉不住气。他们纷纷站出来，通过自己娴熟的咖啡冲煮技术给土气的美国佬上了一课——什么样的咖啡才是真正的好咖啡。

Peet's Coffee & Tea(国内译为“毕兹咖啡与茶”或“皮爷咖啡”)就在20世纪中期出现在美国街头。这家由Alfred Peet先生创立的咖啡店，重新打开了美国人粗糙的味蕾，让美国人正式接触上乘品质的咖啡。尽管国人可能对Peet's这个名字不是很熟悉，但是一定听闻过毕兹先生的三个徒弟出师之后在美国西雅图创立的咖啡品牌：星巴克。

20世纪中后期的咖啡文化发展

从Peet's的出现开始，美国的咖啡饮用习惯逐渐发生改变。美国人不再一味地追求咖啡的功能性(提神醒脑)，而是把更多精力放在咖啡的风味与口感上。如此一来，咖啡的精品化就成了“第二波咖啡浪潮”的代名词。

如何品鉴咖啡的风味口感和追溯咖啡豆产地？对于这两个问题，美国的挪威移民Erna Knutsen做出了重要贡献。为咖啡发展做出巨大贡献的Peet和Knutsen被后人尊称为美国精品咖啡发展史的“教父与教母。”(实际上两人素不相识)

从此，美国的独立咖啡馆老板们尝到了甜头，而投机者和商人们也都想来分一杯羹。越来越多的咖啡馆在1970年之后的美国遍地开花。

另一方面，以星巴克为首的咖啡连锁品牌也随之拔地而起。相比水平、口味参差不齐的独立咖啡馆，“产品标准化”是连锁咖啡店的核心竞争力。它们逐渐在百家争鸣的咖啡行业中脱颖而出，一步一步威胁到独立咖啡馆的生存地位……

新世纪，新咖啡浪潮

在21世纪的第一个十年，金融危机导致星巴克等连锁品牌遭受重创。而独立咖啡店主们开始趁机发动反击。这些坚持注重咖啡品质的咖啡师们纷纷站出来强调咖啡的精品化、美学化(咖啡制作过程的可观赏性)。层出不穷的咖啡展会，地区冲煮大赛在不断地告诉世人——在饮用咖啡的同时，也可以享受、观赏咖啡的制作过程。因此，咖啡文化不再是一种仅仅针对嗅觉和味觉的饮品文化，而是上升到了一个允许五感同时参与体验的新维度！因此，手冲咖啡作为最具第三波咖啡浪潮代表性的冲煮方式，在当下的社会得到了很好的发展。

了解手冲咖啡

现如今的都市，你随意走入一家本地的独立精品咖啡店，基本上都可以看到店里配备了各式各样的手冲器具。而如何去制作、品鉴一杯手冲咖啡呢？

1. 手冲咖啡的必要用具

(1)磨豆机与咖啡粉的粗细

为了把咖啡豆研磨至适当粗细的粉末来萃取咖啡，我们需要用到磨豆机。一般磨豆机被大体分为手摇磨豆机与电动磨豆机两种，而由于咖啡豆质地的特殊性，制作咖啡一定要使用专业的咖啡磨豆机。

图1 Mahlkonig磨豆机，一款高端电动磨豆机

磨豆机通常可以通过调节刀盘间距来改变咖啡粉研磨的粗细。手冲咖啡所使用的咖啡粉通常是细砂糖颗粒大小的。意式浓缩咖啡所使用的咖啡粉要比这细上许多。

(2)手冲滤杯的挑选

制作手冲咖啡，最需要讲究的器具之一便是滤杯。许多外观看起来相似的滤杯，由于材质、滤孔和肋骨(图中滤杯内侧的“纹路”)的不同，不同滤杯萃取出的咖啡风味也各不相同。常见的滤杯材质有树脂、玻璃以及陶瓷。

在当下，V60滤杯是最受手冲咖啡爱好者喜爱的滤杯之一。凭借着合理的结构设计、优秀的泛用性以及高性价比，V60常常是独立咖啡店的“当家花旦”。若阅读本篇文章后你作为初心者打算选购一款滤杯，买V60作为你的第一款滤杯肯定没有错。

大部分滤杯需要搭配相应形状的滤纸，滤纸的作用是从咖啡粉中过滤、分离出咖啡液，不让咖啡渣落入液体中。

图 2　Hario 锥形滤杯 V60(左)，Kalita 扇形滤杯 101(右上)与 Sanyo 锥形花瓣滤杯(右下)

图 3　配合 V60 使用的锥形滤纸

(3)手冲壶、水流和水温

根据不同的需要，在制作手冲咖啡时会使用到各式各样的手冲壶。不同材质、不同形状的壶身、壶嘴都会对输出的水流和水温有一定的影响。常见的手冲壶有不锈钢、珐琅和铜类合金三种材质。

三种材质的手冲壶，以珐琅材质的保温性最好。但珐琅手冲壶比较沉重，保养起来也更需要细心。黄铜或铜合金材质拥有一种复古的美感，不过很难保养。目前大部分咖啡师更青睐不锈钢材质的手冲壶。因为不锈钢手冲壶性价比高，更耐用，不需要花太多精力保养。

图4 手冲器具五花八门，大致被分为日(日本)、西(西方)两派

对于手冲咖啡的冲泡水温，通常SCA(世界精品咖啡协会)建议控制在88~94℃。不过也有不同流派抱有其他看法——某些地区或日派的咖啡师则会刻意使用较低的水温(80℃以上)来冲泡咖啡，以从咖啡中获取不一样的风味。所以，水温的标准并不是绝对的。就像一杯好的手冲咖啡一样，各种数据只能被当作参考和建议，不能过分教条化，否则咖啡就失去了它应有的人情味和“灵魂”。

(4)其他器具

除此之外，建议配备一个专门适用于手冲咖啡、有计时功能的电子秤，一个温度计，以及一个分享壶放在滤杯下面接取咖啡液。

图5 滤杯、滤纸、分享壶以及电子秤

2. 如何制作手冲咖啡

当备齐了上述器具之后，就可以准备制作手冲咖啡了。

图6 咖啡制作

通常情况下，一个1~2人使用的V60-01滤杯，建议放入粉量14g到18g。而粉量和注入的水之间的比率被称为“粉水比”。向滤杯中注入多少水，要取决于你的粉水比。比如，如果粉水比为1∶18，如果用16g粉，那么要向滤杯中注入的水就应该为288g左右。通常来讲，粉量不变的情况下，注入水量越少，咖啡就越浓，越厚重。

在家里制作手冲咖啡的粉水比最好在1∶18到1∶16之间。大于1∶16，咖啡可能过于浓郁厚重，一部分人不能接受。而小于1∶18，咖啡可能会有些寡淡乏味。

第一步——闷蒸

所谓的闷蒸，就是让很少一部分热水先尽可能与滤杯中的绝大部分咖啡粉接触，咖啡粉接触水后会膨胀，并向外排出二氧化碳。若闷蒸这一步做不到位，可能在后续制作时，二氧化碳由于没有充分排放，会残留在咖啡粉之间，产生气泡，阻碍水与咖啡接触，从而影响萃取。

通常闷蒸的水量是粉量的两倍，闷蒸30秒左右，再继续向滤杯中注水。如：现在滤杯中有16g粉，则需要32g左右热水对其进行闷蒸。

第二步——注水、搅拌

接下来，可以把剩下的水分为几段，一边旋转水流一边将水均匀地注入到咖啡粉中。当然，冲泡方式千千万万，亦可一口气将所有的水旋转注完，或是在不转动水壶的情况下，让水流垂直流入或滴入咖啡粉中。这些都是不同流派的冲泡手法。

所谓搅拌，可不是指使用搅拌棒伸入滤杯中搅拌(尽管世界级比赛中有人如此操作)。搅拌是指通过控制壶身帮助咖啡更有效、更均匀、更充分地与水接触。

第三步——萃取时间的控制

大部分情况下，当水与咖啡粉接触的一瞬间，就应该开始计时。大部分手冲咖啡，在咖啡粉与水接触的2~3分钟内萃取出来，此时的咖啡最为可口。当然这也只是个参考，并非绝对。

不过，大部分咖啡若在2分钟之内结束萃取，会因为萃取不足，造成味道偏酸，风味也因为没有充分萃取而显得不足。相反，在3分钟之后结束萃取，则有可能萃取过度，造成咖啡中有太多苦涩杂味，从而影响咖啡的风味。一杯正常萃取的咖啡，应该是酸、甜、苦平衡，口感顺滑怡人，咽下后口腔内顺滑且有一定余韵，好的咖啡不存在尖酸、剧苦或涩感，也不应在下咽后出现口腔灼烧感或干燥感。

3. 如何品鉴一杯手冲咖啡

当你进入一家咖啡店，表示你想要点一杯手冲咖啡后，咖啡师会询问你想选哪一款咖啡豆。不同产地和不同的处理方法的咖啡豆制作的咖啡，其风味也会大不相同。

根据你的喜好选择咖啡豆之后，咖啡师将会为你制作咖啡，你可以入座等待。若能在吧台落座，观赏咖啡师制作手冲，再好不过。

咖啡师把咖啡豆磨好后，往往会把粉递给你，请你轻嗅咖啡粉的“干香”。细心的咖啡师很乐意在你闻的同时向你讲解干香中的信息。

接下来，当咖啡师专注地冲泡咖啡时，应尽量安静地观赏，出于尊重不要过多干扰咖啡师。当你的手冲咖啡制作完毕后，咖啡师会将咖啡递至你的面前，向你讲解咖啡中的风味。此刻，在饮用之前，可以一边聆听一边凑近咖啡闻闻咖啡的“湿香”。

在此之后，便可以小口饮用手冲咖啡了。由于手冲咖啡中的品鉴性在加入其他调味物后会大打折扣，风味信息的辨识度会大幅度降低。所以强烈建议饮客不要向手冲咖啡中加入糖或者牛奶，这样相当于在暗示咖啡师你并不认同他的作品。

根据以上的知识和要点，相信你已经初步了解了现代精品咖啡文化。在此正式欢迎你踏入精品咖啡世界的大门。希望今后的某一天，在中国的某个角落，我们能喝到彼此制作的咖啡。

作者简介：Jerry Kim，本名金宇。出生于辽宁大连一个书香家庭，父亲曾是大学日语老师，母亲是武汉大学国际法博士。从小对烹饪和表演有着浓厚的兴趣并展现出天赋。受家人影响考入英国牛津大学，却为厨师梦想中途辍学，后毕业于伦敦蓝带烹饪艺术学院。回国后在北京一家意大利餐厅工作，协助餐厅摘取米其林一星，成为北京第一批米其林厨师。

离职后凭借强烈的兴趣和敏锐感官成为一名精品咖啡协会(SCA)认证咖啡师，并受聘于北京CSCA精品咖啡学院，担任咖啡讲师一职。现白天教授咖啡理论知识，夜晚作为一名脱口秀演员(Stand-up Comedian)穿梭于北京各大剧场，向观众们讲述自己离奇又有趣的经历，深受观众喜爱。

图7 作者风采

第四节　境外出行礼仪

近年来，得益于经济水平的提高，国人更加热衷于出境游玩。但由于语言的隔阂，以及社会文化的差异，国人在出境旅游时往往会遇到礼节性问题。早年间，在媒体上经常能看到中国游客在境外不同程度的不文明行为，这也使国人越来越意识到作为一名文明的游客对彰显中国人素质的重要性。那么境外出行有哪些礼仪需要注意呢？本节将从行前准备礼仪、出行与住宿礼仪、观光与购物礼仪、公共场合礼仪和小费礼仪等五个方面进行讨论。

一、行前准备礼仪

与国内跨地区流动不同，走出国门需要严格遵循有关出入境的法律制度。为了顺利地出境与入境，出入境人员必须要了解护照与签证的办理方法，了解经过海关时的必要流程和检查项目。

(一)护照的办理

护照是一个国家或地区的政府发放给本国公民或国民的一种旅行证件，用于证明持有人的身份与国籍，以便其出入本国及在国外旅行，同时亦用于请求有关外国当局给予持照人通行便利及保护。在我国，护照分为外交护照、公务护照和普通护照。其中外交护照对应的人群为副部级以上官员和外交人员，其护照由外交部签发；公务护照对应人群为因公出国从事访问、商务洽谈、工作或学习的国家公务人员，其护照由外交部或经外交部授权的省市外事办公室等机关办理；普通护照则主要发给因私人事务出境的公民，如到国外定居、探亲、学习、就业和旅行的人员，由公安部出入境事务管理局及其他授权的有关机关办理。本部分将主要讨论普通护照的办理事宜。

中国公民在国内申请普通护照，应当由本人向其户籍所在地县级以上地方人民政府公安机关出入境管理机构提出，并提交下列真实有效的材料：

(1)近期免冠照片一张以及填写完整的《中国公民因私出国(境)申请表》。

(2)居民身份证和户口簿及其复印件；在居民身份证领取、换领、补领期间，可以提交临时居民身份证和户口簿及其复印件。

(3)未满十六周岁的公民，应当由监护人陪同，并提交监护人出具的同意出境的意见、监护人的居民身份证或者户口簿、护照及其复印件。

(4)国家工作人员应当按照有关规定，提交本人所属工作单位或者上级主管单位按照人事管理权限审批后出具的同意出境的证明。

(5)省级地方人民政府公安机关出入境管理机构报经公安部出入境管理机构批准，要求提交的其他材料。

(6)现役军人申请普通护照，按照管理权限履行报批手续后，由本人向所属部队驻地县级以上地方人民政府公安机关出入境管理机构提出。

需要注意的是，护照是重要的身份证件，应妥为保管使用，不得损毁、涂改和转让，如果护照不慎遗失，应立即向当地公安机关或者中国驻外领事馆报告。如在国内遗失，则到户口所在地公安机关出入境管理处按规定重新申办。如在国外遗失，则需要报告当地领事馆，填写补办申请表，登报声明作废，经国内发证机关核实后，由驻外领事馆换发新照。

(二)签证的办理

签证是一个国家或地区的行政机关在非本国或地区的公民所持护照或其他旅行证件上的签注、盖印、附文，以示允许其出入本国国境(或者经过其国境前往第三国)的手续。每个国家关于签证的政策不尽相同，办理签证之前一定要弄清楚出行目的国对于签证的各项要求。如有的国家办理签证所需要的时间较长，则要留出足够的时间来办理签证。目前来说，美国、日本的签证申请比较麻烦，其他国家签证申请难度一般，旅游国家如泰国、马尔代夫、毛里求斯等申请最简单。

办理签证需要递交有效的护照，递交与申请事由相关的各种证件，填写并递交签证申请表，签证不同，申请表也不同。有些国家会要求对签证申请人进行面试，面试时应注重以下细节：

(1)注重个人形象礼仪，展现落落大方、自然自信的精神面貌，不自视甚高，也不卑躬屈膝。

(2)实事求是地讲述自己申办签证的动机和目的、入出境时间并保证遵守目的国法律和按期回国。

(3)要一问一答，即官员提出一个问题，申请人回答一个问题，回答时语言要简练，力求准确。

(4)最后，领到签证后要仔细核对每一项，特别注意签发日期、有效期和停留期限等是否相吻合。

(三)出入境注意事项

走出国门必然要过安检与海关这两道“关卡”，了解安检和过海关流程及相关规定对于轻松愉快的出行有很大帮助。

1. 机场安检

机场安检是指为了保证旅客自身安全和民用航空器在空中飞行安全，对旅客在登机前采取的一项必要检查，它主要分为行李检查和人身检查。

行李分为必须托运的行李和可以随身携带的行李。托运行李在机场办理手续的时候进行安检并直接托运；随身行李在进入安检大厅后与人身一同接受检查。每个国家对于出境的安检要求不同，比如中国民航局就规定打火机、未开瓶检查的水、管制刀具、易燃易爆品等禁止携带上飞机；对于充电宝也有相关规定，三无产品、超过一定毫安数的充电宝不可以带上飞机。如因携带特殊物品被机场安检工作人员询问，需耐心解释。如果担心造成误会，还是以托运为佳，以免造成不必要的麻烦。

人身安检主要检查乘客身上有没有携带违禁物品。首先乘客会被要求通过一个特殊的探测门，接受身体检查。如发出警报声，则要经过手提式磁性探测器的检查，或重新返回，将口袋中的打火机、钥匙、口香糖等物品挑出来放在机场配备的小篮子里，然后再通过安检门，直到不再发出警报声为止。

在特殊时期，机场的安检也会做出相应调整，以最大限度地保证公共安全。受2019年底爆发的新冠肺炎疫情影响，检视旅客是否依规佩戴口罩和检测旅客体温成为机场安检的绝对必要项目。作为旅客，在面临这场突如其来的灾难时，应积极报告个人旅行史和身体状况，依规佩戴口罩，对自己负责，也对他人负责。

2. 海关检查

海关检查主要是针对出入境人员携带的物品是否合规进行检验，一般经历以下两个步骤。

第一，填写海关入境申报单。一般来说，海关检查仅询问有无需要申报的物品，但有的国家要求入境者填写携带物品申报单。各国对旅行者可携带过关的物品及价值、数量都有明确的规定，超过规定就必须申报、纳税，否则会因涉嫌走私而被处罚。

第二，过海关的行李检查。过海关时，一般会收到海关人员有关物品申报问题的询问。在接受了海关人员的询问、许可、盖章之后，才算正式被允许进入这个国家。之后，乘客需要到行李转盘处取托运的行李，此时海关人员有权检查入境者所携带的行李物品。

有的海关人员对个人日用品、衣服等物品的检查比较宽松，但对动植物、食品、水果、文物、武器、毒品等的检查十分严格，这些是绝不允许被带入一国国境的。近年来，一些国家加强了对盗版产品的检查，如盗版图书和音像制品、假名牌等，一经发现，将被处以巨额罚款。

二、出行与住宿礼仪

(一)出行礼仪

走出国门，就必然会涉及有关出行与住宿的礼仪。出行礼仪包括乘机礼仪、步行礼仪、乘坐公共交通礼仪、自驾礼仪等。住宿礼仪则可分为入住礼仪以及退住礼仪等。

1. 乘机礼仪

文明得体地乘坐飞机可以赢得尊重，尤其是在各国旅客聚集的国际航班上，每个乘客的表现代表其国家的国民素质。文明乘机主要表现在以下几个方面：

(1)尊重乘务人员。

登机后，应对乘务人员平等相待。乘务员向你问好后，应大方礼貌地回应，而不是一副不理不睬、目中无人的模样。在飞机上，一般乘务员会为乘客提供引导、取放行李以及送餐服务等。面对乘务员的服务，应主动地向对方表示感谢。坐定座位后，如需乘务员的帮助，可以按座椅旁边的呼叫按钮。大声呼叫乘务员或故意多次且非常随意地让乘务员服务，都是有欠妥当的。

(2)遵守公共秩序。

保持公共场合的安静与卫生、约束个人行为是一种基本礼仪。因此，不要在飞机上大声交谈。尤其是在乘坐夜班飞机时，如果肆无忌惮地大声聊天说话，势必会影响他人的休息，引起他人的不满。也不要在飞机上乱扔、乱吐东西，破坏机舱内环境。如果晕机想要呕吐，应使用专用的呕吐袋。

(3)尊重其他乘客。

在飞机上要与其他旅客和睦相处，友好相待，尤其是在各国旅客聚集的国际航班上，不文明、不礼貌的行为举止不仅让自己形象受损，也有损国家形象。如在飞机上高声谈笑、反复上下打量或窥视其他乘客、在座椅上摇摇晃晃、随意脱去鞋袜等失礼行为，往往会在无意之中令对方感到不适。

2. 乘坐公共交通礼仪

如果选择国外自由旅行，学会乘坐东道国的公交车、地铁、出租车等公共交通工具是非常重要的。西方发达国家均有准确的公交、地铁时间表。提前了解这些交通工具的时刻安排，根据时间表可以高效地安排出行。需要注意的是，很多西方发达国家的公交车上没有专门的售票员，乘客往往需要自助刷卡或在一个小的检票机上自主检票。但没有售票员并不代表可以逃票，一旦逃票行为被发现，将会被处以高额罚款，并形成个人的不良信用记录。此外，有些国家的出租车并不像国内一样随处可见，随叫随到，而是需要乘客提前通过电话或网上预约。

在乘坐公共交通工具时需要遵守相关规定，文明礼貌乘车。比如乘坐公交车或地铁时，要排队候车、先下后上，不要推拉、挤撞他人。每个国家的让座文化不尽相同，应提前做好功课，如遇老弱病残孕等乘客，视情况予人方便。此外，在公交车上，应做到不随意吃东西、不吸烟、不吐痰、不乱丢垃圾、不携带危险物品上车。乘坐出租车时，应保持车内整洁。在出租车的行驶过程中，乘车人之间可以适当交谈，但不宜与司机过多交谈，以免司机分神，造成意外。在有些国家乘坐出租车时需要另给小费，比例一般为10%～15%。出国前可以多了解一下当地的风俗习惯，以求有备无患。

3. 步行礼仪

步行是最原始、最普遍的出行方式。实际上，步行也有许多规范需要遵守。

(1)遵守交通规则。

无论在哪个国家，出行时都应遵守交通规则，过马路要左右看，走人行横道，不闯红绿灯，不乱穿马路，不翻越栏杆。在人行道上行走时，应自觉让出盲道。

(2)注意步行仪态。

在街道上行走要衣冠整洁、仪态端庄、昂首挺胸、速度适中。前进时要目视前方，用余光看四方，不要跑步，不要边走路边看手机或吃东西，更不要随地吐痰。

(3)注意步行方位。

两人并排行走时，以右为尊，所以宾客、上司、长辈要走在右边。如果是三人，中间为大、右边次之。当男女一起走在路上时，男士应该走在外侧，因为外侧的走道较靠近马路，车子来来往往存在风险，为了显示男士的风度并保护女士，一定要让女士走在内侧。

4. 自驾礼仪

如果追求自由便利的出行，在国外可以选择租车自驾的出行方式。租车自驾时一定要提前做好相关准备，遵守相关规范。

(1)周全准备。

首先，无论国内国外，拥有驾驶证方可驾车上路。有租车意向的旅客，在出国前需要将驾照翻译公证。其次，在异国他乡，租车必须购买保险，因为人生地不熟，不知道会发生什么状况，购买保险才能安心使用车辆。再者，一般发达国家的租车系统非常发达，各大机场、车站及港口都会有租车点。不同的租车公司，服务细节也不同，可根据自己的情况，多了解后再进行选择。最后，租车前应提前了解车况，在被允许的情况下，最好试驾后再决定是否承租。

(2)文明驾驶。

在国外开车一定要遵守交通规则，比如遇行人过斑马线时，应礼让行人；开车变道时要打转向灯提醒后面的车辆，如果影响到他人应礼貌点头、举手示意；等等。此外需要注意的是，国外有些交通规则与国内不同。比如在英国、日本等国家，车辆皆是靠左行驶；再比如在美国，公路上有最低限速要求，开得太慢影响交通也是违规的。

(二)住宿礼仪

出国旅行，住宿往往是一个令人头疼的问题。在国外酒店住宿，住宿者的一言一行代表的是其国家的形象，在外旅行，也应学习和遵循有关住宿的礼仪，不可马虎大意。

1. 入住礼仪

当预约好酒店后，应尽量按照预定的时间达到酒店并办理入住。办理入住时须出示护照给前台服务人员，然后确定入住的时间和房号，领取房卡或钥匙。办理手续的过程中，可以多询问一些有关酒店的信息，比如早餐的时间和地点、退房的时间以及酒店所提供的各种服务与服务设施等，有不懂的地方要积极虚心地请教。与国内的酒店有所不同，一些国家和地区的酒店不向住宿者提供牙具和拖鞋，这可能与当地的习俗或环保意识有关，应提前了解当地情况，出国时自带这些物品，做到有备无患。

入住酒店后，客人应遵守酒店的规则，爱护资源并尽量保持房间的干净、整洁。遍地垃圾，个人物品随意摆放，家具位置被随意挪动，卫生间的毛巾被用来擦鞋、擦马桶，在禁烟的房间内抽烟，在房间内洗晾大量衣物等都是令酒店服务员颇为头疼的行为，也有损个人形象。

除注重清洁卫生外，在入住期间，也要遵守酒店的公共秩序。无论是在自己的房间还是在酒店的其他地方，都应避免大声喧哗。在房间内看电视时，音量要适中，并且不要在早晨或者深夜看电视，以免影响他人休息。在自己入住的房间，可以自由选择自己的衣着穿搭，但最好不要穿睡衣、拖鞋出现在走廊、大厅、餐厅等公共场所。

2. 退住礼仪

每个国家的退房时间不太一样，有些国家的退房时间是在中午 12 点前，有些国家则可以延迟到 14 点，退房前应提前询问清楚，并安排好时间以免逾期退房被收取额外费用。

退房时，应尽可能保持房间的基本整洁，不要过于脏乱。房间虽然每天都有保洁人员进行打扫，但保持房间基本卫生也是对自己和他人的尊重。此外，房间内的毛巾、杯子、烟缸、画册等物品，不可顺手牵羊，随意带走。要是自己特别喜欢，打算拿走留作纪念，应与前台联系，并付款购买。如果房间物品有损坏，要主动告知，并照规定积极赔偿。

三、观光与购物礼仪

观光与购物对许多出境旅游的人来说，是必不可少的两项活动。在国外的各大景区或大型的购物中心，也时常能看到中国人的身影。那么如何才能文明观光与购物，在愉悦自身的同时留一份美好给他人呢?

(一) 观光礼仪

境外出游，参观频率较高的当属一些知名的旅游景点或博物馆。本部分将以参观游玩旅游景点为例，介绍境外观光时应注意的礼仪事项。

每个国家或地区都有名扬内外、令人向往的旅游景点，有些是自然景观，有些是人文景观。不管是哪一种，作为游客，首先应该做到的是在欣赏旅游资源的同时爱护旅游资源。因此在参观游玩时须注意以下事项：维护墙壁、碑柱的干净、整洁；不在建筑物上乱写、乱画、乱刻；不攀爬、触摸文物古迹或贵重展品；不践踏、破坏花草树木等。同时，要爱护景区内的环境卫生，不分场合吸烟、随地吐痰、随地大小便以及乱扔杂物等都是不文明行为。总之，旅游景点多为公共资源，其中的一山一水、一草一木、一砖一瓦都是人类共有的财富，我们没有任何理由去破坏它们。在游览的同时爱护游览资源，应当成为人们一种自觉自愿的行动。

其次，观光游览时应注意遵守景区规定、尊重当地风俗。例如，有些地方为了保护一些古老的建筑物，要求旅客不得拍照或必须穿上鞋套；有些国家，在进入佛教寺院时，要求必须光脚等。作为游客应当自觉遵守这些规定，做到“入乡随俗”。

最后，无论是在国内旅游还是在国外旅游，一定要遵守公共秩序。当游客较多时，有些景点会限制进入景区的人数，此时一定要耐心排队等候，听从景区工作人员的安排，不能扰乱秩序，前拥后挤，随意插队。在拍照、摄像时应避免与他人争抢好位置、好角度而发生不快。景区人数众多时，应当互相谦让，按照先后次序有序进行。此外，在一些室内展厅或由讲解员带队讲解的场合，应控制声音，避免因大声喧哗而影响他人。

（二）购物礼仪

对于很多国人来说，境外出行、购物是一项不可或缺的重要环节。那么出国购物应当注意些什么呢?

1. 以礼相待

国外的奢侈品店、药妆店和免税店等，是很多中国人喜欢去的地方。一些商店为了迎合庞大的中国市场，吸引和服务中国客人，不仅在店内打出细致周到的中文指示牌，还安排了相应的中文导购员。在这些场合进行沟通时，首先要确认对方的语言能力，直接使用中文进行沟通可能会让对方显得错愕。用当地语言表达"你好""谢谢"等都能体现对对方的尊重。此外，进入商场时，服务人员通常会以本国礼仪表示欢迎，此时进行回礼是非常有必要的，不要把对方的敬意当作理所当然。在浏览商品的过程中，如果看上了某样东西需要呼唤导购员时，应当注意语气语调的平和，不要用命令的口吻高声呼叫。"顾客是上帝"是服务领域里一句耳熟能详的话，但以"上帝"自居的人往往并不能得到"上帝"该享受的服务。只有当自己态度谦和、以礼相待的时候，才有可能赢得别人的尊重。

2. 文明有序

应维护良好商场的购物环境与秩序，人多时不插队，避免大声喧哗。近年来，随着中国经济的快速发展，国人在国外强大的消费能力拉动了当地的经济，这自然是当地人所欢迎的。但另一方面，中国人在购物时的一些不太符合礼仪规范的行为又让很多商家和顾客感到头疼。这其中居于首位的便是一些中国人成群涌入商场、以买白菜的心态疯抢商品、扰乱商场秩序的行为。此外，爱惜商品也很重要。在挑选商品的过程中，要注意轻拿轻放，洁白易脏或者明确不能触摸的商品不能随便触摸。未经店家允许，不得随意试用、试穿商品。试用试穿商品时，要小心谨慎。试穿衣服时，注意别把口红、眼影等弄在衣服上。损坏商品要实事求是地照价赔偿。

3. 掌握购物技巧

在国外，信用卡结算是一种相对流行的结算方式，大部分的支付场景都支持信用卡付款（以 Visa/Master Card 为主），但出于费率和税收的问题，部分个体小商贩仅支持用当地货币现金付款。相应地，这类商贩允许一定程度上的讨价还价。但由于近年来中国游客的增多以及中国互联网企业的迅速发展，很多游客聚集的地方开始支持支付宝(Ali Pay)与微信支付(Wechat Pay)。因此，我们可以在支付时事先向对方询问支付方式，然后进行付款。此外，应当注意的是，不少国家和地区有退税政策，这是境外不少国家和地区为了带动旅游消费，针对外籍消费者的一种福利。如果想要节省费用，可以提前了解当地的退税政策。一般来说，如果商家的商品挂有"Tax Refund""Tax-Free Shopping"等标识，说明这些商品是可以退税的。当购买退税商品达到该国指定的购物金额时，就能向商店营业员申领官方退税单据。在办理退税时，一是要携带护照和信用卡，因为填写退税单需要出示个人护照，退税到信用卡也要比现金和支票方式更为便捷；二是要注意每张退税单都会被收取2%~7%的手续费，集中购买可以节省相应的手续费。三是要留出充足的时间来办理退税。有许多人就曾因对语言和退税流程不熟悉，加上在机场排队退税的人太多而不得不放弃退税。

四、公共场合礼仪

公共场所是指人群经常聚集、供公众使用或服务于人民大众的活动场所，它具有公共性和共享性，是人们生活中不可缺少的组成部分。大家常见的博物馆、展览馆、影剧院、商场等都属于公共场所。在其他国家和地区的公共场所中，一定要遵守相关礼仪规范，这不仅是对一个公民最基本的素质要求，也体现了中国人的文明程度。

(一)博物馆礼仪

博物馆是征集、收藏、陈列和研究代表自然和人类文化遗产的实物，并对那些有科学性、历史性或者艺术价值的物品进行分类，为公众提供知识、教育和参观服务的机构。一般来说，想要了解一个国家的历史、文化特质以及该国对世界的影响，参观博物馆是最好的途径。那么，参观博物馆有哪些礼仪规范呢?

1. 注意衣着

博物馆展出的都是文化艺术价值较高的展品，展出场所也相对比较特殊，因此在参观前一定要注意自身的衣着。衣着不能过于随便，也不要过于华丽，以整洁舒适的休闲服装为好，女士不宜穿前面尖尖细细、后跟尖尖细细的高跟鞋。着装还应与展览的主题相关，如果是参观级别、层次、规格都非常高的艺术品，参观者身着典雅的服装也是符合规范的。

图 2-20　武汉大学万林艺术博物馆

2. 爱护展品

博物馆里陈列的展品一般都是十分珍贵的，具有极高的历史价值、艺术价值或经济价值。因此，参观博物馆时一定要爱护展品，做到不抽烟，不随便触摸展品，不随意使用闪光灯拍照。少数参观者在参观时总是觉得“不过瘾”，一定要亲手摸摸展品，这种做法对展品来说可能是一种极大的“伤害”。很多博物馆都有“不要触摸展品”的规定，对于那些价值极高的文物，博物馆也采取了设玻璃罩、隔离线等保护措施。但不是每一件展品都有防护措施，如果参观者不遵守基本的规定，博物馆也将“防不胜防”。

3. 文明参观

参观博物馆时应保持安静，不要大声喧哗。听讲解员讲解时要专心，不要出言不逊，妄加评论。参观者应自觉遵守博物馆的有关规章制度，不要一边参观一边吃零食。人多时，不要拥挤，而应当按顺序边看边走。不宜在一件展品前长时间驻足，以免影响他人参观。穿越他人时要讲礼貌，注意不要从他人面前经过，以免妨碍他人参观。如果必须从他人面前经过时，则应说“对不起，请让我过一下”。

(二)剧场礼仪

近年来，随着国人生活水平和中西文化交流频率的提高，越来越多的中国人会选择走出国门去体验异域风情与文化，各类精彩绝伦的音乐会、交响乐、歌舞剧也越来越受到中国人的欢迎。那么在欣赏国外剧场演出时，需要注意哪些礼仪呢？本部分将以参加音乐会为例进行探讨。

1. 着装礼仪

以前，音乐会在国外盛行，多半是作为王公贵族或者是达官贵人的集会社交场所，平民百姓是不容易接触到的。因此，去参加音乐会的人士在服装方面也会特别讲究，将参加音乐会当作一件严肃与重要的事情来对待。虽然现代的音乐会没有过去那么严肃，但欣赏音乐会或者交响乐时，正式的着装、得体的仪态、优雅的举止依然必要，这体现了对演奏者和其他观众的尊重。

具体的着装要求，以简洁大方为宜。男士一般穿西装且打好领带，女士一般穿裙装、小礼服或者典雅的套装。拖鞋和短裤是不被允许的。着装不必过度华丽，但应避免过于随便或者奇装异服。

2. 进场礼仪

第一，尽量准时入场，最好是提前15分钟入场，以便于阅读演出介绍、熟悉剧院环境、找到座位等，使自己在新环境下处于一个放松的状态，更好地欣赏和感受音乐。如果不慎迟到，也不要着急，听从工作人员的安排，在曲目的间隙入场欣赏。在等候进场的时候，可以通过剧场的实时直播欣赏乐曲。现在也有一些音乐厅严格限制迟到者入场，或是只允许迟到者中场休息的时候入场。此举是为了确保演出过程中的连续性和完整性，以及场内的演奏者和观众不被打扰。音乐会第一首曲目通常安排的是用时较短的乐曲，这是为了方便迟到的听众还能在第二首曲目之前的空档进入剧场。

第二，入场的时候不得携带饮料和食物，以防咀嚼声、喝水声等影响演奏效果。有的剧院会安排观众在进入剧院之前进行安检，饮料和食物被禁止带进场馆，且要求观众将随身包裹储存在专门的储存柜中，演出完毕之后再领取。

3. 欣赏礼仪

在音乐会开始之前，阅读演出介绍可以很好地帮助观众了解曲目和演奏者。对于之前已经欣赏过的演出，不要主动讲解、介绍和评论；如果之前没有了解过这些曲目，音乐会开始后静心地感受或许是最好的方式。在音乐的演奏间隙一般没有人报幕，一切都是以完整的、纯正的音乐享受为主，因此大声谈笑、交头接耳、接听电话等都是不被允许的，也应当尽量避免出现咳嗽声、喷嚏声和哈欠声。演出过程中一般不允许拍照和录像，以免影响演奏者。此外，拍照和录像还涉及版权问题，未经允许，不能记录演出内容。

4. 鼓掌礼仪

在欣赏音乐会时，要有礼貌地适时鼓掌，以表达对表演者的尊重和谢意。而何时鼓掌称得上“适时”，则颇有一番讲究。观看西方的各种演出，在演出过程中无须鼓掌，曲目结束、中场休息和演出结束时应当鼓掌。这其中又以交响乐最为复杂。交响乐通常由几个乐章组成，每个乐章之间都有短暂的停顿，但这并不代表着乐曲的结束。这时鼓掌往往会干扰演奏者，破坏演奏的整体氛围。通常指挥者将双手完全放下并且转身致谢时，表示一曲交响乐的结束，此时观众可以鼓掌。

此外值得一提的是，加演或“返场”是音乐会文化的一个重要组成部分。演出结束后观众常常会致以热烈的掌声，既有致谢之意，也有希望表演者返场的意味。为了满足观众们的要求，演奏者往往会加演，这是演奏者与观众间的互相欣赏和良性互动。观众如不了解这些而贸然退场，则可能无法充分享受这一场美妙的演出，不知不觉成为音乐会礼仪的破坏者。

五、小费礼仪

出国旅行，除了个人身份证件和生活必需品外，别忘了准备一些零钱。在一些国家和地区，给小费不但是对服务的一种酬谢，同时也表达了对他人劳动的尊重。从某种程度上来说，付小费也是礼仪行为的一种。

在什么场合下给小费，如何给小费，小费的给付金额为多少，出国旅行人员常常感到困惑。由于不同的服务项目难易程度不同，需要支付小费的数额也不一样。此外，也并不是所有国家的所有行业都存在给小费的现象。因此，出行前最好了解当地的小费习俗。

(一)给付场合与金额

随着时代的更替，小费在西方世界被一些人广为接受，但并不是国外的所有服务场合都需要支付小费。就具体情况而言，给付小费最为常见的场合主要有以下几种：

1. 住宿酒店

一般来说，入住酒店时如接受以下四种人员的服务必须给付小费。一是门童，当门童为客人叫车或者为其开关车门、酒店大门时，一般应付给其小费，小费金额一般为 1 美元；二是行李员，搬运行李后要给对方小费，消费金额以行李数量计费，每件 50 美分；三是送餐员，有些客人习惯在客房内用餐，享受此服务时必须给予送餐员小费，小费为餐费的 10%左右；四是客房服务员，客房服务员每天需要定时打扫、整理客房，因此通常情况下是需要给付小费的，一般为 2 美元。

2. 餐馆用餐

餐馆用餐时，如享受以下三种人员的服务则须给付小费。一是引位员，假如需要一个自己中意的位置，那么向引位员支付小费常常是必须的；二是侍者，对于用餐过程中为自己忙来忙去的侍者，应给付小费，但对领班的服务员则不必；三是卫生间保洁员，如果用餐中途需要去卫生间方便一下，有时也需要付给保洁人员小费。给予这些服务人员的小费占餐费支出的 10%~20%，一般视餐馆的等级来相应调整小费的金额。

3. 交通出行

在许多国家，乘坐出租车时，不但应当全额支付打车费用，而且还应当付给司机小费。小费一般是车费的 15%，但通常支付 1 美元即可。如果选择公交出行，则不必给付小费。旅游观光时，要给旅游司机每天 1 美元的小费。

4. 美容美发

在国外，美容美发是重要的日常生活之一。一般来说，绝大多数流行付小费的国家都有付小费给发型师的习惯。有的国家也需要给付美容师小费，付给发型师和美容师的小费金额一般为消费支出的 15%。

(二) 给付方式与注意事项

不同国家和不同行业，往往有着不同的小费给付方式。如果采取的方式不当，可能会破坏给小费的效果。一般说来，给付小费时需要注意以下几点：

(1) 付小费时不应张扬，在私下进行即可。

(2) 所付小费有时放在菜盘、餐桌下；有时放在杯底下；有时放在床头；有时以不收找零作为服务小费；有时也可直接交到服务人员手上。应当根据具体情境选择最为合适的给付方式。

(3) 除了欧美国家，非洲国家也给小费，一般都是把钱叠好，放在手心里，握手的时候顺手把小费交给他们。这是很多非洲国家的做法。

(4) 在酒店和宾馆，可以选择把小费放在床头，但不要放在床头柜上，这样会让服务员误以为是房客不小心落下的，他们是不敢直接取用的。

(5)尽量不要拿硬币当小费。在一些国家，很多人会把给小费误以为就是给零钱，有时会把几块钱的零钱外加一把硬币当作小费递给服务员。这样对他们来说是一种侮辱，因为只有乞丐才接受别人的零钱。

(6)给付小费时，亦须“按质论价”。当服务质量欠佳或下降时，可以减少小费的具体数额或者拒付小费。比如在乘坐出租车时，如果司机选错了道路，则可以不给小费，因为没有人会为司机的错误买单。

学生习作展示

剑桥晚宴与文化建构

王力尧天

正餐晚宴(Formal Hall①)是牛津大学和剑桥大学的独特传统。各学院在本院餐厅举办晚宴，院士及其宾客坐在餐厅远端的高桌，学生则坐在下方的长桌共餐，所有到场成员均着学袍，在烛光中用三道或四道正餐，这是这两所大学最独特的文化传统。笔者于2019年秋季学期②曾赴剑桥大学彭布罗克学院(Pembroke College)访学，现结合个人经历见闻及所学所感分述于下，以求教于大家。

彭布罗克学院是剑桥第三古老的学院，成立于1347年，有着悠久的历史和深厚的文化传统。学院知名毕业生包括英国历史上最年轻的首相小威廉·皮特(William Pitt Jr.)和桂冠诗人、剑桥大学首任钦定现代史教授托马斯·格雷(Thomas Gray)。彭布罗克学院成绩出众，尤以古典学著称，在剑桥各学院本科学业排行榜中平均居于第二名，仅次于三一学院(Trinity College)。最为特别的是，彭布罗克学院以美食著称，甚至一度传闻有米其林主厨掌勺③，常常吸引其他学院的学生乃至当地居民和外来游客前来用餐。或许正因如此，不同于多数学院每周举办两到三次晚宴④，彭布罗克学院每周七天均有晚宴，且菜品各异，提供了丰富的品鉴机会⑤。因此，彭布罗克学院独特地融合了统一性和特异性，足以作为样本考察剑桥晚宴制度。

---

① Formal Hall，亦称Formal Dinner或Formal，以下简称“晚宴”。

② 即Michaelmas Term。依剑桥学制，一学年分作三个等长学期，分别为Michaelmas Term，Lent Term和Easter Term。

③ 经学院本科生会(Junior Parlour)调查，此事实系误传，但足以佐证学院厨师的高超水平。

④ 在近似的整体传统下，各学院晚宴特色各不相同，举办频次也不相同。多数学院每周举办三次晚宴，也有少数学院每周仅有一次晚宴，甚至数周才有一次。

⑤ 多数剑桥学生每周参加一次晚宴，时间取决于个人的学业及社交活动，而由于彭布罗克学院的特殊安排，学生甚至可以提前过目每周的菜单，选择参加自己更喜欢的菜品所在的晚宴。

一、晚宴流程

剑桥大学共有 31 个学院，其中 16 个建于 17 世纪前，被统称为“老学院”(Old Colleges)，其余 15 个学院则称为“新学院”(New Colleges)。老学院往往比新学院有更为深厚的文化传统，也常常有更多的规矩和惯例。彭布罗克学院作为剑桥大学第三古老的学院，有着丰富的历史文化遗产，与此同时，却又以友好舒适的学院环境著称。这种奇特的组合同样构成了特殊的面貌，使之在古老规章和灵活运用之间达成了平衡，而每晚均举办的特殊安排又使得晚宴少了一点仪式性，多了一点生活性。

以下内容引自彭布罗克学院晚宴的规章：

1. 学生应当把晚宴视为一个与宾客聚餐的特殊场合……这些规章正是为确保晚宴的特殊性和所有人均可尽兴而设。

2. 你和任何宾客都应提早到达，以免误过晚宴之初的谢餐祷词，因此应在 19:25 前到达桌前。

各学院晚宴开始时间不同，多数集中在 19:00~20:00，彭布罗克学院的晚宴则开始于 19:30。由于学院每日均供应普通晚餐和晚宴，为避免冲突，晚餐于 18:45 结束供应，随后侍者开始清理餐厅并为晚宴做准备。学生往往在 19:00 时着整齐服装，共同前往学院酒吧提前小聚，在 19:15~19:25 陆续进入餐厅。进入餐厅后，尽管晚宴尚未开始，但学生已经可以饮酒或吃餐前面包，亦可自由谈笑。19:30，高桌管理员将敲响一棒锣声，院长带领本院院士从院士会合室前来餐厅，全场行注目礼。各位院士均就位后，院长独自或带领院士们共同念拉丁文祷词，祷词结束后院士落座，学生方可落座，晚宴正式开始。

3. 彭布罗克学院的学生必须着学袍。

学袍是牛津大学和剑桥大学的另一传统。牛津大学和剑桥大学起初均是教会大学，修士袍亦是旧时遗存，今日剑桥虽亦很大程度上摆脱了宗教色彩，但许多宗教文化的遗迹仍然存留。在剑桥，本科生与研究生的学袍各不相同，本科生依据所在学院着不同的学袍，研究生则依所获学位着不同学袍。

除学袍外，各学院的着装要求也各不相同，普通服和领带则是基准。彭布罗克学院要求较为宽松，尽管一般均要求着正装，但在日常晚宴时，往往可以改着其他半正式的衣物。夏日时，常常不须着西服，只需着衬衣；冬日时，西服内亦可着毛衣或卫衣。有的学院则要求更为严格，例如三一学院，学生往往着“黑领结”(black-tie)礼服出席晚宴。

4. 每人最多只允许带一瓶酒，不允许带烈酒和啤酒。

酒是晚宴的重要一环，各学院则有着不同的安排和规定。有的学院直接提供饮酒，往往配餐品提供两到三种酒，酒价算入餐费。其他学院则由学生自行带酒，也就有着相应的规则和限制，如彭布罗克学院允许每人带一瓶酒，丘吉尔学院(Churchill College)则只允许两人带一瓶酒，那么去之前就要提前与人约定。除不允许烈酒和啤酒外，学院对酒种没有过多要求，学生既可以在外面超市买酒，也可以餐前直接在学院酒吧买酒。学院的酒往往印着学院的徽章作为酒标，受欢迎的同时也成为绝佳的毕业礼物。

图1　彭布罗克学院自产酒，其上有学院徽章，下部则是学院正门和主庭的铜版画

5. 晚宴过程中不允许拍照(院士离开后或可允许)。

6. 手机必须关机或调至静音，在任何情况下均不允许使用。

7. 不允许玩游戏、不允许进行饮酒比赛、不允许投掷任何物品，敬酒(比如生日)必须在院士离开后进行。

剑桥有一种饮酒游戏称为“penny”，即将一便士的硬币投入他人酒杯，此人就必须将整杯酒立刻喝完。彭布罗克学院禁止此类游戏，违反者将被“礼貌地请出去”。

8. 晚宴过程中所有就餐者均须保持原位不得移动，无论院士是否在场均是如此。

晚宴通常提供三道或四道菜，院士则会在甜品前后离开，前往院士会合室继续饮酒。同样由高桌管理员敲一棒锣声，全体起立并行注目礼，直至最后一位院士离开方可坐下。随后晚宴继续，并进入更加活泼和自在的阶段，学生可自由谈笑和拍照合影，也可以自由离开。晚宴持续约两小时，至21:30结束。按照惯例，学生用完甜品后往往不会直接回到宿舍，而是共同前往学院酒吧继续饮酒放松，之后或回房休息，或重新投入课业。

二、餐厅

牛津大学和剑桥大学不仅仅是行政建制，也拥有自己的商业地产。在学院建筑中，最重要的即是餐厅、礼拜堂和图书馆。三者构成学院建筑的核心，与各类教学与公共建筑、院士办公室、学生宿舍、院长官邸等相互呼应，通过回廊连接成庭院(即方庭，方庭是牛津大学和剑桥大学学院建筑的基本模式，在剑桥称为 Court，在牛津则称为 Quad)。庭院中心是学院的花园和草坪(lawn)。草坪在这两所大学具有特殊地位，每一学院的草坪只允许本院院士踩踏，任何学生和外来人士均严禁涉足。正因如此，偷偷踩上这“神圣的草坪”也成了剑桥学生心中永恒的渴望。剑桥毕业生马尔科姆·劳里(Malcolm Lorry)曾写道：“月光下的喷泉、封闭的庭院和回廊，从高洁的自信中透出不朽的美。与其说它们是你荒唐生活的古怪拼图……不如说它们是某位仙逝八百年的修士的奇特梦境，而这位修士的禁室，矗立在直插沼地的桩基上，曾像灯塔一样，从神秘的寂静和沼地的孤独中发射光芒。它们是一个严防密守的梦境：勿踏草地！然而它们超凡脱俗的美却使人情不自禁地说：‘上帝，恕我踏上一回吧！’”

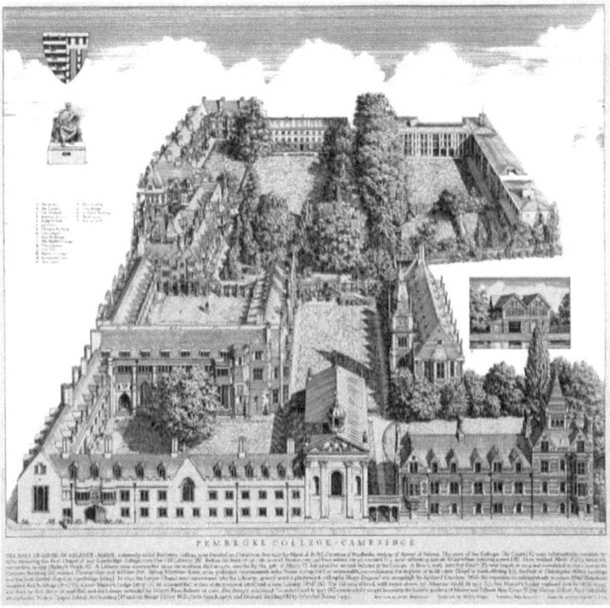

图 2　彭布罗克学院诸庭院

在诸建筑中，餐厅具有相当的代表性，往往成为学院的标志。牛津大学基督教会学院(Christ Church)的餐厅因作为《哈利·波特》电影中霍格沃茨大礼堂的原型而闻名世界，其他各学院的餐厅也各具特色。有学者曾评论道："餐厅是诸学院最大最美的建筑，甚至能与诸学院的礼拜堂并驾齐驱。如果说洁净近乎神性，那么我们也可以说吃喝近乎虔诚。一座学院餐厅有点像一座中国宗祠，墙上挂满'祖宗'的肖像。餐厅里的仪式和社交不仅表现了一种共同体氛围，也为剑桥师生创造了这种特殊氛围。"

图3　彭布罗克学院餐厅外景

图4　彭布罗克学院餐厅内景

彭布罗克学院的餐厅是学院的标志建筑之一，其古典风格在本院和其他学院均别具一格。但餐厅却并非学院的唯一特色，亦非唯一用餐场合。图书馆是学院更具特色的标志，高耸的钟楼常常在各类场合出镜；礼拜堂由克里斯托弗·雷恩爵士(Sir Christopher Wren)设计，后者设计了著名的伦敦圣保罗大教堂(St. Paul's Cathedral)和剑桥三一学院图书馆(Wren Library, Trinity)；老图书馆是学院最古老的建筑，今日已改作宴会厅。

图5　彭布罗克学院图书馆外景

图6　彭布罗克学院老图书馆内景

三、食物和摆设

学院晚宴以三道菜为标准：前菜、主菜、甜点，餐前饮酒或者吃开胃点心，餐后往往有咖啡、茶和巧克力。彭布罗克学院以美食著称，其餐食自然格外精致，前菜诸如咸汤、沙拉、鱼排、水果，主菜诸如羊排、鸡胸、火鸡，甜点诸如冰淇淋、布朗尼、奶冻、蛋糕，各色齐备。

甜品过后往往提供咖啡和薄荷巧克力。据说，之所以在傍晚时分提供两种刺激性食物，是为了让学生尽快从两小时的吃喝谈笑中清醒过来，继续投入到课业当中。

摆盘方面，每人面前空处用于摆设餐盘，左右则是前菜和主菜刀叉，由外而内取用，前方摆设甜品叉勺。刀叉左侧摆放面包盘和黄油刀，左前方置咖啡杯，右前方置酒杯和菜单。每隔几人则摆放着烛台、饮水、黄油盘、糖罐。

图 7　彭布罗克学院晚宴前菜

图 8 彭布罗克学院晚宴主菜

图 9 彭布罗克学院晚宴甜点

图 10　晚宴摆设

院士所用器具则更为精致，均是学院所藏银器。牛津大学和剑桥大学诸学院均有规模不等的银器收藏，是学院的重要资产。每当晚宴时，银器陈列一堂，展示着学院的雄厚财力。

图 11　院士所用银器

在一些节日，学院往往会举办特别晚宴，如“万圣节晚宴”(Halloween Formal)和“圣诞晚宴”(Christmas Formal)。在万圣节晚宴，整个餐厅以万圣节风格装饰，学生均化妆前往，桌上摆放着南瓜灯和鬼怪菜单，期间还有侍者发放糖果。

圣诞晚宴则更加喜庆，餐厅装饰着圣诞树和彩瓶，学生们戴着锡纸帽，酒吧特供热红酒(mulled wine)：

图12 万圣节晚宴

四、文化建构

晚宴是学院最重要的日常仪式之一，也是学院共同体建构和增强的重要途径。剑桥大学社会人类学教授、国王学院终身院士艾伦·麦克法兰(Alan Macfarlane)曾评论说："学院唱诗班唱着牧歌，院长提议为新院士、为当晚的主宾、为可敬的创始人或者为'本院'干杯，人人都被一种飘然逸世的兴奋牢牢攫住。这种场合创造了一种'共同体'意识，仿佛灵与肉都与他人连成了一体。同吃同喝意味着同感，意味着以'共生'的精神分享同一张餐桌。"

在这场活动中，餐桌礼仪至关重要，"后来在剑桥，我听说文雅的吃相，即怎样才能把豌豆有条不紊地吃进嘴里，似乎是取得院士资格的一个主要标准或障碍"。

因此甚至可以把剑桥大学比作"娱乐招待公司"。"各种团体借着美酒美食在这里聚会联谊、觥筹交错。与此同时，剑桥大学也依旧以食物作为团结师生的主要黏合剂，老师们和学生们不仅在宏伟的学院餐厅里共餐，有时也在数量日增的异国饭馆里共尝五洲风味。"

"许多经历过剑桥大学及学院生活的人都特别荣幸，能在一个最融洽的大环境中大快朵颐。院士们餐后撤出烛火摇曳的大厅，又进入饮酒间，在那里，镶嵌着壁板的墙上挂满肖像，小火车般的银台旋转着送来波尔图酒，桌子上礼仪性地陈列着银鼻烟盒，令我觉得自己融入了一个没有时间的世界。虽然这种宴饮时常显得既浪费又古老，并且奢靡得可笑，但是确实能让我们走出私密的心灵和闭锁的学科而欢聚一堂。"

这种传统不仅源自牛津大学和剑桥大学，也深深植根于英格兰传统。英格兰人普遍认为，乐于合作的精神是成功的要素，而这种精神就体现在与他们并肩而坐一同吃饭，在餐桌上海阔天空地交谈各种话题。因此在英国社会的很多地方，共餐是一种人生过渡仪式，譬如加入某组织，重要标志就是与本组织成员共餐一次。而到了牛津大学和剑桥大学，入学注册(Matriculation)后最重要的仪式是入学晚宴，毕业前在学院的最后一次活动是毕业宴会(通常在中午)，而不难想象，当多年后毕业生返回当年就读的学院，最好的庆祝也是一次共餐宴会。宴会不仅是学院共同体的直接产物，也是学院共同体最有力的促进，二者相互交织，共同造就了独特的学院文化和宴会传统。

第三章
学 术 礼 仪

何谓“学术礼仪”？学术礼仪是指来自不同学校、单位、国家的人在学术活动中普遍遵循的一套约定俗成的礼仪规范。学术礼仪的适用范围是学术活动的整个过程。学术活动不是指一件或某件具体的事情，而是一个模糊的概念，凡是活动主题与学术密切相关的社会活动一般都可以视为学术活动。比如专题讲座、学术会议、论文写作与审稿以及各种类型的学术比赛等。

对很多人来说，“学术礼仪”这个名词可能极其陌生，更无法进一步说清楚其准确内涵。但正如荀子所言，“人无礼则不生，事无礼则不成，国无礼则不宁”。人们在各种类型的学术活动中，扮演不同的角色，与各种身份的人沟通交流，如果没有一套规范的学术礼仪体系，不仅有损个人形象，更会损害学校形象乃至国家形象。

第一节 书 面 礼 仪

通常说到礼仪的时候，指的是待人接物的礼仪，多为仪容仪表仪态、言谈话语等，很少会系统涉及书面礼仪。但是，无论是传统的纸媒时代，还是新媒体迅速发展的时代，都无法避免各种形式的书面文件的沟通。在与他人正式会见前，良好的书面礼仪能初步展示个人形象。

一、学术论文写作礼仪

学术论文是学术交流活动中最为重要的纸质媒介，除了言之有物，还必须讲究措辞、注意结构，让文章读起来有声有色，看起来版式美观。

（一）文件名

一般来说，文件名和文章标题是一致的。但是写一篇优秀的文章并非易事，要经过多次评阅和修改。因此，文件名需要附加不同的标签以便审读者和作者快捷查阅。常用的标签包括论文作者、文章编辑修改时间、参与文档编辑修改的人及编修时间等。建议采取的基本格式如下："标题+作者+时间"。在学校里正式提交的论文需要加上学号，向期刊、学术论坛等校外单位提交论文时有必要加上作者的学习和工作单位。除此之外，读者可以在"清晰准确、便捷高效"的基本指导原则下，根据本人实际情况为文件名添加标签。

（二）排版

排版是一篇论文的"表面工程"，是论文给审读者的第一印象。一些论文习作，即使文章内容再精彩，由于通篇用五号字、一倍行距、段首不缩进、标题字体和字号不变化、脚注字号大过正文，审读者很难耐心细致地评阅。

论文排版没有完全统一的格式，不同老师对课程论文排版、各个学校对学位论文排版有不同的要求，期刊社和出版社也有具体排版格式。

1. 标题格式

（1）论文标题。

论文标题要具体，明确指向研究的内容，同时能概括文章的特定内容，方便选定关键词、编制题录、索引和检索。标题的字数有限制，一般不超过 10 个字，有些情况下可以使用正副标题。论文标题应当表达清晰，符合语法规范，避免过于文艺，避免在标题中使用逗号、顿号等标点符号。

（2）次级标题。

论文除了主标题外还有不同层次的小标题。小标题的序号，有两种标法。一种是用"一、二、三""（一）、（二）、（三）""1、2、3""（1）、（2）、（3）""①、②、③"依次标明序号。论文篇幅特别长的（如硕士、博士学位论文）会加设章节或章，在章节之下再按照"一、（一）、1"依次标明。另外一种是用"1、2、3""1.1、1.2、1.3""1.1.1、1.1.2、1.1.3"依次标明序号。

正文的全部标题层次应整齐清晰，不能出现如"一、二、三""1、2、3""（一）、（二）、（三）"依次标明序号的情况。

次级标题主要在两个地方使用标点符号：一是标题序号与标题之间，二是标题末尾。

在前述第一种标法下，标题序号与标题之间往往用顿号连接，但并非绝对，还得视具体情况而定：

①章节序号与标题之间，习惯用空格，不用顿号，如“第一章　双边投资协定”。

②“一、二、三”层次，习惯上用顿号连接，如“一、双边投资协定的概念”，如果考虑版面的简洁性，可用空格代替顿号，如“一 双边投资协定的概念”。

③“(一)、(二)、(三)”层次，千万不能用顿号，否则括号、顿号同用，极为别扭。试看“(一)、双边投资协定的发展历程”。“(1)、(2)、(3)”层、“①、②、③”层次，同理。

④“1、2、3”层次，不用顿号，在阿拉伯数字后加圆点即可，如“1. 双边投资协定的起源”。若要突出标题，可以在圆点之后再加空格，如“1.　双边投资协定的起源”。

一篇论文一般有三级标题就可以了，四级及以上就显得冗长。小标题和论文标题类似，必须简明、具体、明确，能概括章节内容。

(3)标题的字体和字号。

标题的字体和字号既要层次分明，也要美观统一。下面着重根据第一种标法，介绍标题的字体和字号。

论文标题一般为宋体或者黑体，二号字，加粗，居中。若有英文标题，英文标题则为 Times New Roman，二号字，中文标题下居中。论文副标题一般为小二号字，紧挨正标题下居中，文字前加破折号。

各章标题(如果需要)一般为宋体，三号字，加粗，居中；各章分节(用分页符隔开)。

各节标题(如果需要)一般为宋体，小三号字，加粗，居中；各节之间空一行。

节以下的一级标题，即“一、二、三”，宋体或者黑体，四号字，加粗，与正文对齐(缩进两个小四字符)；一级标题上面，空一行。

节以下的二级标题，即“(一)、(二)、(三)”，宋体，与正文字号相同，加粗，与正文对齐；二级标题上面，也可空一行。

节以下的三级标题，即“1、2、3”，与正文字体字号相同，不加粗，与正文对齐。

节以下的四级标题，即“(1)、(2)、(3)”，同三级标题。

节以下的五级标题，即“①、②、③”，同三级标题。

2. 正文格式

正文用宋体，宋体竖粗横细，保留了传统书法的一些特点，清晰、稳重而不失优雅，是一种比较理想的印刷字体，特别适合写大篇幅的文章。

字号一般是小四号或者五号，更多采用小四号字。

正文 1.5 倍行距，显得舒朗，读起来舒服。可以适当安排段前、段后的间距。注意对齐方式，采用两端对齐。

段首缩进两字，可以让分段更明显，比起让段与段之间空行，更省地方。

页边距要恰当，一般使用默认页边距即可。

3. 脚注格式

脚注用宋体，五号字，一倍行距，开头缩进两字。脚注序号与其后文字之间空一格。

4. 页码

记得给论文插入页码。页码通常置于页面底端，居中或者居右；如果双面打印，页码居中。一般来说，页码只需一个阿拉伯数字即可，也可以采取“3-2”、“第×页，共×页”的格式。

5. 特殊情况的处理

(1)引证文字超过三行字的，缩格，并变换字体排版(建议用仿宋体)。以法学论文为例：

针对一审判决，被告争辩说：“《行政复议法》关于第三人的规定属于弹性条款，第三人是否参加行政复议由复议机关视情况决定。本案张成银没有参加复议，不能以此认定复议机关违反法定程序。”对此，二审判决给予直接而有力的回答：

> 《行政复议法》虽然没有明确规定行政复议机关必须通知第三人参加复议，但根据正当程序的要求，行政机关在做出对他人不利的行政决定时，应当听取相关当事人的意见……徐州市人民政府未听取张成银的意见即做行政复议决定，严重违反法定程序。

变换字体排版的引文，可以不加引号。引文结束后，如果接着讨论、不换段，正文应当顶格写，不缩进。

(2)文中的图形和表格要尽量清楚，可根据排版需要变换字号。图的名称一般在图的下方，表的名称一般在表的上方。图和表分别编号，如图1、图2，表1、表2，不要图形和表格混编序号。注意图表与正文的关系，大部分情况下可以采用嵌入式，单独占行。有些情况下，可能需要采取四周型或紧密型，但一般不会浮在文字上方或下方。图标大小要跟正文文字相配合，比例合适。同一个图表，最好在一页呈现，尽量不要跨页。

(3)引用文字或者表格超过一页，可以用附录的方式，置于正文之后、参考文献之前。

(三)措辞

学术论文不同于一般文章，学术论文总是以学术界的同行为预设的读者，以理性讨论为目的。一般来说，学术论文的基调应当是平和、直白的。大量的反问句、感叹句并不合适，过分的抒情、煽情也不合适。学术本就是灰色的，能把话说明白、让读者看明白就不容易，不崇尚春秋笔法，不刻意追求微言大义，只要让人阅读时省一份力气、多一份愉悦就好。

学术论文用词应当简省。试想一下，一个人在说话时，如果满口都是“然后”，听起来就不舒服。因此，论文要好读，必须去掉废词；太多的介词、连词和助词，读起来也不舒服。学术论文要做到“篇无剩句，句无剩字”。读者在平时的写作训练中，可以反复阅读成稿，请他人审读，去掉文章里不必要的字句。

中文论文中少夹注英文。论文中夹带几个英文单词，现在很常见。在中文译名之后用括号夹注英文单词，便于读者领会和查核；比起用脚注说明，既可节省篇幅，又可免去读者上下往返之累。但是，有些论文中夹带的英文单词过多，在常用词、常用语后面也用括号夹个英文，更有甚者，把整句整段的英文都搬上去，弄得整篇文章像个中英文对照读本。作者一定要清楚，写的是中文论文，是给中国读者看的，除非确实必要，正文中尽量不要出现英文。所谓确实必要，主要是文中的专有名词和文章涉及的关键术语，尚无统一译法，可能引起读者疑虑或者误解的；或者一些关键术语用英语表达更为精准，而一般读者又熟悉这些英语词汇的。总之，正文中的英文不能过多，以保持版面的干净整齐和阅读的流畅性。

页下脚注除了交代所引文献的来源信息（即“注引”）外，还常常用于说明概念、澄清观点或者补充论证。这些都属于“解释性的脚注”，即读者熟悉的“注释”。相对来说，这类注释可以帮助作者表达完整的意思，而又不那么影响正文的流畅。但注释多了，也会影响阅读，读者视线难免上下往返，产生疲劳。所以，注释与注引，应当以必要为限。能不注的就不注，能在正文说还是尽量在正文说，无关紧要之处，不说也罢。

论文术语要规范。学术论文是以学术交流为目的，正确使用术语能够减少交流障碍，也是作者专业程度的体现。但是，术语的使用也有限度。学术论文不局限于同一学科的读者，满篇术语，文章自然难读一些，甚至让人望而生畏。所以，在不损害精确表达的情况下，一些不那么核心的概念可以用“大白话”代替。另外，有些术语使用起来比较生硬，影响阅读。在不妨碍理解的情况下，也可以根据语境变换词语。

学术论文措辞要有分寸。正如在日常与人沟通交流中必须注意分寸一样，学术研究更加强调严谨。无论是文章的结论，还是论述过程中的叙述和论断，作者说话要留有余地，别说过头话，没有把握不下定论。在写作中，谨慎使用“都”“所有”等全称判断，根据情况使用“若干”“有些”“多数”“几乎”等；谨慎使用“一定”，根据情况使用“也许”“很有可能”等；谨慎使用最高级，根据情况使用“相当”“很”“非常”“极其”等。当然，也不是说得越保守越好。在每一句话中加上“有些”“也许”“在一定程度上”等词语，也许能够让措辞无懈可击，但却失去了思想的棱角、语言的力量，给人一种不太确定的感觉，这其实也是对读者的不负责任。论文措辞的分寸如何把握，需要执笔人在日复一日地写作中不断思量。

(四)标点符号

标点符号的问题本来是不应在论文写作中被重点提及的。我们从小学到高中一直都在学习标点符号的用法，国家质量监督检验检疫总局和国家标准化管理委员会于2011年联合发布了《标点符号用法》。但遗憾的是，许多人仍然在论文中不会使用标点符号。

中文里逗号的使用规则与英文不尽相同。在中文里，一个句子的主语之后可以用逗号舒缓一下语气。例如，“中国，是礼仪之邦”。当主语部分比较长的时候，尤其如此。是否用逗号，也有作者使用习惯的问题，看作者更想让句子舒缓些还是紧凑些。当然，句子里动辄用逗号，会让句子支离破碎。例如，“国际关系史，在中国是一门很年轻，但很有活力的学科”，这句话若是去掉两个逗号就更为顺畅：“国际关系史在中国是一门很年轻但很有活力的学科”。另外，有些作者根本不注意逗号和句号的使用，一大段文章一个逗号用到底，该用句号时不用句号。这样的文章让读者阅读起来实在是困难，看下面一个例子：

> 从国际关系的角度来看，“二战”引起了世界范围内政治力量的重大变化，从而使国际关系出现了新的格局，苏联的大国地位得到了确立，美国取代了英国成为世界新霸主，意识形态成为国际关系中的重要因素，美苏之间的对抗开始主导战后的国际关系，“二战”使传统的西欧大国沦为二三等国家，从而宣告“欧洲中心”时代的结束，“二战”催生出一大批新兴的独立国家，它们成为国际关系中具有举足轻重作用的力量。

除了逗号、句号，论文中常用的还有顿号、分号和破折号，表示彼此之间的关系。在写文章的过程中，要学会正确使用这些符号。

书名号也容易被人忽略。文章、书籍、法律等文件的名称，应当加书名号(如果仅指文章标题，则用引号)。

也有文章为了表示强调，大量使用感叹号、着重号。学术论文以平实为基调，能够不用感叹号、着重号的，原则上不用。

标点符号有全角和半角之分，一般用半角；在中英文输入状态下又是不同的，不能混淆。

有些标点符号，如省略号等，一般键盘上是没有的，需要在Word上寻找并插入。

（五）段落

文章需要分段。如何分段，一看意思，二看字数。少部分人的文章整页纸就一个段落，密密麻麻，读者一看就头大，阅读兴趣立马降低。但如果总是两三句话或者四五句话一个段落，反倒会给人干瘪和零碎的感觉。多少字分段算合适，很难一概而论。但一篇排版优美的文章，往往是段落长短皆有，且每页纸必有分段。

以上并未列举论文写作礼仪的全部方面，也不是论文写作礼仪的唯一标准，更不是要求大家都写“八股文”。就像礼仪有多种，论文写作也可以有多种。外显的论文写作礼仪是作者内在修养的体现，是对审读者的尊重。当作者尊重读者后，读者自然会对作者的论文报以最大的尊重。

二、信函礼仪

（一）邮件礼仪

在现代社会，邮件的使用已经越来越普及，电子邮件在学术交流中成为不可忽视的一种通信方式。因此，一定要了解并重视收发电子邮件的相关礼仪。

1. 发送电子邮件的礼仪

第一，发送电子邮件一定要有主题。主题是接收者了解邮件的第一信息，使用合适的邮件主题，可以让收件人迅速了解邮件内容并判断其重要性。邮件主题应当简短明确，切忌含义不清和错别字。主题中尽量不要使用大写字符或特殊字符（如“＊”“！”），更不要轻易使用“紧急”之类的字眼来引起收件人重视。一封邮件尽可能只针对一个主题，不在一封邮件中谈论多件事情。注意不要把邮件正文内容写在主题中，除非正文只有一句话。

第二，发送电子邮件一定要有正文。在日常学习工作和生活中，经常会收到一些格式不规范的电子邮件。这些电子邮件没有称呼，没有正文，没有落款，只有一个附件。发送这样的电子邮件对收件人而言是极其不礼貌的。应该在正文前面带称呼，后面写落款，而且称呼要恰当。对方有职务应按职务尊称，如果不清楚其职务，则应按照对方性别称呼其为某某先生或者某某小姐，但是绝对不能称呼对方全名。结尾要有对收件人的问候，尽量不使用图案、符号等不规范用语，这显得不严肃。落款签名应当表明自己身份，如姓名、职务、职称、单位、公司或者个人网址等，尤其是初次沟通时必须留全名。签名档文字要与正文匹配，信息不宜过多，一般不超过4行。不同类型的邮件应该使用不同的签名格式，读者在操作中可以灵活运用。

第三，邮件正文要简明扼要，在“称呼”下面另起一行，段首无需空格，完整地交代所要表达的内容。邮件用语要礼貌规范，以示对对方的尊重。正文内容需要合理布局，通过规范的邮件格式达到内容表述清晰、便于阅读的目的。实现方式包括改变字体形状、改变字体大小、分段、用下画线和双引号等。另外，可以合理提示重要信息，利用图片、表格等形式来辅助阐述。注意撰写邮件时不要使用夸张表述，不要全部使用黑体字、下画线、斜体字，或者在英文邮件中全部使用大写字母。这些都是用来强调或者加强语气的，在邮件中大篇幅的使用会被理解为在冲着收件人大声喊叫。更不要随便使用表情符号，比如微笑、悲伤、愤怒等，这会显得轻佻。

第四，不要在邮件中随意添加附件。发送附件要考虑对方能否阅读该文件，因为阅读附件会增加很多步骤，比如下载、保存等，而且还会增加阅读风险，如文件中毒。所以发第一封邮件可以先用一般格式发送，询问对方是否可以阅读附件。得到肯定回复后，方可在第二封邮件中发送附件。

第五，发送附件时，附件文件名称应简短明确，能清楚提示收件人文件内容。附件数目不宜超过4个，数目较多时应打包压缩成一个文件。发件人可以在正文里面提示收件人查看附件。如果带有多个附件，应在正文中对附件的内容做简要说明。另外，若附件是特殊格式的文件，应在正文中说明打开方式，以免影响收件人查阅。附件过大时，应当将其分成几个小文件分别发送。

第六，其他注意事项。邮件相比书信更加便捷高效，但是邮件一旦发送出去就如同泼出去的水，无法收回。所以对待每一封邮件，发件人在发送前都必须再三阅读，检查是否有拼写错误，措辞是否恰当，信息是否准确，群发时是否遗漏了某些人员或者增加了不该发送的人员。如果邮件涉及重要信息，应当在发完邮件后及时以其他方式告知对方，以防网络或者其他不可抗力因素导致对方收不到。如果出现对方收不到自己邮件的情况，或者自己收不到对方邮件的情况，可能是服务器把邮件地址当成垃圾邮件屏蔽了，建议把对方的邮件地址加入“白名单”。

2. 接收电子邮件的礼仪

在具体讨论回复邮件时应有的礼仪前，不妨先来思考以下处理邮件的方式是否恰当：

①现在忙，抽时间回复。

②这一问题比较复杂，稍后再说。

③出差或休假中，不能回复邮件。

④同一问题，反复回复邮件。

……

回复邮件是人际沟通交流的重要方式，及时查询、准确回复是非常重要的。

收到重要邮件，需要即刻回复。一般性的电子邮件，最理想的回复时间是2小时以内，但是大部分人没有办法如此及时。如果不能及时回复，在4小时之内回复也是可以的。有些邮件的处理很占用时间，收件人可以根据发件人的主题分批处理，但一般不要超过24小时回复。超过24小时或者过了2~3天，甚至更长时间回复就会给人低效和拖沓之感。如果事情复杂，无法及时确切回复，可以先回复“收到，正在处理，一有结果会再行回复”。如果因外出等情况无法回复，应该事先设置自动回复告知发件人，并在方便时及时回复。

回复提问的电子邮件，最好把相关的问题抄送在回件中，然后有针对性地回答并进行必要阐述，以便对方一次性理解，避免反复发送邮件，浪费资源。一般回复内容不得少于10个字，尤其是回复来自老师和上级的邮件时，只回复“是的”“对”“谢谢”“已知道”等字眼是非常不礼貌的。

另外，要定期整理收件箱，对不同邮件分别予以保存和删除，不可使邮箱过于拥挤。对需要保存的邮件，应当复制成其他形式，使其更为安全地保留下来。可以分别设置论文、学术活动等分类，以便及时清理垃圾邮件。

学术活动中的电子邮件很少涉及抄送和密送问题，这是后文商务礼仪的部分，在此不做赘述。

(二)书信礼仪

书信是人们生活中最为普通、最为传统的一种沟通方式。随着社会的发展，书信的运用除传统用法，即公函、私函外，一个新的发展动向便是原先私函中因为个人需要而向政府机构、企事业单位、知名学者等所发的事务性的信件这类个人公文的使用量逐渐增多。值得注意的是，无论书信的类型如何演变，书信礼仪大体是相同的。

书信由笺文和封文两部分构成。笺文即写在信笺上的文字，是书信内容的主体。常用的信文格式由称谓、正文、敬语、落款及时间四部分构成。称谓应在第一行顶格写，后面加冒号，以示尊敬。称呼要得体，遵循长幼有序、礼貌待人的原则。正文是书信的主体，首先要有问候语，单独成行。不要一上来就谈自己的事情，先询问对方的近况并谈与对方有关的情况，以示对对方的重视和关切。正文格式按照应用文写作的要求，其内容要求和邮件正文一样，这里不再重复叙述。正文末尾，可以合理表达对收信人的祝愿和勉慰。敬语另起一行顶格写，与前文相呼应。署名应写在敬语后另起一行靠右位置，包括写信人的姓名和写信日期。

封文是写在信封上的文字，也就是收信人的地址、邮政编码、姓名和寄信人的邮政编码、地址和姓名。收信人的邮政编码要填写在信封左上方的字格内，收信人的地址要写得详细无误，字迹工整清晰；寄信人地址、姓名要写在信封下方靠右的地方，并尽量写得详细周全，以便邮递人员投寄。

学术活动中常有文件、票据之类的纸质材料需要通过邮寄的方式送达，工作人员在寄送时应当同时附上简短信件一封，说明情况。大家可以回想一下，在收到大学录取通知书时，是否就有一封这样的信件？看完信件后是否对涉及的材料内容有所了解呢？

(三)明信片礼仪

在学术会议等学术活动中，最常见的便是各个学校人员间的沟通交流。为了展示高校风采，我们有时会赠送校园明信片给来访学者，以留作纪念。因此，我们也应关注与明信片相关的礼仪，具体如下：

(1)承诺发明信片，应言而有信。

(2)向人索要明信片时，应该回赠明信片。

(3)收到他人赠送的明信片时最好回赠明信片。

(4)不要用红笔或彩笔书写明信片，这样显得不够正式。更不要用圆珠笔这类字迹易花的笔写明信片，这样不易保存。

(5)寄片人应该在明信片上留下地址或者写下赠送事由。

(6)若是在学术活动中当面赠送明信片，建议放在信封中，以便于收信人携带。

(四)公文礼仪

这里所说的公文礼仪特指与各类学术活动有关的公告通知。我们有时会看到，在论文征稿、学术会议和举办学术比赛的公告和通知中，词不达意、表述混乱、错字连篇，或者内容错误、表达不准确，这些都是不符合公文礼仪的。学术方面的公文礼仪的基本要求就是规范、准确。

公文撰写一定要规范。针对学术活动中的各种公文，每个单位都有其格式要求。管理者在接手前应当统一接受培训，避免出错。

公告通知的内容一定要表达准确，模棱两可、可能引起歧义的用词一定要避免。不管是否有其他工作人员把关审核，撰写者都应该是第一道关口的把关人。如果信息发布后因其他情形需要修改，必须及时发布新通知，并通过其他途径及时告知读者，以防出现信息不对称，引起纠纷。

另外，官网通知往往会通过公众号转发以增加曝光度。公众号的负责人在转发时，可以重新进行排版，但是必须仔细核对内容，与官网通知一致方可发布。

三、模拟法庭诉状写作礼仪

模拟法庭是目前各国法学教学中培养学生职业技能最为重要的途径之一。通过模拟法庭训练，学生能够学会如何搜集资料，如何进行团队合作完成诉状写作等。每年国际上都会举办不同种类的模拟法庭竞赛，比如杰赛普和武汉大学中国边界与海洋研究院举办的(中国)国际海洋法模拟法庭竞赛。

(一)诉状写作前资料搜集

模拟法庭比赛最为重要的一步就是准备诉状。无论何种种类的模拟法庭，大多是以参赛队伍在初赛阶段所提交的诉状的成绩来决定是否进入决赛。一篇优秀的诉状势必要引用大量的国际法渊源作为论据支持，包括国际条约、国际习惯、一般法律原则、司法判例和各国权威法学家的学说等资料。一般而言，法官只用看一篇诉状有多少个引注，就能初步判断该队伍对本案研究的细致程度。

国际条约、国际习惯、司法判例和一般法律原则由于数量有限，自成体系，便于查找，因此每个参赛队伍所能做的研究不相上下。所以最能体现一篇诉状研究深度的依据是对学者学说的引用。

1. 搜索学者学说

学者学说主要通过 *Westlaw International* 和 *LexisNexis Academic* 这两个数据库检索。*Liuwer Law* 期刊和网络数据库中也可以找到一些实用的论文。不同数据库的使用方法也不同，因此需要我们在使用过程中总结各个数据库的检索技巧。

2. 搜索联合国文件

除学者学说之外，诉状写作还要重视对联合国决议、联合国各会员国对联合国发出问卷及其回答等联合国资料的搜索。这有利于整理每个国家的法律确信，而在模拟法庭中，这一领域大国的法律确信是极具说服力的。但是，由于这些资料往往会由多个文件发展而来，搜集起来会花费大量的时间。所以做这项工作时，一定要耐心、细致，不要被搜索任务的繁琐打败。

3. 国际实践、国内法

一些参赛队伍的诉状会忽略国际实践和国内法的援引。但是，在缺少条约、习惯的情况下，国际实践往往也是很有说服力的。如果能找到大国的国际实践，有利于证明自己的诉状论点。同样，若是对方在法庭上声称某一问题已经形成国际习惯法，只要本方能够举出相反的国际实践，便可击败对方论点的普遍性。国内立法也是如此，如果数个大国的国内法都规定了某个事项，那它在国际法院同样也会有说服力。

(二)诉状写作的注意事项

1. 既重文采也重实质

法律写作与文学创作不同，以理性思辨见长，需要避免过分抒情、文学化的语言。但这并不意味法律写作要摒弃一切写作技巧，使诉状枯燥无味。法律写作的"文采"是指在坚持理性思考的原则之下，适当使用一些文字技巧，以便使自己的诉状读之有物、品之有味。

2. 句式长短交错，用词难易相间

(1)适量使用一定数量的长句。

学术界普遍认为，在诉状写作中，长句和短句交叉使用的句子群最为易懂。如果一味地用短句表达复杂的意思，可能会使文段支离破碎，造成表意不清，而且浪费字数。若全段都是长句，又会拗口，从而增大理解难度。

(2)适量使用专业词语，减少使用"高级"词汇。

西方法律写作的主流趋势是，在能用简单词汇的情况下不用复杂词汇，但大多数学者还是倾向于使用专业性较强的词语。可是，这种专业词语的选择必须适度，故意卖弄"高级"词汇也会使文章晦涩难懂。

(3)诉状中要规避以下词语和句型：

①过于简单幼稚的词语。

②过于口语化的表现形式。

③使用第一人称、第二人称的代词。

④不雅的词语。

⑤过于绝对化的词语。

⑥主观意思过强的词语。

⑦100以下的数字尽量不要用阿拉伯数字，但是提到条约的某一条时除外。

⑧表示缩略语时的撇号"'"不能在法律文书中使用。

⑨可能含有性别歧视含义的词语。

3. 参考书目

法律写作和其他写作一样并非一日之功，建议大家在平时大量阅读英文论文、著作，

学习一些英语词汇学、语言学，以及法律写作方面的教材。在学习的过程中，坚持每天写作，日积月累，就会发现自己的法律写作能力提高了。

四、网络礼仪

本节内容与第二章日常礼仪的内容大同小异，因此读到此处时可先翻回第二章，熟悉第二章的内容后，再来重点关注本节中提到的网络礼仪准则。

(一) 电话礼仪

电话是学术活动中最重要的沟通工具之一，接打电话的不少细节都是有礼可循的。

首先，打电话并非拿起电话就拨，而是需要做一些准备工作的。打电话前，一要问自己时机是否合适？工作时间之外拨打电话都不合适，最好不要在晚上 9 点以后和早晨 8 点之前打电话。有些学术活动会涉及接机和活动前的宴会细节等问题，在这些情况下应保持电话畅通，不必局限于工作时间。如果是国际长途，还要考虑时差问题，不在对方不方便接电话的时候打电话。二要问自己状态是否调整好？环境是否适宜通话，太吵太闹、太冷太热显然都不适宜重要电话的通话。在拨打视频电话时还要注意设备状态是否良好、网络是否顺畅，以及个人的仪容仪表和行为举止是否得体。如果自己心情郁闷或烦躁不安，是不适宜通电话的。吃东西或者手头忙着其他事情时，更是不适宜接打电话的。三要问自己是否准备好了通话的内容？重要通话需要准备好谈话的内容，最好有一个提纲以保证通话内容的简明扼要。

第二，接打电话时应礼貌问好，表明自己的身份。

第三，工作时间拨打电话，最好先尝试拨打对方座机。只有确认对方不在办公室时才可以拨打对方手机。多次拨打对方座机、手机无人接听时，应补发短信说明事由，方便对方根据短信内容及时回复电话。

第四，在通话过程中，吐词发音要清晰、标准，含混、模糊的话语会影响信息的传达。说话音量恰当，过大会对他人造成困扰，过小则听者需要反复请对方重复通话内容。工作电话的特点是简明高效，每次通话应控制在 5~10 分钟。如果谈话内容可能超过 10 分钟，应在接通电话以后，征求对方意见，看对方是否有时间进行长谈。通话结束时，应请尊者先挂电话。如果双方地位、身份平等，应打电话者先挂电话。

第五，由于线路问题或者其他原因导致通话中断，应由低位者主动拨打电话再次连接。不管是哪一方主动拨打的电话，也不管是什么原因导致的通话中断，低位者都应主动回拨电话，这是对位高者的基本尊重。

最后，一定要考虑手机的使用是否干扰到他人。在参加重要会议、学术竞赛或者听讲座的时候，手机必须调至无声状态，并且不应频繁使用手机。如果必须接打电话，请外出处理或者用手适当遮挡住手机，低声通话，尽量保证通话内容简洁明了。

（二）短信礼仪

短信并不局限于传统意义上的短信，也包括微信聊天。如果不确定对方通讯录里是否保存了自己的号码，给对方发短信时就一定要署名。给领导、贵宾和长者发短信，不管对方是否储存了自己的手机号码，每条短信都应前带称呼、后带落款。其实，发短信也像正常交谈一样，开口要有尊称，前面要有问候，结尾要有祝愿，最后要有署名，内容表达准确，这才是周到的礼仪。另外，由于微信聊天更具亲和性，除了基本礼仪外，在通信中可以根据对方的身份适当变换语气。

（三）朋友圈礼仪

在朋友圈转发各种学术信息，一是要注意转发内容的准确性和来源的权威性；二是可以在转发时添加文字内容，以便好友根据需要查阅转发内容；三是尽量客观表明自己的态度，若有与他人不同的意见，应当私信沟通，避免对朋友圈的其他人造成困扰。

第二节　学术活动礼仪

正式谈论这个问题前，先暂停两分钟来一起思考一下自己参加学术活动的经历。以学术会议为例：

①参会者是否都是本国人？是否都是非公务人员？
②是否清楚自己该穿什么衣服参加会议？
③进入会场后有没有遭遇过不知道坐在哪里的尴尬处境？
④是否曾经在会议开始之后才签到入场？
……

组织、参加各式各样的学术活动，都要符合其礼仪要求。学习礼仪，把礼仪与活动环境结合起来，这样的礼仪才是最自然的，才能使对方感受到彼此的诚意和敬意，最终收获彼此的尊重和信任。从上面的例子可以看出，学术活动有时会与公务、外事挂钩，所以本书会结合公务礼仪和涉外礼仪来介绍学术活动礼仪。

一、接待礼仪

在学术活动中，接待礼仪是展示主办方风采的第一面镜子。日程拟定、迎送安排、车辆、行李、购物，包括安保安排在内，看似很具体的工作，单独拎出来讲，大家也不会认为其与礼仪有多大关系。但是，这些工作中的细节正是接待活动中的礼仪关键点。若是这些关键点处理不好，不但会出现很多问题，直接导致接待中的失礼行为，还会影响后续工作效果。因此，这些工作与学术活动礼仪密切相关，需要格外注意和重视。

日程安排是一场学术活动的内容排列，是把学术活动中每个环节联系起来的时间表。日程拟定非常讲究，里面深含很多重要的考量因素，是学术活动能否成功的重要环节之一，也是每个参与活动人员的行动指南，特别是活动组织者的工作指引。从这个意义上讲，日程就像是音乐会上的指挥，不可或缺。有关学术活动的日程安排，有几个方面因素需要考虑。

(一)不同用途的日程安排

学术活动中的日程表，可以根据使用需求不同细分为若干个表。普遍做法是：在拟出活动主要内容后，把日程安排分为工作日程表和活动日程表两大类。

工作日程表主要功能是为活动组织者提供工作依据。活动日程表是为参与活动的人员提供行动依据。由于两种人员所需要关注的信息不同，这两种表格的内容也不尽相同。

1. 工作日程表

工作日程表的功能决定其内容必须全面、细致，应当涉及活动的起止时间、活动内容、活动参与人员、工作分组、负责人员、活动地点、交通方式、联系方式等非常详细的内容。为了便于辨认，有时需要把重要嘉宾的个人简要资料和照片附在日程表中。

工作日程表可以细分为总表和分表。总表是总的工作安排，分表是具体的分工。例如，为了便于司机和其他接机人员了解交通安排，需要对学术活动中的嘉宾情况做一个交通安排分表，内容包括司机姓名、电话、车辆型号和用车时间等。如果是学术宴会安排分表，则应包括用餐地点、用餐时间、菜单、个别人员的饮食禁忌和要求等。

2. 活动日程表

活动日程表主要供参会人员使用，内容相比工作日程表会更加简明，但是也必须把活动时间、地点、内容、出席人员等情况包括在内，尤其需要把参会嘉宾的情况以及需要做的事情列清楚。例如，在学术论坛当中，谁做开幕式致辞嘉宾、谁做点评人等，要表述清楚。总之，活动日程表的编排越简洁、越精准越好。

（二）各种活动的先后顺序

在日程安排的拟定过程中，需要认真考虑各种活动的先后顺序以及活动中不同节目的顺序。活动先后顺序不同，可能会直接影响学术活动的整体效果。比如举办一场模拟法庭比赛，要不要在赛前安排参赛队伍参观比赛场地，就是一个重要的问题。参赛队伍大多来自全国各地甚至不同国家，如果不允许提前参观场地，参赛队伍可能无法规划比赛当天的路线，从而影响比赛的顺利举办。又比如，在学术会议中，嘉宾合照环节应当安排在开幕式结束之后。一天的演讲、讨论后，很多人的精神状态远没有上午好，也有很多人会因为各种情况，提前离开会场。因此，若是安排在会议结束后，整个会场不但会出现很多空位，而且大家都很疲倦，这会大大减弱合影这一仪式的效果。所以把合照环节放在开幕式结束后，不但可以避免上述情况，而且还可以增强会场气氛，为新闻报道提供好的素材，同时还能给与会人员留下深刻印象，从而产生正向的传播效果。

（三）活动人员的确定

第一，在拟定日程时，一定要清楚了解参会嘉宾的情况，并在日程表中全部列出。

第二，在日程表中正确书写嘉宾姓名，尤其是外国嘉宾姓名中的缩写部分，不能出现差错。要搞清楚各种头衔的准确意义，不要弄错嘉宾的称谓。

第三，在以外语为主要会议语言的学术活动中，要在日程表中特别提示，并根据活动情况安排专业的翻译人员。会听会说某门外语，甚至可以很流利地讲某门外语，并不代表可以进行专业的学术活动翻译。翻译分为同声传译和交互式传译两种，这两种翻译都需要极强的语言功底，特别是专业词汇方面的功底。因此，在拟定一场学术活动的日程表时，一定要核对好翻译人员的情况。

第四，在日程表中明确除受邀嘉宾以外的参会人员的范围。有些学术活动会明确参会人员身份，提前在日程表中指明，这样既能避免非参会人员白跑一趟，又能减轻因无关人员出席增加的工作量。

（四）活动人员的身体状况

提前了解活动主要人员的身体状况是非常必要的。这直接关系活动时长的安排、活动步骤的设计、住宿和餐食的选择等。诸如此类，事情虽然不大，但是主要人员的身体状况会影响活动的各方面安排。了解主要人员的身体状况也能尽量避免活动中因身体突发情况而引起的慌乱。

(五)活动中各个步骤的间隔时间

第一，需要考虑各种学术活动正式开始之前的“破冰”预热时间。这种“破冰”预热活动既可以是参会人员的相互寒暄、握手，也可以是茶歇或者宴会前的等候。

第二，对于重要的学术活动，一定要给活动中的每个节目都留出足够的后延时间。为了保证有足够的弹性间隔时间，在拟定日程安排时要注意虚实结合，在重要活动后面安排一些比较轻松的活动，比如分会议结束后安排茶歇，时间跨度可以更大，如果前一步骤占据计划外时间，可利用茶歇活动调整活动进度。另外，工作人员要严格把控活动时间，当嘉宾发言时间过长时，工作人员可以适当提示，并调整后续工作的时间安排。

第三，考虑交通拥堵带来的影响。预留交通拥堵的时间，必要时，可以安排车辆统一接送参会嘉宾到活动会场。

在充分考虑以上几个方面后，日程安排应该不会有大的疏漏。当然，在实际情况中，日程安排需要经常修改。修改时，必须有一个所有日程表同步修改的机制，否则会造成不同日程表的错乱，从而导致学术活动无法组织下去。另外，日程安排必须由领导专门负责协调，避免出现问题时没有人掌控全局，从而不能及时解决问题。

二、迎送礼仪

(一)迎客

在学术活动中，要依据受邀嘉宾的身份确定接待规格。根据日程安排表中所列的来访者名单，遵循宾主相当的原则，安排职位相当的人出面接待。当不能完全对等时，可以灵活变通，由副职出面。

对于邀请的活动嘉宾，主办方要主动安排车辆接送。一般情况下，主办方会有固定的合作车队，此种情况下只须与车队负责人统筹即可。在安排车辆接送时，除司机外，必须要有主办方的工作人员随同。随同人员在出发前，要核对司机的身体状况、车内卫生情况以及随车是否配有矿泉水等。

☞ 礼仪小知识

乘车座次礼仪

一、小轿车

由主办方安排专职司机驾驶的小轿车，嘉宾席在后排右座，后排左座是陪同席，前排副驾驶是其他工作人员席位，比如翻译。

二、三排座的商务车

打开右侧中门沿中间一排到最里面的位置，也就是司机正后方的位置，是商务车上最尊贵的位置。随车的陪同者可以坐在中间一排的右侧门口位置，工作人员坐在副驾驶的位置。后排可以坐主人，也可以坐客人，级别低于中间一排，但是应先上车，后下车。

三、中巴、中型面包车

中巴、中型面包车上最尊贵的位置在哪里？打开中门，正对着的那一排位置虽然比较方便，但不安全。此排后面的一排，才是这种车型中最尊贵的位置。因此中巴车的最尊位在中门的斜后方。一般来说，长车是第三排，短车是第二排。有些高级中巴车经过特殊改装，在两排之间加装了一张桌子，此时桌子后的那个位置便是最尊位。为避免嘉宾不知道应该往哪里就座的情况，可以安排一人先行上车引导。

以上仅为学术活动中最为常见的三种车型的座次礼仪，详细内容可参照本书第五章。

前往机场、车站迎接前，首先要核对嘉宾信息并制作接站牌。接站牌是为方便接机人和嘉宾找到彼此而准备的，所以内容不在多而在于简明醒目，一般只须包括主办方信息、接机人姓名即可。如图 3-1 所示：

图 3-1　武汉大学中国边界与海洋研究院接机牌

☞ 重要提示

第一，嘉宾姓名应当居中加粗，字号可略大一些。

第二，搞清楚各种头衔的准确意义，尤其是一些国外嘉宾的头衔。

第三，若是国内嘉宾，姓名用中文书写即可。若是国外教授，则要按照通用做法书写姓名。

另外，为了表示对嘉宾的尊重，接机人员应当提前到达接机点或车站等候。此时，司机需要在停车场等候。为了避免出现“人等车”的现象，要在接到嘉宾后立即征得对方同意，电话告知司机前往约定上车点。在这个过程中，接机人员要主动帮助嘉宾提取行李。

安排活动嘉宾入住酒店时，应由级别高于接机人员的工作人员在酒店大厅负责。设置的嘉宾签到点须有显著提示，或者由接机人员引导嘉宾到签到点签字。另外，在办理入住手续时，要有工作人员陪同办理，若出现突发情况，比如住宿时间延长、房餐增加、外国嘉宾提出去购买生活用品等，要立即和负责人联系确认。

如果在活动过程中要统一接送嘉宾来往于酒店和会场、宴会场地，须安排工作人员专门负责，提前告知嘉宾上车时间、地点和车牌号，待嘉宾上车后要清点嘉宾人数后再发车。当途中遇上不良天气状况时，立即和上级负责人联系，做好应急预案。

根据客人身份地位的不同，学院以及学校领导应采取不同的迎接方式。对于一些比较重要的客人，应当在其乘坐主办方安排的车辆到达时，第一时间迎接。对于一般性的客人，可以在办公楼门前、电梯口，或者在办公室门前迎接。如果是在办公室里迎接客人，客人来了之后一定要起身相迎，即使工作再忙，站起来迎接客人也是最基本的礼貌。

☞ 注意

出席学术活动的人员级别很高时，可在电子显示屏上打出欢迎标语，在会场摆放双方国家的国旗等，以体现对对方的重视程度。

迎接工作者在引领嘉宾行进过程中，彼此之间的相互位置也是有礼仪可循的。这就是接下来要介绍的位次礼仪。

1. 引领者的方位

嘉宾到达后，安排工作人员前去引领，引领者应当走在嘉宾的什么方位呢？答案是左前方。因为在引领的过程中，应该本着引领的目的走在前方，同时又遵循公共场所的“尊右”原则，因此引领者应该在左前方引领，把贵宾让到右后方的适当位置上。需要指出的是，在学术场合中，有些引领者因不熟悉引领礼仪，经常会跟在嘉宾的后方行走，实际上这时他扮演了一个指挥者的角色，并不利于简单、明确的引领。

2. 陪同者的方位

一般情况下，主办方的领导会亲自陪同贵宾进行参观，为贵宾作介绍。陪同者应走在贵宾的左边，虽然陪同场合也会涉及领导之间的排序，但这毕竟是官方内部会议领导之间的排序，所以应以主客之分来表示尊重。陪同人员要在行进过程中与贵宾进行交流，同时又应遵循公共场合的尊右原则，因此应与贵宾并排行走，并行走在贵宾的左手边。

(1)楼梯。

楼梯可以分为宽楼梯和窄楼梯，如图 3-2 和图 3-3 所示。行进时对于这两种楼梯的处理方式有所不同。对于宽楼梯，同行者可以与客人或领导(以下统称为位尊者)并排着上下楼梯。这种情况下，左右关系已经显得不是很重要了，重要的是让位尊者让处于一个既安全又省力的方位，也就是楼梯的内侧，靠着内侧扶手的一边。如果需要超越前方人员，礼貌的做法是从楼梯的外侧行进。如果是两排行人相向而行，则应遵循右行原则自然通过。

对于窄楼梯，同行者无法与位尊者并排行进，只能保持一上一下、一前一后的走法，那么位尊者应该在什么方位呢？显然这时仍要关注位尊者的安全。因此上楼梯时，应该把位尊者请到楼梯的上方行走，下方有人进行安全防护，这样位尊者就会处于一个安全的位置。下楼梯时恰好相反，位卑者先行，这样同样可以确保下方有人进行安全防护。

图 3-2　宽楼梯

图 3-3　窄楼梯

不过有一个特例要特别注意：如果男士陪同身穿短裙、短裤的女士上窄楼梯时，男士应该行走在前面，也就是走在楼梯上方，以免引起女士的尴尬。

(2)电梯。

谁负责按电梯？电梯门打开后谁先进入电梯？遇到这些问题，首先要看电梯有没有司梯员。有司梯员的话，告知司梯员要到达的楼层，当电梯门打开后请位尊者先进入。没有司梯员的话，由主办方工作人员中的位卑者负责按电梯，并在电梯门打开后先进去操控电梯。如果电梯里恰好有其他乘客站在操控电梯的位置，应将其视为司梯员，请对方代为操控电梯。

电梯到达后谁先出呢？首先要看电梯是否是专梯。什么是专梯呢？在接待高级贵宾的时候，需要清空一部电梯，里面安排一个司梯员，专供接待使用，这就是专梯。如果是专梯，原则很简单，贵宾先进入，贵宾先出来；如果不是专梯，而是公共电梯，谁在外面谁先出来，但最好是主办方的工作人员最后出来，以免电梯门突然关闭挤伤嘉宾。

另外需要注意的是，在电梯间应面向电梯门，避免大声喧哗、接打电话和直视其他乘客。

☞ 情景讨论

结合本章以及个人专业设计每个小情景下的全套礼仪流程：

(1)甄爱学是武汉大学大二学生，其老师布置一篇以“×××××”为主题的论文作为平时作业，甄爱学在写作过程中思路受阻后想与老师深入讨论。

(2)武汉大学中国边界与海洋研究院承办2022(中国)国际海洋法模拟法庭竞赛，邀请业界知名学者担任比赛裁判，他们应邀而至。

(3)应武汉大学日本研究中心邀请，日本前首相鸠山由纪夫到访武大，受聘为武大名誉教授，并发表和平主题演讲。

(二)待客

迎接人员是与嘉宾正式会见后展示主办方风采的“第一人”，其方方面面的举止都会影响到嘉宾对主办方的总体评价。

在接到嘉宾之后，首先要主动向对方做自我介绍，包括姓名、单位和职位三个要素。熟悉情况的人一定要主动为互不相识的人做居中介绍。做居中介绍时，应先介绍下级，后介绍上级，因为上级具有优先的知情权。在两个群体之间做居中介绍时也应该先把级别低的一方介绍给级别高的一方。在介绍某一方具体成员时，则按照职务高低依次介绍。把某位嘉宾介绍给众人的时候，以群体为尊，全体有优先知情权。

肢体动作要大方得体、轻松自然。握手时应由位高者先伸手，位低者随后伸手。同时，男士和女士都应选择国际上通用的男士握手方式——满握，即虎口对着虎口，手指弯曲过来握住对方，而不是伸直了手指头，等着对方来握，而且要有力度。握手的时间可长可短，但在握手的前几秒钟一定要看着对方的眼睛，不要上下打量，也不能一边握着手一边跟第三方说话。在正式场合或者在主席台上握手时，两个人之间的距离要合适。当两只手握在一起的时候，两条胳膊之间会形成一个“V”字形，而且穿正装的时候白衬衫的袖子会从西服的袖口露出来，此时这种握手的场景就会形成一幅很美的图画。

图 3-4　握手

☞ 特别提示

在学术活动场合中，你是位尊者，就要当仁不让地主动把手伸出来与对方握手，如果伸手动作不明显，或者明明不想握手又有伸手动作，会让对方很尴尬。

有些嘉宾与迎接人员会在初次见面时递送名片。递交名片时，应当双手拿着名片，身体前倾，面带微笑，看着对方的眼睛，做简单的自我介绍，说几句客气、寒暄的话，比如“你好，很高兴认识你”“你好，我叫×××，来自××单位，很高兴认识你，希望今后保持联系”，同时要把名片的正面朝向对方。不仅递交名片时要这样，在递交文件时也要把正面朝向对方；领导在主席台上发奖状、发聘书时也要把正面朝向对方。另外，递给别人一支笔时，要让笔的尾部朝向对方。

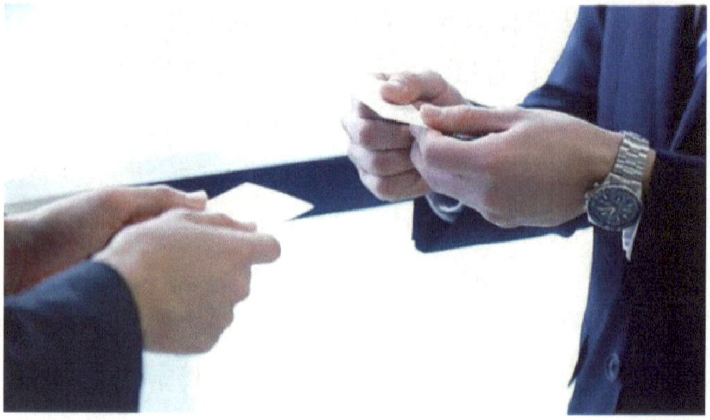

图 3-5　递交名片

接收名片同递交名片时的礼仪基本一样，但是有一点不同，即在收到对方的名片时，不要将名片马上收起来或者直接搁到桌子上，更不要把对方的名片随手扔进包里。最简单的做法就是仔细地看一看名片，哪怕你已经知道了对方名片上的内容，也要把名片拿在手里认真、仔细地看一看，或者默读一下，或者向对方做些简单地询问。因为对对方名片的关注，能表现接收名片的人对对方的尊重。

图 3-6　接收名片

迎接人员在与嘉宾寒暄的过程中，基本“客套”不能少。适当地说一些“你好”“欢迎”“辛苦啦”，或者在交流中适当地说一些令对方高兴的话，让人一听就能感觉到这是迎接人员对对方实实在在的关心。第一次见面可以说“很高兴认识你”，以后见面可以说“很高兴见到你”。另外可以和嘉宾就其研究领域的学术问题做简单探讨。在交流的过程中，陪同人员应该表现出充分而有度的热情。

（三）送客

学术活动结束后，送客距离的远近要根据不同的情况做出不同的选择。一般性的嘉宾，只需要送到活动场地门口即可。比如老师在办公室里接见学生，等面谈结束之后会起身送学生到办公室门口去。有些重要的嘉宾，工作人员可以送到电梯口或者楼梯口。对于那些十分尊贵的嘉宾，我们则要把他们送到目的地，如酒店、机场或者车站。送嘉宾前往机场、火车站时，除了不用制作接站牌，其他礼仪与迎接时相同。

送客，英文为“set off”，即看着对方直至消失，这才算得上是礼貌的送客。所以如果工作人员将贵宾送至门口，可以在客人转弯，或者已经上电梯、登车，看不见之后再回，这是中国人迎来送往时特有的谦和表现。

三、拜访礼仪

学术活动中时常会有拜访活动，无论是公对公、私对公还是私对私，都考验着拜访者和接待者的修养。因此，我们需要特别注意这一过程中的种种细节。

（一）预约与到达

一般来说，正式的拜访往往会有邀请函，或者是一封邮件、一个电话、一条短信，甚至是口头邀约，也有可能不是对方发出邀请，而是自己主动邀约。但是，不管是哪一种情况，都必须事先约好，选择恰当的拜访时间，以免打乱对方的日程安排。尤其是国外的人时间意识比较强，基本上都要求提前预约，千万不能直接登门拜访。

☞ 特别提示

如果因情况特殊无法预约，见面时要向对方说明理由，表示歉意，以取得对方的谅解，否则会使别人对你产生不满情绪，达不到预期的交际效果。

到达时间也有讲究，黄金准则就是要准时，不要迟到。任何情况下，迟到都是对被拜访者的失礼。如果因特殊情况无法准时到达，必须提前告知对方，并确定新的到达时间。当然，若拜访者能提前5~10分钟是最好的，这样可以利用这一时间仔细思考、检查物品、整理仪表。准时这一要求并非仅针对拜访者一方而言，被拜访者也应当准时出现。

敲门时不要急促，声音不要过大，一般以敲三下为好，而且不要连续敲，敲三下停顿一下。若没有回应，再继续敲三下。如果还没有回应，就轻声问一下“有人在吗”？若没有应答，就采取其他联系方式，或者放弃此次拜访(最好在登门拜访前打电话询问对方是否方便待客)。

(二)做客时的礼仪

如果随身携带物品，进门后要放在门口。如果需要脱下外衣，应询问主人放在哪里。如果有包包，手套之类的物品，不要随意放在沙发、床上，要放在椅子上、地板上，或者询问主人放在什么位置合适。

第一，入座时，不要抢先比主人先坐下，要等到主人让座后再坐下。注意观察主人让座后的位置，如果是主要位置，要礼让主人坐，如果主人持坚持的态度，就不要再推辞。当然也要考虑主人的年龄和辈分，避免让主人尴尬。

第二，坐着的时候，不要仰靠在座椅、沙发上，要保持身体直立而坐，不要跷二郎腿。

第三，主人在为你倒水的时候，一定要礼貌地用手轻触水杯以感谢主人。如果是晚辈，最好不要让主人倒水，或者主人倒水的时候，要稍微欠一下身，表示礼貌。

第四，形象得体。衣着打扮是一张无声的名片，如果符合个人的身份、角色，就能促进交流的顺畅进行。学术活动中，个人形象可以有三层境界，一是最基本的清洁卫生，二是展现美的风貌，三是符合正式着装的规范性。只要同时拥有这三个层次，便可算是着装“得体”，也是对被拜访者的尊重。

第五，态度有度，言谈举止适宜。在谈话过程中，不要侃侃而谈，也不要过于拘谨。而是应当收放自如，张弛有度。也不要完全等到对方问一句，才回答一句，这样会致使气氛紧张尴尬。拜访对象不同，谈话氛围也会不同。但无论对象如何变化，亲切的笑容、自信的握手、得体的称呼、合适的介绍、说话时恰当的语音语调是共通的基本礼仪点，这些礼仪行为能给对方留下难以忘怀的良好印象。

(三)得体的告辞与致谢

拜访者要控制拜访时长，在合适的时候告辞离开。离开时，要对对方表示感谢。比较正式的致谢方式是写感谢信，也可以通过电子邮件、短信等方式表达感谢。

学术拜访时间虽然很短，但是拜访者需要做大量的准备工作，如专业的准备、形象的准备、心理的准备等。本书中所介绍的诸多礼仪规范在拜访中都有所涉及，拜访者只需在综合各方面礼仪的基础上得体、适度地表现就行。

☞ 课后练习

根据拜访礼仪的要求，以组为单位进行练习，并把拍摄的视频作为课堂展示。

四、赠礼礼仪

在学术交往中，馈赠与接收礼品是很常见的一种行为。小小礼品可以起到联络感情、促进合作、发展友谊的作用。礼品被称为人际关系的黏合剂。由于学术交往涉及的对象不同，在礼品馈赠的过程中须遵循的礼仪也各不相同。如果不具备这方面的礼仪知识，礼品馈赠就有可能弄巧成拙，适得其反，成为阻碍学术交往的绊脚石。

（一）礼品的赠送

礼品赠送有一些礼仪规范与技巧，以下与赠礼相关的 5 个问题可以帮助我们厘清思路。

1. 为什么赠礼？（Why）

赠送礼品总是有不同的目的，目的不同，礼品的选择可能也是不一样的。如果赠送目的不明确，就很难使对方满意。在两国学术界之间的交往活动中赠送具有本国特色的纪念礼品会让对方感觉很好。如果在学术活动中送给对方水果和营养品就不合适。虽然赠送礼品的目的不同，但都是想表达自己对对方的尊重、友好与善意。

2. 给谁赠礼？（Who）

想要把礼送到对方的心坎上，“以受众为中心”是非常重要的。不分对象，恐怕是“物不达意”的主要原因。要重视对象，除了要充分了解受礼人的基本信息，如年龄、性别、性格、国籍等，还要了解一些深层次的信息，如爱好、厌恶、民族习惯等。只有做好详细的准备工作，才能使礼品得到受礼人的欢迎。

3. 如何赠礼？（How）

学术交往中采用的是当面赠礼的方式，方便赠送者当面向对方解释礼品的寓意，以此表达自己的情意。礼品赠送应当重视包装，包装是正式礼品不可分割的组成部分，也方便受礼者携带。无包装的礼品会让人觉得过于随意、不够重视且让礼品贬值。同时，送给外国人的礼品，其外包装在色彩、图案、形状乃至缎带结法等方面，都要与受礼人的风俗习惯联系在一起。

在会谈等活动中，如果要给多人赠礼，一般由赠送方最高职位的人代表本方向对方人员赠送礼品。赠礼的顺序是从地位最高的人开始，逐级往下赠送。或者说从位尊者向位卑者逐一赠送。

当面送礼时，应站立，目视对方，面带微笑，身体前倾，双手奉送，避免左右手单手递交，尤其是左手单手递交。在解释完礼品寓意后可以热情握手。

4. 何时赠礼？（When）

礼品并不是随意赠送的，要选择合适的时机来赠送。如果是表示祝贺和欢庆，一般是在庆典开始时赠送或提前赠送。如果是会谈、会见，一般是起身告辞时赠送。如果是授予仪式，一般是在活动结束时赠送礼品。如果有礼品互赠仪式，则应按计划在相应的时间段赠礼。

5. 赠送什么物品？（What）

学术活动中赠送的礼品多以欣赏性为主，比如艺术品、民族作品、雕刻制品、字画、纪念品等。这些礼品不仅能愉悦心情、美化生活，还能够长久保存，因而更具纪念意义。

☞ **注意**

如果是赠送礼品给外国人，因为国际航班对行李数量和重量有限制，礼物太大可能会给对方带来困扰。

（二）接收礼品的礼仪

一般情况下，对于一件礼品，受礼人应当郑重其事地收下。大多数人接收过别人赠送的礼品，但并非每个人都能做到礼貌地接收别人的礼品。

1. 接收礼品时的动作

当对方赠送礼品时，应当起身站立，面向对方。在赠送者递上礼品时，要尽可能地用双手去接，不要单手去接，特别是不要用左手去接。若对方提供的是礼品单，应立即从头至尾细读一遍。

2. 接收礼品时的言谈举止

当面接收礼品时，要以适当的动作和语言表达对礼品的欣赏。在双手接过他人礼品的同时，应立即道谢。“谢谢您”这三个字感谢的不仅仅是礼物本身，还有对方送礼的情谊。

接收礼品时要注意礼貌，不要过于推辞，以致伤害送礼者的感情。即使对方送的礼物不合心意，也应有礼貌地加以感谢。

图 3-7　2019 年 9 月 25 日日本前首相鸠山由纪夫到访武汉大学

五、购物礼仪

按照国际通行的规则，在学术活动中，主办方不得特意安排购物环节。但这并不是说不安排个人活动时间，如果时间允许，适当安排购物活动也没有什么不妥，尤其是针对前来参加活动的外宾。

在安排购物活动的时候，一般要遵循这样几条原则：第一，安排的购物地点符合嘉宾的要求。有时候嘉宾更想了解当地风情，高档购物中心不一定是最佳的选择。第二，陪同购物的工作人员一般不要参与到嘉宾的购物活动中，也不要对嘉宾的购物选择提出意见，但可以把一些购物经验在购物之前进行简要介绍。第三，带外宾到正规的货币兑换点进行货币兑换，不私自与外宾兑换货币，不替外宾垫付或者直接支付购物款。主办方应就这一点提前做好预案，方便外宾提出要求时，陪同人员能够及时解决。第四，应尽量协助外宾了解所购物品是否可以办理退税及如何办理，同时帮助检查嘉宾所购物品是否完好无损、数量是否准确。在征得对方的同意后，可以帮助嘉宾携带所购物品。第五，要提醒嘉宾注意购物过程中的财物安全，避免丢失。

六、安保礼仪

安全是所有大型活动中应最先考虑的因素，应进行综合、全面的考量。在学术领域中，安保主要是指学术活动中对人身安全的保卫工作。

安保工作是分级别的。当学术活动参与人员涉及政府官员、外国官员时，其级别越高，安保的级别也越高。当安保级别上升到一定程度的时候，会由国家专门的安保部门出面制定相应的安保措施，派遣安保人员。这时，主办方只须全面配合安保部门的工作即可。

学术活动中的安保工作更多的是避免意外的发生，防范各种不安全因素的出现。要做到这一点，对活动场所提前踩点非常必要。通过踩点，可以对活动场所是否存在安全隐患，是否符合防火、防摔、防滑、防落物、防触电等安全要求进行全面检查。

安保工作还需要考虑交通安全、食品安全和医疗安全。这三个方面的安全问题，主办方要制订有针对性的应对方案。比如交通安全方面，一是要注意车辆本身状况，如刹车系统、轮胎等与安全有关的零部件是否处于良好状态。二是要注意司机的驾龄、身体状况等能否保障行车安全，同时注意行驶途中的安全问题，防止司机疲劳驾驶。针对食品和医疗安全，一是要注意就餐地点的卫生条件。二是要特别注意参会人员是否有饮食禁忌和过敏情况。三是要有医疗急救预案。主办方的工作人员要接受一些简单的急救培训。

对参加活动的人员做好登记。有些学术活动会涉及机密内容，所以要做好防窃听、防泄密、防刺探工作。主办方要做好内部掌控，对哪些地方可以参观考察、哪些地方禁止参观访问等要有明确规定。对禁止前往的区域和禁止拍照、录像、录音的地方，要设立明显的标志，现场工作人员应当直白礼貌地向嘉宾说明情况。以武汉大学中国边界与海洋研究院为例，参加活动的人员须事先报备，若非特殊情况，院外人员不得入内。

图 3-8 武汉大学中国边界与海洋研究院

七、活动组织礼仪

(一)组织活动和参加活动时的礼仪

组织和参加各式各样的学术活动，都有不同的礼仪要求，比如布置主席台、安排嘉宾座次等。

对于学术活动组织者来说，组织活动时应注意以下几方面的要求。

1. 活动通知

活动通知要简单明确，说明活动的主题、出席的嘉宾、活动时间和地点等。对于一些比较正式的学术活动，还要在通知中注明着装要求。

2. 活动准备

现代化的学术活动离不开各种辅助器材，在召开会议之前，就需要把各种辅助器材准备好。各种视听器材的发展带来了话筒、投影仪、幻灯机、录像机、激光笔或指示棒等视听设备，给人们提供了极大的方便。在活动开始前，必须先检查各种设备是否能够正常使用，是否有备用设备。如果嘉宾需要使用幻灯机，则需要提前做好 PPT，工作人员要在嘉宾到场后与其逐一核实，并将 PPT 提前拷贝到电脑中。主办方要以大屏形式展示活动主题的时候，也需要提前将 PPT 拷入电脑中，并检查其是否能正常播放。

参加学术活动人员在进入会场前一般都要签到，尤其是活动嘉宾。活动签到是为了及时、准确地统计到会人数，便于安排后续工作。学术活动签到一般采取簿式签到和证卡签到两种方式。簿式签到要求主办方根据日程安排中拟邀请的人员名单制作签到簿，单面打印，字号偏大一些，便于查询。学术活动中的证卡签到一般有两种形式：一种是主办方制作签证卡，上面印有活动的名称、日期等，参会人员在签证卡上写好自己的姓名，进入会场时，将签证卡交给签到人员表示到会。另一种是针对主办方内部人员的证卡。采用这种方式签到时，工作人员要准备多个刷卡机，检查每个刷卡机有无故障，避免签到时造成拥挤。

3. 活动场地所需物品

活动场地所需物品分为两种，包括场地装饰物和其他所需物品。

场地装饰物，比如会标、会徽、标语、灯光等应当干净整齐，悬挂牢固，避免活动过程中场地装饰物因悬挂不牢固而突然掉落使客人受到惊吓或者砸伤客人。

其他所需物品主要是指制冷制暖设备、茶具、文具、厕所用具等，要检查空调是否能正常工作，其他用具数量是否足够，茶具是否清洗干净等。

4. 主席台布置

学术活动主席台的布置基本上有三种，即中式、西式和中西结合式。纯中式的主席台，其席位要居中而设，没有演讲席位，发言者在主席台发言，每个人面前都有麦克风或者话筒。纯西式的主席台，如各种国际会议、论坛的主席台，是在其右前方摆放一个演讲席位，左后方摆放两至三把椅子，中间不放桌子，要空出来留给大屏幕。中西混合式是目前学术活动中最常用的布置。主席台桌子居中而设，右前方增加一个演讲席位。演讲席位摆放在右前方，这样摆放是对发言者的尊重。另外，主席台的高度暗示了观众是否可以在现场发言或者与主席台人员进行交流：如果主席台的高度高出观众席位，那么观众基本不可以在现场发言和提问；如果主席台跟观众席位处于同一个高度，观众则可以现场发言和提问。但是请注意，学术活动中一般都会在发言人发言结束后安排专门的提问讨论环节，在这种情况下，主席台的高度并不会影响观众提问。

5. 座位安排

中国成语中就有“虚左以待”一词，表示空出左边的位置招待贵客，称为“虚左”。而国际上通行的做法是以右为上(注：在此所谈的左与右均以当事人为参照标准)。因此，在国际性的学术活动中，主客并列入座，右半边的座位要留给客人。在参会人员皆为本国人的活动中，仍可按照传统的礼仪做法进行安排。

具体来说，国际性学术活动中，主要遵循的原则是以右为尊、以中为尊。其中又细分为两人与两人以上的情况。如果人数为两人，应遵循以右为尊的原则，国际惯例是“主左客右”。如果国外学者来中国参加学术活动，主办方与客人坐在一起时，主办人员应为左边的位置，右边的位置则要留给客人。站位也是如此，主左客右。

如果有翻译和记录人员，他们一般坐在主人和主宾的后面，其他客人按照顺序在主宾一侧就座，主方陪同人员在主人一侧就座，座位不够的话可以在后排加座。

如果是双方多人代表，很多时候都会主人一边、客人一边分开就座，同样是客方人员居于右位，主办方仍居于左位。

主客先后入座时，最重要的是先把主办方1号位定好，之后按照以右为尊的方法先右后左排列，最外面两边的人员最好是主办方人员。

如果是双方多人会谈，通常使用长方形或者椭圆形的桌子，宾主相对而坐。此时应当以正门为准，座次安排的规则是：主办方坐在背对门的一侧，客人面向正门，各方主谈人坐在中间或者按照内部职位高低排列座位。中国习惯把主办方的翻译人员安排在主人右侧，客方如有翻译人员，可以安排在主宾的左侧，也可尊重客人国家的安排。记录人员可以安排在后排就座。

以上座位都是在学术活动中只有嘉宾参与的情况下安排的。一般情况下，活动嘉宾在前面几排落座，越重要的嘉宾座位越靠前，并且越靠近中心位置。其他参与人员在后排落座。需要注意的是，当来旁听学习的人员过多时，主办方往往会额外增加座位。此时座位摆放不能影响他人通过。

☞ 特别提示

①学术活动中必须制作座位牌，即嘉宾名牌，让参与的嘉宾方便就座。

②应当在每一位嘉宾的座位上放置矿泉水。在大型的学术活动中，所有参会人员的座位上都应当放置矿泉水，并且撕掉矿泉水瓶上的商标。

③在学术论坛和学术会议等活动中，应当在嘉宾席上摆放活动日程安排等。

上述3点只是学术活动中必须摆放的物品，主办方工作人员可以根据实际情况进行添加调整。

6. 主持礼仪

在大型学术活动中，主持人不仅是台面，更是活动的关键。因此，对主持人的要求很高。那么，主持人的基本礼仪有哪些呢？

(1)仪容礼仪。主持人的基本礼仪之一就是仪容礼仪。作为主持人，首先应该注意自己的仪容仪态。无论男女主持，在上台前都需要认真打理自己的妆容，让自己的妆容和仪容看起来自然大方，耐看但又不难看。

(2)穿着礼仪。主持人的穿着礼仪应该和活动主题保持一致，穿着整洁、得体，看起来很舒服，不邋遢。在学术活动中，主持人的衣着应整洁大方、干净利落，以正装主持会议。

(3)体态礼仪。主持人应站立主持活动，注意站姿，双腿并拢，腰背挺直，不能左右摇摆、随意晃动。持稿时，右手持稿的中下部，左手五指并拢自然下垂；如果双手持稿，稿件应与胸部齐高。在主持过程中，切忌出现挤眉弄眼、抓头摸耳等不雅动作。在会场遇到熟人时，主持人不能高声打招呼，可与之点头微笑致意。

(4)说话礼仪。主持人在主持时应注意说话礼仪。说话时的语气应与活动主题和氛围相适应，说话时要注意声音、语序、断句、吐词等。主持人吐词要清晰，说话声音要洪亮，不能含糊其词、说不清楚，更不能结结巴巴。

(5)精神礼仪。所谓精神礼仪就是指主持人的精神面貌要好。主持人是一场活动成功与否的关键人物，假如主持人精神面貌不好，没有精神，或者是面无表情，那么整场活动的效果肯定也不好，所以主持人尤其要注意自己的精神面貌，以最饱满的精神驾驭整场活动。

7. 活动中斟茶倒水的礼仪

(1)使用瓷杯的情况。

工作人员的动作要轻要稳，尽量减少对活动的干扰、茶杯按约定俗成放在桌面右上角，即嘉宾的右前方，所以工作人员要从座椅的右后方靠近会议桌。左手持壶，右手用专业礼仪动作打开杯盖。专业礼仪动作步骤如下：

用无名指和小指夹住杯盖的钮，确定夹稳后无声地向上提起，打开杯盖。将杯盖反手拿稳，之后用食指和拇指轻轻拿住杯耳，并无声地将茶杯抬离桌面。拿起茶杯后，注意退步到会议桌椅的区域外来完成斟茶倒水的动作。切忌用暖壶直接在桌面上的茶杯中倒水，或者离参会者太近。倒好茶后，双手托杯，将茶杯轻轻放回桌上。注意将茶杯放在右上角，将有柄的一侧朝向嘉宾，并反手将手中杯盖盖于杯身，直至完全盖好即可。活动中斟茶倒水的工作可以由两名工作人员协助完成。

(2)使用一次性水杯的情况。

轻轻地从桌子上拿起水杯，站离桌面，倒好水后再将水杯放回桌面，放置在桌面右上角。若直接站在与会者一侧，用水壶倒水可能会将水洒到桌子上或者与会者身上。

(3)在重要级别较高的学术活动场合，应用瓷杯给嘉宾斟茶倒水，而非一次性水杯。

8. 合影环节

学术活动中需要合影以便活动后新闻报道的撰写。因此，学术活动组织者需事先安排好合影站位，以免现场场面混乱。人数较多的时候还要准备好合影架、无人机等。合影时一般由主人居中，按嘉宾次序，以主人右边为上，主客双方间隔排列。既要考虑第一排人员的身份，也要考虑场地大小，即能否都摄入镜头。

图 3-9　2019 年(中国)国际海洋法模拟法庭竞赛合照

9. 参加人员应遵守的礼仪

参加学术活动的人员应遵循以下礼仪要求：

(1)遵守时间。

无故不要随便迟到，这是参加学术活动的基本素养。对于一些比较重要的活动，如果迟到了，应悄声入场，选择后排入座。如果正在举行仪式，进入会场时应就近入座。

(2)按规矩入座。

如果活动组织者没有安排分区就座，按照不成文的原则，参加者进入会场后应尽量往前排入座、居中就座。这样不管会场是否能够坐满，至少可以保证前排是坐满的，同时也方便后入场的人就座。这也是对主办方和发言嘉宾的尊重。

(3)着装得体。

不同主题的学术活动会有不同的着装要求。详见本章第四节着装礼仪。

(4)举止文明。

参加活动的时候，参会者应保持安静，不要随便弄出声响。窃窃私语甚至旁若无人地说话、在会场里吃东西、现场随便走动、整理物品发出噪音、手机未调整为震动或者静音模式、活动还未结束便开始收拾物品准备离开等做法都是不礼貌的行为。尊重对方也就是尊重自己，只有尊重自己才会得到别人的尊重。

(5)适当记录。

参加学术活动时应在现场做会议记录。这是因为活动邀请的嘉宾往往是在其学术领域有所建树之人，做好会议记录方便活动结束后整理思路，深入学习。当然，做会议记录也是对发言者的尊重，向其表示自己有在认真聆听。

(二)学术宴会礼仪

宴请是学术活动中进一步加深嘉宾与主办方交流的活动之一。通用的宴请形式有工作餐、宴会、招待会、茶会等。至于具体采用何种形式，需要根据活动目的、宴请对象以及活动经费开支等因素确定。

1. 餐宴的常见形式

(1)工作餐。

在美国，利用进餐时间边吃饭边谈事情，是比较常见的。而在中国和其他一些国家，工作餐只是因为日程安排紧而采用的用餐形式，属于非正式宴请，对于受邀嘉宾，通常还会在其他时间安排正式宴请。

工作餐通常只邀请活动中的工作人员。如果是双边工作餐，一般还需排序，相关人员可围坐在长桌前用餐。

(2)茶会。

茶会是一种简便的招待形式。学术活动时间持续比较长，所以主办方会在中间休息时为嘉宾准备一些点心、饮料，在放松的同时补充能量。一般学术活动中，茶会不排列席位，嘉宾自取即可。但若是为某些贵宾安排了专门的休息室，主人陪同时应有意识地与嘉宾坐在一起，其他人随意就座就行。在布置茶会时，需要注意以下茶歇礼仪：

①确定茶点要求。

茶点的安排要根据参加人数、茶点时间和次数来确定，茶点的品种要多，不能单一。

②根据相关要求准备好茶点物品。

茶点物品包括茶点碟、点心盘和水果盘、咖啡杯、咖啡杯底碟、咖啡糖、奶盅、茶包、食物夹、水果叉等，同时检查相关物品是否干净和完好无损，确保用具卫生和食品安全。

③布置茶歇台。

茶歇台应当在活动举办的前一天下班前布置好。如果分上午和下午两场活动，茶歇台要在中午休息时布置好，并用席巾将准备好的相关用具盖好以防尘。另外，在茶歇台下方放置垃圾桶等。

④茶歇摆放。

专业的茶歇摆放能表现主办方对活动的重视，因此需要工作人员特别注意。茶点应装入茶歇台上的专用盘中，不要放在大盘上，摆放要求卫生、简洁美观。对于一些容易氧化的水果，不能提前摆放，要根据会议结束时间提前 3~5 分钟摆放。茶歇搭配合理，错落有致，以获得良好的视觉效果。最后，一定要记得放茶歇卡。

⑤茶歇服务。

首先是咖啡服务。咖啡机需要在茶歇开始 20 分钟前插电，在茶歇开始前 3~5 分钟可以先磨出几杯咖啡(保持原味)，以防排队等候，同时也能体现主办方的人性化服务。要注意的是，尽量不要使用速溶咖啡，尤其是在大型学术活动中。

其他茶歇品种一般来说都是以客人自助为主，工作人员要做好台面清理工作。当客人需要茶饮时，工作人员应该主动询问，冲泡后双手递交给客人。及时添加茶歇食品和用品，及时清理垃圾和收好脏的茶歇用具。不要让闲杂人员来拿茶点，如果发现要及时阻止并向对方礼貌性地解释。

(3)招待会。

招待会比工作餐、茶会正式，比宴会简单，是一种不备正餐、安排较为灵活的宴请形式。一般备有食品和酒水饮料，参加者不固定座位，可以自由活动，方便宾主接触、交谈。

举行招待会时应该提前告知嘉宾，注明整个活动持续时长，嘉宾可以在其间任何时候到达和退离。

(4)宴会。

宴会是学术活动中主办方最常用的招待方式，分为正式宴会和非正式宴会。正式宴会宾主需要按照排位就座，非正式的宴会无须编排席位，形式简便。根据宴会举行的时间，宴会有早宴、午宴和晚宴之分。一般而言，晚宴最为隆重。宴会是正餐，需要坐下来进食。在宴会中，从座次排序、就座到用餐都有礼可循。下面以中式宴会为例。

首先是桌次和座次的排列方式。

通常，桌次高低根据离主桌的距离而定(以面门为准)，右高左低。桌数较多时，要摆桌次牌。多桌宴请时，宴请桌排列一般以最前面或居中的桌子为主桌。宴会的席次安排，以礼宾次序为主要依据。

正式宴会一般都会事先安排好座次，以便参加宴会者在入席时井然有序，同时这样做也是对客人的一种尊重。一般来讲，在正式的宴会座次中，强调以右为上，面门为上。在安排座位时应考虑以下几点：一是以主人的位置为中心，以靠近主人为上，依次排列。二是要把主宾安排在最主要的位置。通常是以右为上，即主人右手边的座位是最主要的位置。离门最远的、面对着门的位置是上座，离门最近的、背对着门的位置是下座，上座的右边是第二号位，左边是第三号位，依次类推。三是在遵从礼宾次序的前提下，尽可能使相邻者便于交谈。四是主人方面的陪客应尽可能插在客人中间，以便与客人交谈，避免自己的人坐在一起。

非正式的宴会虽然无须事先安排好座次，可以直接就座，但是与正式宴会入座的原则一样，即主人没有邀请时，客人不要自行就座，即使主人邀请，客人也最好先谦让一下，让主人先坐，或者与主人同时就座。桌上有其他贵宾新到时，最好起身致意或者简单欠身。入座时，尽可能主宾交叉而坐，以便与客人交流，避免客人之间相互不认识而陷入尴尬处境。在正式宴会中，尤其是主客身份比较复杂的时候，主办方应摆设桌签以便客人就座。

其次是餐具的使用。

①筷勺。

中餐餐具最大的亮点是筷子和勺子。在学术宴请场合，不仅要注意右手边的自用筷勺，还要注意搁在每个座位前面、横着摆放的公用筷勺。2020年年初的新冠肺炎疫情再次引发公众对于中餐合餐制卫生要求的思考。合餐制传染疾病的可能性较高，因此，在学术宴会上，如果要夹菜，一定要用公筷和公勺，公用筷勺一定不能入口。

夹菜时要先观察，如果旁边的人正在夹菜，要等对方夹完再夹。为了保持每一份菜的品相，夹菜时最好从边缘或者某一处开始夹，而不要东一筷子西一筷子，弄得菜品的品相难看至极。使用筷子最忌讳的一点是“挑菜”，在正式宴请场合，“挑菜”是非常不礼貌的行为，既不干净，也会让同桌的其他人感觉不舒服。所以夹菜要“狠、准、稳”，养成不“挑菜”的习惯，稳稳地下筷子，准确夹菜，一旦夹好不要再挑、再选。

另外，每个国家对于筷子的摆放都有其禁忌。在中国，筷子不可以直立地插在米饭上，不能交叉摆放，两根筷子不能一长一短地放。因此，在学术宴请场合，一定要注意同桌吃饭的客人的国别，避免出现禁忌而冒犯他人。

中国人喝汤用瓷质汤勺。如果汤是单独用带垫盘的汤盅盛放的，汤匙用完后，应取出放在垫盘上。如果汤是公用的，不能用自己的汤勺舀汤，须借助公用汤勺取汤，然后用小勺食用。

②中式小碗。

中餐餐桌会有精致的小碗，这是用来盛米饭或者盛汤用的。中式小碗在使用时，应该端在手里，无论是吃米饭、吃菜还是喝汤，都应该把小碗端在手里，适当地低头、含蓄地进食。但是，在很多宴请场合，参加者都是把小碗搁在桌上，用勺子、筷子将食物往嘴里送，这是不符合中餐礼仪的。

③转盘。

中式餐桌还有一个转盘，使用时也要注意礼仪。有些朋友在用餐的时候随意转动转盘，完全不顾旁边是否有人正在取菜，这是一种不符合礼仪的做法。

关于转盘，有以下几点注意事项：第一，转动转盘之前一定要先看看是否有人正在取菜，如果有人正在取菜，应等对方取完菜再转。第二，一道新的热菜上来之后，第一位取完，应把转盘转一格给下一位取菜，依次转到每一位都能取到菜后方可自由转动。当然，也可由陪同人员为大家转动转盘，依次取菜。第三，转动转盘的过程中，如果有人中途取菜，应停下来等待片刻，待其取完后方可继续转动。第四，转动转盘的速度一定要适中，只可慢不可快。

④刀叉。

在中华人民共和国成立初期，周恩来总理就制定了国宴“中餐西吃”的原则。中西混合的特点就是餐具不仅有筷勺，还有刀叉。

随着国际交往的发展，“中餐西吃”也在各类正式宴请场合中普及开来。因此，必须学会得体地使用刀叉。中国人日常使用刀叉的场合并不多，但大多数人都知道刀叉的使用有一个基本原则，即左手拿叉，右手拿刀。刀叉的使用应当外松内紧，表面看起来挺轻松的，实际上上手还是要适当地用劲，应在谈笑风生中用餐，而不是机械地切肉。

使用刀叉时，还要注意别犯忌讳。第一，忌切肉时把碟子掀翻。第二，忌叉起的食物较大，一口一口地咬着吃。第三，忌刀子入口。如果还须继续使用刀叉，刀和叉应该摆成一个“八”字形。如果菜已经用完，刀、叉应该以平行的方式紧挨在一起摆放。第四，忌刀刃向外，以免伤到他人。

第三是餐巾的使用。

关于餐巾的使用，目前世界通用的方式有三种：第一种，把餐巾掖在衣领里面，自然下垂，这种方式适用于老人、孩子、行动不太方便的人，餐巾可以起到遮挡的作用，但这种方式不适用于正式宴请；第二种，是中国人的普遍做法，把餐巾的一角压在盘子下方，自然下垂在胸前；第三种，是国际正式通用的做法，把餐巾折叠起来，在腿上平铺。

餐巾一是用来遮挡衣物，二是用来擦嘴。餐巾绝对不是用来擦汗或者擦鼻涕的，也不是用来当抹布擦拭餐具或杯盘的。宴请场合，建议将餐巾平铺到腿上，从前往里简单地折叠一部分，需要擦嘴时，打开折叠的这一部分拿到嘴边使用，用完后再盖回去。这样既不会弄脏衣物，也不会留下擦嘴的痕迹。要注意的是用餐巾擦拭嘴巴时不能“左右擦拭”，只能用手拿起餐巾轻轻“沾”“点”嘴角。

主人把餐巾拿起来铺在腿上是宴会正式开始的标志；主人拿起餐巾简单地折叠往桌上一搁是宴会正式结束的标志。在这个过程中，要等主人铺好餐巾之后再用餐，以免使主人尴尬。待主人把餐巾收起来放到桌上之后，其他人就不要再用餐了。宴会过程中若是要暂时离开，可以把餐巾折起一点，搭在椅子上。如果提前退席，可以把餐巾拿起来简单一折叠放在桌上。在用餐过程中，可以用左手托起餐巾遮住嘴部，适当低头用牙签剔牙。

第四是敬酒。

中国有悠久的饮酒历史与丰富的敬酒文化。敬酒既可以活跃气氛、表达敬意，还可以联络感情。不仅在中国，在其他国家，如日本、韩国、越南等都有悠久的喝酒习惯与敬酒风俗，俄罗斯、法国也盛行饮酒。但是，也有一些国家的人不爱敬酒，因此学术宴请中一定要处理得当，主人不要强迫客人饮酒，客人也可提前告知主办方的工作人员做好记录，以避免在宴席上陷入尴尬。

宴请活动中，即使自己不喝酒，也不能倒扣杯子，倒扣杯子有对主人不满之嫌。有人提议干杯之后，要手拿酒杯或者饮料杯起身站立，就算滴酒不沾，也要拿起杯子做做样子。干杯时将酒杯举到眼前高度，可以象征性地和对方碰一下酒杯，还要手拿酒杯与提议者对视一下。碰杯的时候，如果对方是尊贵的客人，应让自己的酒杯低于对方的酒杯，表示对对方的尊敬。如果无法与离得远的同桌人碰杯，可以用酒杯或者饮料杯轻碰桌面表示和对方碰杯。

敬酒的顺序比较讲究，一般来说级别最高者先发起敬酒，一人敬全桌人。如果没有客方人员，敬酒顺序是由高到低依次敬酒，之后再一对一相互敬酒。如果就餐者级别、年龄差别较突出，位尊者可以敬众，其他人应逐一回敬。

如果主办方多人宴请一位贵宾，主办方按职位高低轮流敬客人，其他人士举杯陪同，客人再逐一回敬。前几位主办方人员敬完之后，客人再回敬。中间也可穿插主办方人员一对一敬酒与客人一对一回敬。

图 3-10　武汉大学校友企业生产的百年珞珈茅台酒

如果主客双方人数对等，应以职位高低、年龄大小、主宾身份定先后顺序。主办方可以按照先后顺序敬酒，客方再依次回敬，其他人员举杯陪同。

如宴会上不止一桌，一般来说，就餐时前半段时间在本桌敬酒，后半段流动敬酒。位尊者去其他桌敬酒可“以一敬众”，其他人可以几人一起去其他桌敬酒。

敬酒应以几杯为宜？干杯是否应当喝光？这要看具体的场合和当地的风俗，一般饮酒应以适量为宜。一般来说，学术宴请往往是与参会者交流的一种更为随意的方式，因此一至三杯即可，也不用一次喝光。当然，出于礼仪，一般情况下，还是要遵从当地的风俗习惯。

第五是自助餐。

学术宴请并不全部是桌餐，有时候也会以自助餐来招待嘉宾，这个时候应该注意自助餐的特有礼仪。在参加自助餐时，经常会看到这样的情形：有些人端着盘子，奔向各个餐台；有些人先取水果，有些人先取汤；有些人先取主食；有些人先取冷菜。自助餐很容易出现这种局面，这样的用餐方式对不对呢？

中国的餐饮文化博大精深，南方、北方的习俗虽然不大一样，但先吃什么、后吃什么大多是有礼仪规范的，在自助餐场合也是如此。一般来说，自助餐应先从三道菜开始取用：冷菜、色拉和汤这三道菜不一定一次全部取用，但应从这三道菜开始。一上来就取主食或者水果，是不符合自助餐礼仪的。人多时要排队取食，不能插队或者越过前面的人取食，看到排队中的熟人、朋友，从他们的位置开始聊天和排队也是一种插队。有时因为人太多会出现弄不清排队顺序的情况，这个时候，严格按照取餐顺序就显得尤其重要了。

取完这三道菜，接下来不是继续取用热菜，而是开始进食，用完之后再取热菜。之所以这么做，是因为自助餐讲究"三不混"原则：

冷菜、热菜不混装。取完了冷菜端回去放在桌上，用完了之后，拿一个新盘子再到公共区域去取热菜。换新盘子是因为端着一个用过的盘子去取餐，是对别人的不尊重。同时，用餐地点的工作人员应保证在他人取餐回来的时候，桌上的旧盘子已经清理完毕了。

菜品、主食不混装。有些人在取菜时，会把米饭、馒头或者饼等扣在菜上面，这样的做法并不体面。应将主食放在独立的菜碟或者小碗里面。

菜品、水果不混装。菜品是在正式用餐的过程中取用的，水果是用餐的最后一个环节。吃完了水果就表示此次用餐结束了，而不是在同一个菜碟里面既放菜品又放水果，这样做不礼貌，而且菜品和水果之间也会串味。菜品和水果应该分别取用，多取几次也没有问题。尽量避免一次盛取的食物很杂乱、盘子太满或者盘子太多等情况。

取餐时不要用自己的刀叉、筷子取食，要用专用的配套餐具。此外，每取完一种菜，应把餐具放回原位，不要用一种菜的专属餐具取其他的菜。注意，取餐时应当限量，吃多少取多少，避免浪费。

自助餐还有一个特殊礼仪，即关注彼此的用餐进度。这是一个非常容易被忽略的细节，因为自助餐不像桌餐，有上菜的先后顺序。在自助餐上，每位用餐者的食量和进餐速度不同，这很容易造成用餐进度不相同的情况。在陪同嘉宾用自助餐的时候，主办方的工作人员应该关注一下用餐的进度，尽量不要出现有人率先用完餐静等他人的情况。

第六是其他餐桌注意事项。

①注意餐桌吃相。吃相优雅与否，关系到一个人品位的高低。许多人都有过这样的经历，当同桌有人大声喝汤，吃饭吧唧嘴巴时，都会心生不耐烦而提前离席。所以，在学术宴请场合，要特别关注和吃相有关的各种礼仪。

②咀嚼食物一定要闭嘴，不要发出声音；喝汤一定不要出声；不可以下咽的食物，一定不要入口。

③保持桌面的干净和公共盘的干净；用餐过程中要保持轻松愉快的气氛。

④用餐时要注意体态；恰当处理餐桌上的突发状况；等等。

2. 餐宴的准备工作

餐宴的准备工作主要包括邀请名单、宴会地点、菜单的确定以及与餐厅工作人员核实餐厅服务等。

宴会邀请名单一般是按照日程拟定中的嘉宾名单确定的，有些嘉宾可能会因为私人行程不出席，也有些嘉宾可能不在提前拟定的名单中，这些都需要主办方的工作人员及时了解情况，以便与餐厅沟通桌数、菜量。

宴会地点一般是和主办方长期合作或者有过合作的餐厅，这样不仅简化了宴会的安排工作，也能在卫生和安全方面有所保障。

宴会菜单的拟定要遵循以下原则。首先，要根据就餐对象、宴会标准、物价情况及就餐人数制定菜单。就餐对象是我们服务的对象，制定菜单，应对客人做一番了解，如国籍、民族、信仰等，要充分尊重客人的饮食习惯。不同的国家有着不同的饮食习惯。如日本人偏爱清淡、爽脆的菜肴；俄罗斯人因气候条件偏爱浓香辣的菜肴。不同年龄的人，对菜肴也有不同的要求。如老年人偏爱酥烂、软嫩、清淡的菜肴；而青年人则偏爱香脆酥松的菜肴。制定菜单时还必须根据宾客的具体要求，如设宴目的、宴饮要求、用餐环境，进行合理设计，只有这样，才能真正满足宾客的需要。在考虑就餐对象时，还须考虑宴会标准、原料价格、就餐人数等情况。

宴会标准的高低是准备宴会食材的依据，标准高低只能在原料上进行选择，但宴会的效果不能受影响。即在规定的标准内，把菜点搭配好，使客人满意，这是制定菜单的宗旨。宴会标准高可选用高档原料，但也要考虑货源。高档原料要细菜精做，低档原料也要做到粗菜细做；标准高的菜品不宜过多，要体现精而细的效果；标准低的宴会菜品也应注意分量，要体现丰满大方的要求。同时，还要注意原料价格。其次，要根据季节变化、地方特色、风味特点制定菜单。宴会菜单要突出季节性，力求将时令菜肴搬上餐桌，其中包括选料讲究季节，再就是菜肴口味、色彩等要合适。同时，在制定菜单时要突出地方风味，突出主办方所在地的特色菜肴，这是制定菜单应遵循的一项原则。上菜的安排一般要经过三个过程。

上菜前主办方要先确定嘉宾的入席情况，然后告知服务人员上菜时间。检查桌上的餐饮用具是否与座位人数配对。上菜前可以先摆放酒水饮料。

上菜前的准备工作完成后，传菜员应按照主办方的要求将菜单中所列的菜品按顺序依次传递上桌。上菜的顺序为：先冷后热——先菜后汤——先鲜后咸——先辣后炒——先烧后蒸——先清淡后肥腻——先主食后甜品——先点心后水果——先优质后一般。

上菜过程中，如果转盘位置不够，可以将桌上剩余最少的一些菜，换到小盘里，切忌将新的菜叠压在另一道菜上面。

注意与服务人员核对菜品是否全部上齐，如果有些菜等待很久没有上桌，要及时查单，看是否有遗漏。

(三)参观考察礼仪

学术活动中，嘉宾有时会要求参观、游览一些项目或景点。那么如何妥善地组织安排参观考察活动呢?

1. 参观考察项目的选定

游览项目的选择主要应考虑以下几个因素：根据嘉宾参观的目的、性质，特别是对专业团组，安排参观时要突出针对性，使每一次参观游览能最大化地发挥作用。要根据嘉宾的意愿、兴趣与特点安排，避免活动开始后客人因为不了解、兴趣不高而影响参观效果，从而对主办方产生不利印象。从参观考察的目标来说，可以根据双方学术交流意向，对一些项目进行专业考察；也可以游览、放松为目的，参观主办方的一些著名景点。

2. 参观考察活动的安排布置

项目确定之后，应做出详细计划。在一些细节和某些具体要求确定下来以后，向主办方各个部门交代清楚，便于大家主动做工作，也便于处理参观过程中出现的临时情况。

按照国际交往礼节，外国嘉宾进行参观游览时，一般都要有级别相同的中方人员陪同。陪同人员不需要太多，但是一定要有对参观考察活动熟悉并能随时解答外宾提问的工作人员。

介绍情况时要实事求是，数字、材料要确切，但对于需要保密的内容则不用介绍。

3. 参观考察活动的注意事项

(1)时间安排不要过于紧张，应相对宽松一些，以免嘉宾在短时间内跑很多地方，否则每个地方都是走马观花，印象都不深刻。

(2)根据实际情况可以多准备一套参观方案备用，避免在出现特殊情况时无法按原计划进行参观。充分考虑可能出现的问题，防患于未然，这是做好礼仪工作的基本要求。

(3)工作人员在陪同嘉宾参观考察时，一定要注意个人形象，言谈举止要得体、文明，不要乱丢垃圾，更不能随地吐痰，因为陪同人员的一言一行代表的是整个接待方的形象。

4. 文艺体育活动的组织

当不同国家进行学术交流活动时，可视情况安排专场文艺演出。这样不仅能进一步增强双方感情，给其留下深刻印象，也能更好地展示武汉大学的学术环境，为双方今后进一步的学术合作打下良好的基础。

(四)学术沟通礼仪

"学术沟通礼仪"相比"人际沟通礼仪""沟通礼仪"而言，可能会让人陌生一些。许多学者都不重视交流中的礼仪，也不会按照普通的人际交往礼仪来行事。常常有人用"书呆子"形容读书人，便是因为学术圈子里的人很多不善于沟通交流。俗话说得好，"光做不说是傻子，光说不做是骗子"。一个学者，不管其学术成就有多高，如果不能和其他人很好地沟通交流，展示自己的观点，就会影响自己的学术工作。学术沟通礼仪的基本原则有以下几点需要特别注意。

1. 尊重他人

学术沟通中的尊重是指在与人沟通时，不带任何目的的接纳对方。尊重是沟通的必要条件，尊重他人能让对方感受到他是有价值的，他在你的眼中是重要的。这样，对方也才会尊重你。当双方相互尊重时，彼此的信任便可初步建立，使沟通有安全的心理环境。

我们常常看到这样一些场景：操着一口并不标准的普通话的人在发表自己的观点时，台下有人嘲笑、有人窃窃私语；学生在课堂上说英语时结结巴巴，其他人会哄堂大笑；一个人发表的观点不被他人接受时，聆听者直接打断……曾经有同学，在大一做课堂展示的时候，因为英语发音不标准，有同学笑出了声，以致她在整个大学时期再没有在别人面前说过英语。直到读研，在老师和同学们的鼓励下，这位同学才克服了心理障碍。相信和这位同学有过同样经历的人并不少，也许大多数时候我们都是无意的，但这却在无形中关上了双方沟通的桥梁。由此看来，容易被忽略的尊重，恰恰是学术沟通中的首要法则。

我们尊重一个正在展示其观点的人，是尊重他的人格，是尊重他与外界沟通自己观点的行为，愿意接受他在这个过程中的个人特点和不足。当别人正在发言时，听者用自己的喜恶将他人陷入尴尬的处境，便是不尊重他人的行为，这也体现了听者本人的素养不足。

在人与人交往的过程中，尊重是人性的普遍需要。我们在学术沟通中，应当遵循的基本原则是：虽然我不认同某一个观点和行为，但我仍然尊重这个人。这就是古语所说的"君子和而不同"的境界。

2. 真诚待人

英国礼仪专家约翰·洛克曾经说过："离开了真诚，一切礼仪都将是傲慢的、虚伪的。"所以，礼仪不应该是虚伪的谦恭和礼节性的微笑，而应该体现在发自内心的、真诚的态度上。真诚是良好沟通的基础，能帮助个人成就最完美的礼仪行为。

学术沟通中的真诚主要表现在：(1)要建设性地表达真诚，而不是破坏性地表达真诚。

(2)注意沟通时的面部表情管理，看着对方的眼睛说话。高水平的交谈，不在于说多少话，而在于是否真正形成了内心的沟通。总之，在交谈过程中，一定要真实自然，表达自己的真情实感，对对方的话语一定要给予回应。(3)擅于倾听。在交谈过程中，绝不是话越多越能表达自己，认真聆听比表达更为重要。倾听不是一言不发，而是在对方说话的过程中，适当地插话表示赞同，或者追问细节，这会让对方清楚地感受到对方对他的尊重。不难发现，大多数学术成就卓越的人都有一颗谦恭之心，愿意欣赏他人、赞美他人。这也和我们中华民族传统美德中的谦虚、恭敬密不可分。学术是一个"灰色地带"，从没有标准答案一说，正是因为不同观点的碰撞才推动了学术圈的蓬勃发展。在与他人就学术问题进行沟通时，秉承一颗谦恭之心，对他人不同于主流观点的意见表示欣赏，赞美其独特的视角，不仅是对他人的尊重，更是对学术本身的尊重。

3. 规范和美化自己的语言

无论什么类型的学术活动和学术交流，最重要的就是要把话说清楚。有些人在展示学术观点时，语言表达不清楚，或是口齿不清，或是表意不明，或是逻辑混乱，根本不知所云。把话说清楚，让听者能听清在说什么，这是学术中对语言表达的根本要求。

其次，语言表达要言之有物。在学术会议、国际论坛中，由于每个人发言时间的限制，往往很难在一个较短的时间展示自己完整的学术观点。千万不要出现时间过了一大半，发言内容还停留在背景介绍的情况。发言者最好事先了解学术活动的相关背景和要求，提前准备一份浓缩过的稿件，其内容重点涉及本人在某个学术问题上的个人见解。

第三，语言表达要生动有趣，改掉不合适的口头语，避免禁忌语。学术沟通时，讲话要充满激情，具有说服力和鼓动力。讲话内容要生动有趣，让听者入神，甚至回味无穷。另外，每个人说话时或多或少会有一些口头语。口头语并不是不好，但一些不太好的口头语最好要改掉。比如，随口说"不"，轻易说对方"错"；再如"你明白吗?""我告诉你"。这些口头语也应尽量避免。

第四，语言表达要有魅力。通过学术沟通能让别人了解自己的学术观点和学术素养，给别人留下深刻的印象，让对方看到自己的学术风采。所以，在交流中，要保持良好的状态，以便全方位地、充满自信地展示个人魅力。

说话是一门极为高深的学问，需要不断学习。在学术交流中，根据具体情况融入人际沟通中的小细节，就能收获所期待的交流效果。

(五)网络学术交流礼仪

随着信息网络的发展，通过互联网进行学术交流已成常态。在传统形式的学术交流过程中，大部分人十分清楚自己所应该遵守的礼仪。但是在进行网络学术交流的时候，还是有很多人不太注意礼仪细节，从而导致交流效果的降低，甚至交流失败。

在网络学术交流中，根本准则是要尊重别人的知识、时间和精力。

在公开的学术网络上，首先要把想请教的问题描述清楚，不能让潜在的回答者产生误解。其次不要问一些显然属于常识性的问题，这类问题通过网络或教材都能方便地找到答案。最后就是不要忘了既然请教了别人，一定要随时注意反馈信息，否则会让回答者觉得很没趣。

在实名制的网络交流平台上请教问题时，要实名提问。因为被请教者是实名，如果提问者是匿名，这样就显得不公平。另外，还应做自我介绍，把问题的背景，必要时把自己的个人学术背景介绍清楚。如果不愿意公开请教问题，可以采用相对私密的方式进行交流。最后还要把如何解决问题的方法反馈给被请教者。

为了保持一些网络平台的版面整洁，也可以通过邮件或短信等交流方式适当地对被请教者表达谢意。中文邮件和短信的沟通需要注意的基本礼仪在前文已经介绍过，现在着重介绍用英文邮件交流学术问题时应注意的礼节。

1. 邮件主题

主题中不用写自己的名字，但是要写清楚推荐人和相关主题。很多人只根据邮件主题决定是否深入阅读。

一个好的标题能简洁地概括邮件的目的或内容。比如发件人对某教授的某个研究项目感兴趣，就可以用这个研究方向做标题。然后在邮件的正文里谈论对这个方向的兴趣、相关的学术背景，以及对这个研究领域的见解。又比如发件人对某教授的某一篇文章很感兴趣，并且所发邮件正文里要谈到这篇文章，那么用这篇文章的标题作为邮件的标题也是不错的主意。如果文章的标题过长，可以把它压缩一下。

向导师请教时的题目格式为：module name+questions。主题中可以包含数字，比如course number(课程代码)，这样方便收件人查询。与中文邮件一样，在英文邮件的主题中不要轻易使用urgent之类的字样。当然如果是赶截止日期，或是与收件人比较熟悉，这样用问题也不大。但是建议在发送给上级、尊者的邮件中不要这样使用。

2. 称呼

称呼很重要，对不熟悉的人一般使用“Dear ×××”，对熟悉的人一般使用“Hi，×××”。

给不太熟悉的收件人发送邮件时，称呼的格式为“title + last name”。如：Dear Dr. Smith。这种称呼是相对正式和礼貌的。

如果熟悉对方，可以直接说“Hi+first name”，如“Hi，Jack”。大多数国外学者都不会在意 title。很多教授回复邮件的时候可能会直接说“Hi+first name”，这个时候如果发件人还需要回复的话就可以直接说“Hi+first name”，而不是“Dear+title+last name”了。注意直呼全名是错误的，这样会显得很无礼。

3. 开篇介绍自己，表明意图

一般在邮件开头简单介绍自己，表明发件人对对方的学术研究感兴趣，对其学术成果给予一定的肯定。

如果是你主动写电子邮件给别人的话，那就以你写此邮件的目的开头。例如：I am writing to... 或 I am writing in reference to...。在电子邮件开头澄清你的来意非常重要，这样才能更好地引出邮件的主要内容。

正文的第一句话是介绍自己。这句话可以遵循这个格式：My name is ×××(全名)，and I am... 例如：My name is Jeremy Bentham, and I am a graduate student at the Queen's College, Oxford。

当收件人不是直接联系的对象时，正文的第二句话要解释自己是如何知道对方的。这里分三种情况：(1)有人推荐；(2)无人推荐；(3)两人原本相识，但很久没有联系。这个解释是很重要，可以在发件人和收件人之间建立第一道关联。

4. 提出问题或解答问题

清楚简洁是最好的礼仪。一般可以选择把问题一条条列出来。如果不能快速直达主题，对方就会在读邮件的半途中对它失去兴趣。因此，应迅速切入主题。

这里遵循的法则叫作“消极的礼貌”(negative politeness)。常用的策略有：主动提及对方非常忙碌，可能没有时间满足自己的请求(也就是给对方一个台阶)；多用 if 句；多用过去时态。

(1)多用“I was wondering if...”。(一定要用“was”，而不是用“I wonder...”或“I am wondering...”)

如果与对方邮件来往频繁，可以不必拘泥于此。直接说“I wondered...”或者“Shall we...”。

(2)多用“Would it be possible...”，以便从语法上规避直接牵涉“人”的情况，这样可以减轻对方的压力。例如：

Would it be possible (for you) to arrange an appointment (for me) some time?

(3)避免使用“I want”和“I would like”，实在要用，就用“I would love”。有时也可用“I wanted”代替。

(4)避免使用“please”，因为“please”暗含了自己的期望，会给对方压力，是不礼貌的

有回复再给教授发邮件提醒。

(4)注意断句，如果内容较长，注意分段。

(六)发言礼仪

1. 站姿

发言人应站如松，抬头挺胸、收腹提臀，目光直视前方，站立时重心要稳，不要含胸驼背。发言过程中如果需要行走移动，步幅不宜过大。

2. 手势

发言时，可以适当地增加手势，以增加说服力和生动性。右手手指并拢，大拇指自然分开，在用手指方向的同时，身体不动，手和头的方向要一致。切忌把手插在口袋里、背在身后，或者干脆不知道往哪里放。

3. 面部表情

发言时，应面带微笑，自然放松，不要肌肉僵硬，过于严肃或过分嬉笑。发言时，应当与听众有眼神交流，若是紧张可以深呼吸，但是绝对不能一直抬头看天花板或其他地方。

4. 自我介绍

上台发言前，主持人会介绍发言嘉宾的个人情况，但是发言人上台后还是需要一个简单的自我介绍和问好。

5. 声音洪亮

正式发言时应声音洪亮、口齿清晰，发言内容应简明扼要、讲究逻辑。如果有书面发言稿，不能旁若无人地低头读稿，要时常抬头扫视一下会场。发言完毕，应对听众致以谢意。

6. 讲究发言秩序

自由发言时，应讲究顺序和秩序，不能争抢发言，打断别人发言；发言内容同样应简明扼要、观点明确。与他人有分歧时，应态度平和、以理服人；听从主持人的安排，不要自说自话。

7. 板书工整清晰

发言人如果需要进行现场板书，应当注意以下几个细节：一是文字表达尽可能做到简练清晰、简明扼要；二是板书力求字体美观，最起码要让听的人能看清、看懂；三是书写的时候应侧身写，不要完全背向听众，书写时应同时发言，以免长时间的“冷场”。

（七）提问礼仪

活动现场不同，提问礼仪也不同。活动现场一般分为两类：一类是听众爆满、提问活跃的场合；另一类是听众较少、提问很少的场合。

在听众爆满、提问活跃的情况下，我们应当遵循以下基本礼仪。

1. 提问简洁明了

(1)提问卡在30秒内，尽量不超过1分钟。

(2)控制语速，避免过快而使对方听不清，或者过慢而耽误时间。

(3)每个人的提问数量绝对不超过2个，尽可能让更多的人有与嘉宾沟通的机会。

(4)先理顺，再提问。带个小本子，或者打开手机备忘录，在嘉宾发言的过程中，记下自己稍后想要提问的要点。

(5)提问人应先做自我介绍，礼貌地回应发言人的讲话。不过，客套话要少说，自我介绍的过程控制在两句话以内即可。

2. 提问恰当

(1)提问是为了听嘉宾的回答，而非提问者本人的回答。不要喧宾夺主，过多地阐述自己的想法和观点。

(2)公众场合尽量不用外语提问。在国内，当听众用外语提问时，免不了需要用中文复述一遍，方便在座观众理解。而直接用中文提问，会有专业的翻译人员同步转述给嘉宾，不用再向其他听众重复一次，从而节约宝贵的提问时间。

(3)无论人多人少，都要先想明白，再提问，可以在小本子上记清要点，再酝酿。

（八）着装礼仪

中国有句老话：“在合适的场合，穿合适的衣服，说合适的话。”得体的着装是衡量一个人是否专业的标准之一，体现了个人的素质和涵养。在学术活动场合，着装应当整洁、正式、得体。不要把着装弄得乱七八糟，在学术活动场合穿运动装出席是不合适的。

学术活动场合着装分为正式与半正式两种。

1. 男士正式着装

男士最标准的正式着装是“七大件”。男士正装从上到下包括七件：西服一套上下两件、衬衫、领带、腰带、袜子、皮鞋。这七大件，多一不可，缺一更不可。

在西服的标准搭配中，上下两件必须是一套的，而且必须是用同一种面料做成，连纹路的方向都要讲究一致，最好不要自己分别搭配。适合学术场合的西服款式多为两粒扣和三粒扣，单粒扣和多粒扣的西服都不标准。西服颜色应以黑色为宜。

衬衫的颜色只能选择纯白色，最好不要带图案，顶多可以带一点浅浅的、若有若无的浅暗条纹。挑选衬衫时有三个尺寸要注意：一是领口尺寸。如果打完领带之后，正好够两个手指头自由进入，就是合适的。二是肩宽。从袖子和肩膀交界处的边可以看出一件衬衫合适不合适，肩线应该在肩角过渡的位置，基本上以在转角位置为宜。三是袖长。袖长以系上扣子穿好西服，袖口外边刚好露出西服袖口几厘米为宜。西服的一大特点便是平伸胳膊时白色的衬衫袖口露出来。

领带的选择有一个约定俗成的规矩，即“跳出来又融进去”，从颜色、图案、长度三点出发。第一，颜色的选择。在正式的学术场合，男士领带以蓝色、紫色为宜，且在主办方的多位领导中只有一位可以佩戴纯红色领带，其他人若要选择红色领带，最好带有点图案，以便彰显一号领导的突出形象。第二，图案的选择。领带的图案最好选择几何图案，比如斜纹、正纹、三角、圆点等，切忌选择花鸟虫鱼、飞禽走兽类图案。第三，长度的选择。领带系好以后，大箭头以正处于腰带扣的上下沿之间为宜，太往下显得邋遢，太往上显得小气。

腰带要选用牛皮材质的，款式要精致，腰带扣要以不夸张的造型为宜。黑色西服应当选用黑色腰带。

穿正装的时候，要选择深色的袜子，比如黑色、深蓝色。

正装皮鞋应该是鞋面光亮、造型规整的。穿上一身漂亮的正装，一定要配上一双擦得锃亮的皮鞋。

以上就是男士正装的七大件。需要特别说明的是，穿正装就座的时候，应把西服上衣的扣子解开，以免不方便或显得拘谨，而站起来面对众人时，应在起身的同时系上衣服扣子。两粒扣的西服只系上面一粒，三粒扣的西服应系中间一粒或者上面两粒，切忌两种西服都系最下面的一粒扣子。

☞ 西服保养常识

1. 质量比较好的西服大都是羊毛、蚕丝、马海毛等天然纤维制作的，因此局部受到张力很容易引起变形，让它适当“休息”一下，才会“复原”。

2. 尘污是西服的最大敌人，会使西服看上去很脏，也会显得人不精神。所以要经常用刷子刷去尘土。一些不容易除去的尘污，可以用胶带纸粘去，这样效果最好。

3. 吊挂西服最好用木质或者塑料材质的宽柄圆弧衣架。

男士若要佩戴首饰，只能戴一只婚戒。另外，男士最好戴一块正装手表，手表带冬天用皮带，夏天用钢带。

2. 女士正式着装

女士正装相比男士正装，数量减少，只有“四大件”，即：西服上衣、西服套裙、丝袜、高跟鞋。与此同时，女士正装件数可以增加，比如加一件衬衫、加一条丝巾、加一条围脖等。

女士西服上衣的款式、色彩和面料等，相比男士选择更多。大领、小领、圆领、方领、鸡心领、平领、无领都可以接受；长袖、中袖、短袖都可以接受；深颜色、浅颜色、彩色都可以接受。但在我国学术场合最为常见的是与男士一样的黑色西服。

西服套裙必须与西服上衣一起成套购买，不要尝试交叉搭配自己现有的西服上衣和套裙，要保持上下相同的材质、纹路、款式。套圈的正确长度应该是在膝盖以上3~6厘米，不要与膝盖齐平，也不要低于膝盖。只有年长的女士，才可以穿稍长于膝盖的套裙。

学术活动中女士丝袜只有两种颜色，首选是肉色，其次是黑色。黑色丝袜最好选择透明的。丝袜应是连裤袜，千万不要选择刚到脚踝的短丝袜，短丝袜应是配长裤穿的。有一点需要特别注意，一定不要选择带网眼或者有图案的丝袜，这在学术活动中显得极其不庄重。

女士穿正装时，高跟鞋是唯一的选择。高跟鞋的鞋面应光亮、鞋跟应偏细，鞋口是敞口的且不要有鞋带。鞋跟的高度不能太高也不能太矮，以四五厘米为宜。另外，若没有特殊原因，不要穿中跟鞋，也不要穿平跟鞋，更不要穿皮靴。

有些人认为女士的正装是西服上衣配长裤，这是一个误解，女士正装最标准的搭配还是西服上衣配套裙。此外，由于女士西服是从男士西服演变而来的。因此，越接近男装就越正规。女士西服上衣的各种衣领中，以接近男士西服上衣的衣领样式为正规；各种颜色当中，以藏青色为正规；各种袖长当中，以长袖为正规；各种搭配当中，以加穿一件白衬衫为正规。衬衫上的领子掖在里面为正规，放在西服领外面为不正规；衬衫下摆以掖进西服套裙里面为正规，露在外面为不正规。

☞ 建议

1. 如果读者对正装标准和搭配知识了解不多，在店里试装后又觉得模特身上的一套很合适自己，不妨将一整套全部买下来。因为模特身上的搭配往往都是很经典、很保险的搭配。

2. 女士穿上正装出席学术场合，站姿、坐姿和走姿一定要稳重大方，眼睛正视前方，抬头挺胸，表情镇静从容。在众人面前亮相，或者走向主席台，脚步一定要充满韵律感，也不必刻意地遮掩高跟鞋的声音，只须大大方方地走出声音，展现自己的自信、大方。

女士在学术场合首饰最多可以佩戴三件，它们可以是耳环(两个耳环算作一件)、戒指、手镯、项链等。要注意的是，所佩戴的首饰应保证其材质、色系一致，最好是白色系列。首饰主要由五种材质制成：珍珠、钻石、水晶、白金、白银。戒指最多佩戴一个。耳环款式以耳钉为宜，应避免佩戴大耳环、悬坠型耳环。每只手最多佩戴一件饰物，同一只手不要既佩戴手表又佩戴手镯。佛珠手链不适合在正式场合佩戴。女士也应该准备一块正装手表。总之，佩戴首饰谨记三个原则：宜小不宜大，宜细不宜粗，宜轻不宜重。

女士在学术场合可以使用香水，但是香水味道不宜太浓烈，以一米之内可以闻到、一米之外闻不到为宜，建议大家使用清香型和淡香型的香水。

另外，女士在各种不同的学术场合，可以利用发卡，丝巾、胸花、手包或者其他佩饰来增加美感。尤其是在无法每天更换正装的情况下，可以通过更换佩饰来营造不同的亮点。与正装搭配的手包应该是皮质的，大小适中，与正装保持相同的风格，适当跳跃即可，但绝对不能用造型夸张、色彩艳丽、超大或者超小的手包。

3. 半正式着装

半正式着装主要适用于两种场合：一是学术活动正式性相对较低的场合，主办方的工作人员和嘉宾无须严格按照“七大件”和“四大件”进行穿着，可以不穿西服外套，男士可以不打领带，女士可以不穿丝袜；二是针对出席大多数学术活动的普通听众而言。

学术场合非正式着装的基本要求是舒适、大方、得体。整体形象应该既有舒适度又有规范度，不是完全的刻板也不是完全的放松，严谨中有休闲，休闲中有认真。

男士半正式着装分为下面三个级别：

第一，偏正式。正装不系领带，衬衣第一粒扣子解开，鞋子可以搭配系带皮鞋也可以搭配不系带皮鞋，其他要求与正式着装相同，颜色可以为深色也可以为中性保守色。

第二，既不正式也不休闲。西服可以不再成套搭配，上衣是单件西服，色彩以深色或中性色为主，可以是纯色也可以带各种条纹，里面可搭配各种服装。如：有领衬衣(冬天也可在衬衣与单件西服之间搭配毛衣)、有领T恤、高领针织衫、无领T恤(圆领)。下身搭配棉质休闲裤或卡其裤。鞋子为各种款式的不系带皮鞋或系带皮鞋，搭配袜子。

第三，偏休闲。可以穿改良版的西服外套或者单件夹克，也可以不穿外套，里面同样可以穿着有领衬衣、有领T恤、高领针织衫、无领T恤(圆领)；下身搭配棉质休闲裤、卡其裤、灯芯绒裤子、牛仔裤；鞋子为不系带皮鞋、休闲平底鞋，可穿袜子也可不穿袜子。

女士半正式着装的表现更加丰富，偏正式一点的是带图案的西服套装或者改良版的西服套装。外套领型可以为各种改良版的领型也可以为圆领，内搭无领的内衣、有领T恤、高领针织衫。西服套装可以是全套的也可以是分身的，质地为中度硬挺。服装颜色可以为中性色也可以为彩色，如棕色、咖色、米色等。图案可以为圆点、条纹、格子、保守的花纹等。鞋子为中跟皮鞋或低跟皮鞋，夏天可以穿鱼嘴鞋与后跟系带的皮凉鞋等。

偏中间一点的装扮是两件套的针织衫、高领针织衫、高领套头衫等，下身搭配裤子或者裙子(裙子的长度应该至少与膝盖平齐，不能穿超短裙)。可以穿休闲低跟鞋、平跟鞋、坡跟鞋、双色鞋等。

图3-11　半正式女士着装

偏休闲些的装扮是：有领或无领T恤、高领针织衫，下身为裙子、休闲裤、卡其裤、牛仔裤；色彩与花纹变化较大，可以选中性亲和的颜色或适当亮艳的颜色，质地为中度垂感面料或者垂感面料；鞋子为平跟、坡跟凉鞋，夏天可以穿系带凉鞋；同时可以适当地使用配饰，如首饰、丝巾、腰带等。

八、模拟法庭辩论礼仪

在模拟法庭辩论赛上，有许多法庭礼仪和法庭规范需要遵守。

(一)简单的法庭礼仪

1. 法庭上的称呼

(1)称呼法庭：This(Honorable)Court。

(2)称呼法官：Your Excellency。

(3)对某法官称呼另一法官：His/Her Excellency。

(4)称呼己方队友：My(learned)co-agent。

(5)称呼对方辩友：My(learned)friend。

(6)法官称呼队员：Agent。

2. 计时员的法庭用语

法官准备进入法庭之前，要先于法官进入法庭，并说："Silence. All rise. This Chamber of International Court of Justice is now in session."然后引导法官进入法庭。

法官及其他人就座后，念出案子的名字，比如："Case concerning the deployment and use of force in low earth orbit."

休庭前说："Silence. All rise. The court is adjuorned."

需要特别注意的是，在国内举行的某些模拟法庭赛事中，计时员和参赛队伍会提前入座，这时无须计时员引导法官进入法庭，而是由场地外人员引导法官。另外，计时员的法庭用语在某些情况下会由法庭书记员负责。

3. 陈述时的法律用语

开始陈述时的第一句话："May it please the court."

请法官将 Memo 翻到某页时，说："If I may direct your Excellencies to..."

陈述结束之前说："Unless I can assist your Excellencies any further, this concludes my submissions."或者说："Unless I may be of further use to your Excellencies, this concludes my submissions."

图 3-12 2019 年(中国)国际海洋法模拟法庭竞赛现场

(二)向法庭做自我介绍

在这个环节，两方队员分别向法官介绍自己和队友的名字(有法官可能会要求队员拼写自己的名字)、代表的国家和时间的分配。因为这个环节是不计时的，所以有的队员在介绍完上述内容之后简要陈述自己的诉求，这可能是一个节省时间的好方法。但是法官往往会明确表示只需要知道队员的姓名，并不要求队员在这个环节介绍诉求，所以队员一定要听清法官的话，根据情况灵活决定是否介绍诉求。

(三)法庭陈述

1. 陈述时间的布局

两方队员法庭陈述的时间总计为 30 分钟，每个队可以根据自己的情况自由决定。通常情况下，参赛队伍并不会把两个队员的陈述时间平均分配，而是准备更充分的队员分配更多的时间。通常留给反驳的时间一般在 2~5 分钟，视对手的强弱灵活而定。

特别提示一下，每一种模拟法庭比赛对于陈述时间的布局都有规定，参赛队伍在赛前一定要仔细阅读组委会文件，避免因程序错误而扣分。

2. 陈述时的注意事项

(1)语速一定要慢。

比赛的时候，有的队员为了展示自己的口语，陈述时语速非常快，让法官很难听清。

要记住，模拟法庭不是英语演讲比赛，让法官听明白自己的陈述是首要原则。所以，队员一定要放慢自己的语速，降到每分钟120字。

(2)避免使用过于绝对的语言和不雅的语言。

陈述时避免使用绝对化语言，比如“absolutely”“never”等单词。法官对绝对化用语极为敏感，很可能会在评议的时候告诉队员不要用这样的词。

反驳时要注意不要使用侮辱性的语言对对方队员进行人身攻击，比如“absurd”等词语。

(3)慎用“you”来打比方。

在法庭上尽量不用“you”称呼法官，更不要用“you”来打比方，尽量使用较为中立的第三人称，以免造成误解。试比较下面两句：

If you enter a foreign nation's airspace without providing prior notification, then you are at fault.

If one nation's spacecraft enter another nation's airspace without providing prior notification, then it is at fault.

(4)不要打断法官的话，也不要与法官争辩。

(5)尊重他人的发言。

无论是己方队友还是对方队友发言，要尊重发言人，耐心听，不要表现出不耐烦的神情。对方回答问题有困难时，不要有反感的表情。

3. 陈述时的身体语言

站姿：站姿要稳，陈述时不要频繁变换站姿。可以尝试使身体略向法官前倾，这样会显得更有说服力。

手：陈述时，不要把手背在身后、放在身体两侧或者交叠在胸前，这样会使人看起来拘谨。最好的摆放位置是将手放在讲台的两个角上。陈述时尽量避免使用不必要的手势，因为双手不停地在身前晃动会分散法官的注意力。

面部表情：有的法官要求队员表情不可太过严肃，需要面带微笑。但是，如果笑得不是时候，反而会起副作用。比如，有的队员在回答法官问题之后朝法官微笑，反而会被法官认为是对自己的答案不自信。因此，笑与不笑之间的尺度是需要队员准确把握的。

4. 带到法庭上的文件

带到法庭上的文件可以尽量多一点，但是所有与案件相关的文件、引用的法条等材料应当统一装在活页文件夹里，比赛时整齐地摆在自己的桌子上。参赛队伍内部文件夹的样式、规格一定要统一，颜色不要艳丽，不要有很夸张的花纹。每个人最好准备两个文件夹，分别装订正反双方的材料，以免在查找资料时不小心帮对方辩友说了话。要注意的是，字典或者国际法书籍类的材料不应带入比赛场地，因为这是最基础的准备工作，若是在现场查找，会显得本方准备不足。此外，发言的队员可以带一支笔上讲台，但是要注意不要让它掉在讲台上。

5. 使用一切手段加快查找资料的速度

法庭陈述的每一秒都很宝贵，法官在这一环节经常会对队员提问，大部分问题是需要借助资料回答的。在法庭上手忙脚乱地查找资料可能会使法官反感，而且也浪费了自己的发言时间。所以，在法官提问后立即查找到所需资料，并迅速回答法官问题，是在法庭辩论时得分的关键。因此，参赛队伍需要运用各种技巧使自己准备的材料醒目、易读。这些技巧包括：不同颜色的标签、字号、行间距、下画线、阴影等，参赛队伍可以根据本队习惯进行标注。

图 3-13　2019 年 6 月第二届全国高校海洋法模拟法庭邀请赛选手风采

(四) 回答问题的技巧

1. 听清问题再回答

回答问题前一定要确认自己是否听清了法官的问题，否则在胡乱回答的情况下，法官追问只会浪费发言者更多的时间。如果没有听清问题，可以请求法官重复一下问题。

2. 回答不要过急

法官提问后，发言人应该留下数秒时间整理思路，不要不假思索地回答，避免出错。

3. 不要顾左右而言他

一定要正面回答法官的问题，如果用其他的话来绕着说，法官很可能会不满，而且会追问，从而使自己陷于更加被动的境地。

4. 向法官重复一下问题

在不能确定法官的问题时，可以按自己的理解向法官重复一下问题："您问的是不是……"这样不仅可以确认问题，也可以赢得数秒思考问题的时间。

5. 果断说"不知道"

当自己确实不知道如何回答法官的提问时，要果断、礼貌地说自己不知道答案，比如："I'm sorry your Excellency, but I'm afraid that I can't help you further on this question."或者说："I'm obliged, your Excellency."尽量不要冷场，造成时间浪费。

6. 改正自己的口误

如果陈述时不小心帮对方辩友说了话，要立即说："I'm sorry your Excellency, I misspoke. May I correct myself ?"然后改正自己所说的话，不要试图申辩，以免越抹越黑。

7. 不要感谢法官的提问

法官提问之后，不要说："Thank you for your question."有的法官非常反感这种说法，会认为队员在故意拖延时间，回避问题。

8. 不要背稿

模拟法庭正式比赛时，"脱稿"能让法官感受到本队对于赛题准备的用心程度。但是，"脱稿"不等于"背稿"，而是要在背熟稿子的基础上更进一步，在法庭上将稿子转述为自己的话灵活呈现。

(五)回答对案情不熟悉的法官的提问时所需要的技巧

在参加模拟法庭比赛的过程中，可能会遇到各种各样的法官。有些法官在比赛刚开始的几轮，对案情不太熟悉，会在队员陈述时提出很多简单的事实问题，这时为了应付这种情况，队员可以在赛前做一张简单的表格，将案件中提到的基本事实一一列举，以便被问到时能迅速回答。又或者一些法官没有搞清案件基本事实，提出了一些错误问题，在这种情况下，队员需要礼貌地向法官澄清事实，然后请求法官修正问题，再应对新问题的回答。不要担心指出法官的错误会激怒法官，更不要顾左右而言他，因为这样只能使本已搞不清事实的法官更加糊涂。

（六）反驳

1. 正方反驳

正方的反驳相对比较容易，也更方便提前准备。首先，阅读对方的 Memo 时，就可以找出对方的弱点，事先准备好几个点加以反驳，做好笔记。务必要多准备几个点，以免对方在陈述时改换论调。正式比赛时，只要听到对方攻击本方的点时，就应当立即在准备好的笔记本上做标记，在本方陈述时加以反驳。

反驳的时间是有限的，要尽量挑选对自己有利的点，或者对方犯明显错误的点加以反驳。要注意，己方反驳的同时也限定了对方反驳的范围，所以反驳时要规避学术上有争议的点，不要给对方留还嘴的机会。

反驳时基本是一分钟一个点。如果反驳的前几点攻击出色，法官可能会有兴趣给队员加时，继续说下去。这样的形势对本方就会很有利。

反驳时的语速可以适当加快，但是仍要保持语气的停顿。要在尽可能说得多的情况下，保证法官跟上自己的节奏。

2. 反方反驳

反方反驳是根据正方在反驳时提出的事项决定的，难度比正方反驳难度更大，也难以提前准备。但是可以通过反复的练习不断提高反驳能力。在对手过于强大时，可以适当缩短反驳的时间，放慢反驳的语速，从而缓解压力。在对手实力过弱时也要有心理准备，按照自己的反驳节奏走即可。

（七）国际比赛程序

在参加国际模拟法庭比赛时，比赛的要求是极为严格的，参赛队伍常因没有遵守一个程序而被扣分。因此，参赛队伍必须熟读比赛组委会的通知，了解比赛程序。下面以武汉大学中国边界与海洋研究院承办的 2019 年（中国）国际海洋法模拟法庭竞赛为例来介绍国际比赛的程序。

1. 报名程序

参赛时的报名程序一般分三个阶段：

比赛信息发布前，应按照举办时间提前关注比赛内容、参赛资格等相关信息，“不打无准备之仗”。这样才能在比赛邀请发布之前及之后有条不紊地递交参赛选拔材料，做到心中有数。

比赛信息公布后，按规则填写报名表是非常重要的一项任务。通常报名表会随大赛邀请信息一同公布，填写后务必按照规定时间及时反馈给举办方。填写时，应注意规范、工整，避免出现错别字、错误信息等问题。

获得参赛资格后，便可按比赛要求着手准备。国际大型比赛普遍给出的备赛时间较长，可更加充分地准备、协调。在此过程中，参赛者需要悉知主办方发布的各种文本，特别是与规则相关的内容。另外，有关各时间节点，以及比赛当天的信息，要及时确认。团队比赛应当格外注重合作。

2. 提交诉状

诉状提交一定要按时、按要求用电子邮件发给主办方。需要注意与主办方所在地的时差。另外，邮寄之前务必要再三检查邮件内容与附件，确认诉状文件名符合组委会要求，确认合格之后再发。切忌不要写上自己学校的信息和队员的名字。

3. 临行前询问

临行前要注意多检查邮件，此外有些比赛主办方会在“Oral”阶段建群，统一通知一些临时变动。因此，参赛队伍一定要随时留意邮件和通知，以免错过一些重要通知，在比赛时出现不必要的失误和丢分。

4. 注册

注册在比赛的前一天下午进行。注册时不一定要穿正装，主办方会在这时发给每个队伍一个帆布包，里面装有比赛的日程安排、队伍名牌、纪念品等。

5. 赛前告知

在每场比赛开始前，主办方的工作人员会再次告知参赛队伍比赛的相关程序和注意事项，要求每个队伍签署陈述时间的分配表。这时，参赛队伍一定要再次与工作人员核实本队了解到的通知是否全面、有无遗漏。

第三届全国高校海洋法模拟法庭邀请赛报名表

2019 Sino International Law of the Sea Moot Court Competition

(SINO LOS-MCC)

Registration Form

<table>
<tr><td>参赛院校
Name of University</td><td colspan="5">**大学 **University</td></tr>
<tr><td colspan="6">领队(教练)信息栏
Information of the Coach</td></tr>
<tr><td>姓名
Name</td><td>张三ZHANG SAN</td><td>性别
Gender</td><td>男 Male</td><td>出生年月
Date of Birth</td><td>19**.**</td></tr>
<tr><td>职称
Professional Title</td><td colspan="2">教授 Professor</td><td>职务
Position</td><td colspan="2"></td></tr>
<tr><td>通讯地址
Address</td><td colspan="5"></td></tr>
<tr><td>邮编
Postcode</td><td></td><td>电子邮箱
E-mail</td><td colspan="3"></td></tr>
<tr><td>电话
Contact Number</td><td></td><td>手机
Mobile Number</td><td colspan="3"></td></tr>
<tr><td colspan="6">队员信息栏
Information of the Team Members</td></tr>
</table>

姓名 Name	性别 Gender	出生年月 Date of Birth	专业 Major	年级 Grade	身份 Oralist or Researcher	学号
李四 Li Si	女 F		国际经济法 International Economic Law	研一 Postgraduate	Oralist	
王五 Wang Wu	男 M		法学 Law	大三 Undergraduate	Researcher	

参赛声明：
Statement:
1. 参赛队伍所有成员已阅读所有参赛细则。
Make sure that all the members of your team have read all the competition rules.
2. 参赛队伍保证以上信息真实有效。
Make sure that all the information above is real and effecive.

签名：**大学代表队
Signature:
填表日期：　年　月　日
Date:

注意事项：
Attentions:

请于五月二十号前使用中英文填写此表后发送至邮箱：___@163.com.
Please fill in the Registration Form both in English and Chinese before 20th May, and send it to: ___@163.com.

图 3-14　2019 年(中国)国际海洋法模拟法庭邀请赛报名表

思　考　题

1. 假如你正在准备与“海洋全球治理研究”主题相关的国际法论文，急需一位导师指导，你要怎么联系导师？联系导师后你又应该做些什么？

2. 武汉大学老图书馆将举办2022年珞珈论坛，你和舍友决定前去旁听，但是舍友不知道应该如何穿着，你能给其什么建议？

3. 杰赛普国际法模拟法庭比赛今年由你所在的学院承办，你有幸被选为组委会成员之一，为了更好地组织这场赛事，你有什么提议？

第四章
商务礼仪

第一节　商务用语

一、商业交谈用语

交谈是人与人沟通最重要的方式，对于商务人员而言，掌握交谈礼仪是建立并且保持双方友好关系的基础。因此，在商务交往中为了和贸易伙伴建立良好的贸易关系，在措辞上常常使用礼貌用语，比较委婉地表达意思。交谈礼仪主要涉及两个方面，第一个是如何说，即表达方式；第二是说什么，即交谈内容。

首先，介绍“如何说”的礼仪，即交谈方式的礼仪。交谈方式是指如何把自己想要表达的意思以一种更加礼貌和令人能够接受的方式呈现出来。形式用以表现内容，内容则通常体现于形式。“如何说”即运用语言表达一定的信息、情感或思想，是人们在商务交往中难以回避的问题。交谈方式的不同，会导致在表达同一种意思时出现两种截然不同的结果。即使表达同一种意思，但是有的人说话让人如沐春风、温暖无比，有的人说话却让人听着别扭刺耳、盛气凌人。

在交谈表达时，需要注意一些技巧：

第一，礼让对方。在商务交谈时，当对方说话的时候，要注意认真倾听，不争不抢。下级让上级先说，男士让女士先说。

第二，少说多听。在一般情况下，智者善听，愚者多说。要明白“言多语失”的道理。

第三，善于与别人合作。在商务交谈中，双方均要有意识地进行合作。主要注意以下几点：(1)表情合作。一个人的表情，在谈话中必定会被对方注意到，这比交谈的内容更被看重。比如，在与对方交谈时，应该要看着对方的眼睛进行交流以示尊重。(2)动作合作。比如，认同对方的观点时，可以点头示意，但要注意点头的频率要适中。(3)话题合作。在选择交谈话题时，应站在对方的角度，选择对方感兴趣的话题进行交谈。

第四，注意双方之间的位置。从专业角度来说就是要注意"角色定位"。这有两层含义：第一，干什么像什么。第二，要因人而异地选择谈话的内容和形式。具体来说，有五点需要注意，即"交谈五忌"：(1)不打断对方；(2)不补充对方；(3)不纠正对方；(4)不质疑对方；(5)不挖苦对方。

第五，神态自若。一方面，说话时应注意声调的变化、语速的变化；另一方面，说话的速度要慢一点，关键在于表现自然。

第六，声调要低。声音低一点不会妨碍别人，高声喧哗是没有教养的表现。

第七，让人听懂。尽量不要使用过分专业的词汇。非专业场合，使用专业词汇会影响交流，不容易互动。讲对方听得懂的语言。例如在与外国人进行商务交谈时，应该尽量使用英语。

第八，文明用语。与任何人交谈，都要自觉地使用基本的文明用语。

下面介绍关于"说什么"的礼仪，即交谈内容的礼仪。与人交谈时，选择交谈内容无疑是一个非常重要的问题。如果谈话内容不合时宜，其效果会适得其反。从礼仪角度来看，谈话内容包含了两个方面：一是"有所不为"，即哪些内容不应该说。二是"有所为"，即应该选择哪些话题。关于"有所不为"，可以将之称为"六不谈"：(1)不谈倾向错误的内容。(2)不谈涉及别人隐私的内容。(3)不谈涉及国家机密和行业机密的内容。(4)不谈非议交往对象的内容。(5)不谈诋毁领导、同行、同事的内容。(6)不谈庸俗低级的内容。

那么，在正式商务场合中，通常应该谈些什么内容呢？这就是所谓的"有所为"，即"社交四宜谈"之说：(1)宜谈双方拟定的话题。(2)宜谈格调高雅的话题。(3)宜选轻松愉快的话题。(4)宜谈对方所擅长的话题。

二、商业演讲

商务场合的演讲，既是一项单向交谈，又是一种临场的、应急的、随机的、应变的、即席发挥的交谈。换而言之，商务演讲与平常双向的交谈不同，就是一方讲另一方听。所以它更需要演讲者与现场进行良性的、卓有成效的互动。

从礼仪的角度来讲，商务演讲一般强调三个方面：

第一，精心准备。首先，要做好常规性的日常准备。关注经典的案例、经典的语言、叙事方式和演讲的一些基本要求。其次，要注意修饰仪表。在正式场合演讲时，穿着应庄重整洁。男同志要刮胡子，女同志要化妆、穿套装。最后，要进行预演。在演讲之前，可以模拟现场，事先想好互动式的提问，设想听众大概会问些什么问题。

第二，临阵不慌。在进行演讲时，要做到临阵不慌，善于应变，也就是要善于解除心理压力，做到不怯场，按照自己事先的设定去准备，遇到突发状况也要冷静应对。

第三，善于互动。首先，注意主题互动。演讲主题要适于听众，并且还要做到通俗易懂，循循善诱。其次，要选择形象生动的案例。演讲要生动形象，以案例去说明问题通常是一大捷径。再次，神态要温和自然。在演讲时，神态一定要温和、自然。最后，要善于调动听众。演讲时可以将最有趣、最能调动听众积极性的案例放在最前面，并且还要注意演讲的时段。一个道理不能反复去说，要注意人的精神状态和反应，在不同的时间段去强调重点，这样做有助于调动听众的情绪。

三、商务电话

在现代人际交往中，电话日益成为人们沟通的桥梁和重要渠道。对于商务人员而言，电话的使用往往至关重要。企业应该具备电话形象的意识。所谓电话形象，往往是由三个要素所构成的：(1)时空的选择；(2)通话的态度；(3)通话的内容。这三个要素一起构成了公司和机关的电话形象。下面从拨打电话、接听电话、移动电话礼仪来介绍如何构建一个良好的电话形象。

现在手机使用得更加频繁，但座机仍是办公电话不能被完全取代的通信工具。因此这里介绍的电话礼仪，主要是与座机有关的电话礼仪。那么电话礼仪通常要注意些什么呢？基本要求是当有负面情绪时，先调整好情绪再接打电话。通话时，避免趴着、仰着、斜靠着，甚至吃喝东西等不良状态。结束通话时，先说“再见”再放话筒。

(一)打电话的礼仪

具体来说，打电话务必注意以下六点：

第一，时间选择。首先，注意时间的选择，能有效确保打电话的质量。例如，打电话时，最好别在他人休息时间打。除非万不得已，晚上10点之后，早上7点之前，没有重大的急事最好不要打电话。万一遇到急事需要打电话，首先应该跟对方说“抱歉，事关紧急，打扰了”。另外，就餐时间也不要打电话，节假日若无重大事情也不要打电话。如果是外国人，尤其是对方住在美国、欧洲这样有明确时差的地方，要注意时差，选择在对方合适的时间打电话。

第二，空间选择。一般来说，私人电话是在自己家里打的，办公电话则是在办公室打的。占用公司的电话来打私人电话，会被认为是占小便宜的表现。

第三，通话长度。在实际生活中，打电话通常没有时间限制。但是在商务电话中，出于互相尊重，通话时间宜短不宜长。电话礼仪有一个规则，叫通话三分钟法则。就是在跟别人通话时，每次的时间应该控制在三分钟内，尽量做到“长话短说，废话不说，没话别说”。

第四，自我介绍。往外打电话，通话的第一句应是有感情的：“您好”或“你好”，切忌以“喂”开头，然后自报单位名称。接电话也应以“您好”或“你好”开始。直线电话应说单位简称；分机电话应说部门名称或直接说姓名。

第五，通话终止。如果想结束通话，可以以适当的方式去暗示对方。常规的做法就是重复要点，将对方记错了、说错了的话去重复一下，表明自己是个训练有素的人。而不说废话也等于是告诉对方，双方的通话可以到此结束了。

第六，谁先挂断电话。交际礼仪的标准做法是：地位高者先挂。下级跟上级通话，理应由上级先挂。还有就是请求帮助人的人要让被请求的人先挂，这可以摆正人与人之间的位置。

(二)接电话的礼仪

关于接电话的礼仪，需要注意下面几点：

第一，响铃不超过三声。接电话的基本规则是“响铃不超过三声”。电话铃响了之后，首先，等它响过两三声的时候再接。这样显得自己不慌不忙。很多国外的公司都有规定，即铃声响到六声以上才接的话，第一句话要说“抱歉，让你久等了”。

第二，不要随便叫别人代接电话。如果自己在现场，电话是找自己的，就不要让别人代接，尤其是已经有约在先的电话。如果领导或同事不在，自己代接了电话，要学会表达自己的善意，首先应该表明自己不是对方要找的人，对方要找的人暂时不在，然后才能问对方是谁。在自己没授权或来电者不是同事熟悉的人时，不要随便说出同事的私人电话或实际行踪。

第三，认真地自我介绍。拿起电话之后要顺理成章地进行自我介绍。接电话时，下面三个步骤不可少：“你好”——自报家门——“再见”。按照电话礼仪的标准，自我介绍有下列几种模式：其一，录音电话的模式。录音电话的模式就是报电话号码，万一有人拨错了，跟对方确认一遍，对方不至于再拨错。其二，公务电话的模式。公司总部或者部门通电话，一般报单位电话。其三，私人电话的模式。私人电话应该首先报自己的姓名，以让对方验证是不是打错了。其四，社交电话的模式。在社交电话中，一般报单位、姓名和部门。因为对方可能不知道接通电话的人是谁，是什么头衔，所以需要报全信息。

第四，电话掉线时的处理。在打电话的过程中，如果遇到电话掉线的情况，接电话的一方有责任将情况告诉对方，此时可以说：“不好意思，现在我在的这个位置可能网络没有覆盖，噪音很多，您看看要不我先把电话挂了，您再指定一个时间，我打过去。”万一毫无预兆就断了，那接电话的一方应该立马回电话，第一句话就要说：“不好意思，刚刚电话掉线了。”

第五，拨错电话时的处理。公司有明确的规定，如果外人打电话拨错了，接电话的员工第一句话要说明：“先生(女士)你好，您拨错电话了。”第二句话要把本单位的电话重复一下，让对方验证不是骗他。第三句话则要问他：“请问您需要帮助吗?”

第六，多个来电的接听。在接电话的时候，会出现这样一种状况：自己现在在上班，正在接一个电话，这个电话挺重要，但另外一个打来的电话也很重要。面对这样的情况，作为一个有经验的人，打进来的电话是一定要接的，但需要妥善地对这样的情况进行处理。不接电话不对，但也不方便接听太久；接听时间太久就会冷落当前的客户。这时需要对来电话的人说：“×××，感谢您给我来电，我也很惦记您呢。不好意思，现在我正和×××谈工作。您看这样好不好，您指定一个时间，我与×××说完了，再打给您。”一是暗示自己已经在和别人打电话，不宜探讨深层次的问题；二是让对方选择一个时间，届时打给对方，可以表达对对方的重视。这种技巧在商务交往中，往往不可或缺。

(三)关于移动电话的礼仪

在现代生活中，移动电话已经非常普及了。关于移动电话的礼仪，有以下几点需要遵守：

第一，安全使用。从保守商业秘密这个角度来说，移动电话是不适合传递重要商业信息的。因为如果使用非法技术手段的话，不仅打电话的人在什么位置可以被人知道，就连讲话的内容也是可以被人知道的。此外，还要注意遵守关于安全的若干规定，比如开车的时候不打电话、空中飞行时手机要关机等。一般情况下，不要借用别人的手机，这也是基本礼貌。

第二，文明使用。所谓文明使用手机，就是要尊重别人。比如，在公众场合要养成把手机调成振动模式的习惯。在公司，手机频频响起也是不礼貌的。

第三，规范使用。主要包括三个细节：其一，讲究礼貌。通话的过程和座机一样，要用礼貌用语，电话该是谁先挂就是谁先挂，该说道别就要说道别。其二，不宜借用。手机卡、内存、短信、电话号码都是个人隐私。其三，携带到位。手机需要一个合适的携带位置。从规范的角度来讲，在商务交往中，手机最好放在公文包里，放在衣服口袋里有损形象。

总而言之，文明而礼貌地使用电话，包括座机和手机，会使沟通更加有效，也更加体现对他人的尊重，从而使自己获得更多有益的信息。

第二节　商务着装

一、穿西装

在商务活动中，男士需要经常穿西装。关于商务着装，怎么穿是有讲究的。西装，实际上是相对于中装而言的，它指的是西方制式的套装，这是比较严格的说法。制式套装来自欧美国家，因为在中国人的概念中欧美是在西边的，所以称欧美国家的制式套装为西装。西装不仅穿法有讲究，其适用范围也有讲究。它适用于商务交往，在谈判时应该穿商务套装。

西装也分正式西装和休闲西装，下面先了解一下正式西装和休闲西装的区别。

第一，面料。正装西装的面料一般是纯羊毛的。夏天天热的话可以穿混纺的，但它也含有高比例的羊毛。当然还有比纯羊毛西装更高档的，即纯羊绒西装。纯羊绒、纯羊毛面料制作的西装挺括，悬垂感好，有线条。而休闲西装在面料选择上则多种多样，有皮西装、麻西装、条绒西装、真丝西装等。

第二，色彩。正装西装一般有两个特点：单色和深色。它的上衣和下衣通常是一个颜色。而休闲西装则是多色的，也可有图案，比如条纹、格子。正装西装多为深色，休闲西装多为浅色，例如乳白色、紫色、粉色、绿色等。通常情况下，正装西装首选青色。一般公司企业的员工套装，首先是青色、藏青色。如果想有些变化的话，那就是灰色。灰色西装会让人显得稳重、成熟、温文尔雅，而蓝色西装则表示整齐划一。此外，西装还有一种可以选择的颜色，即黑色。黑色西装一般可充当礼服，适合在宴会、舞会、音乐会等场合穿着。

第三，款式。很多人认为正装西装和休闲西装在款式上最大的区别是扣子。事实并非如此，正装西装和休闲西装最大的区别在于：正装西装是套装，两件套或者三件套，而休闲西装则一般是单件的。有时正装西装和休闲西装在外观上也能看出来一些区别，例如休闲西装有时候会有一些装饰，如一些口袋。另外，正装西装一般是暗兜；而休闲西装一般是明兜。穿西装除了要考虑适不适合自己的身材外，一定要明白正装西装和休闲西装的区别，这是公司白领首先要考虑的问题。

关于西装的穿着，专业的讲法叫“三个三”。

第一，三色法则。服饰三要素里最重要的是颜色。从颜色的角度来讲，正式场合穿西装全身的颜色不能多于三色，即上衣、下衣、鞋子、领带与衬衫的色彩总体上不应多于三种，此即三色法则。这样的颜色搭配比较协调，所以三色原则是非常重要的。西装的穿着通常有讲究：一般在正式场合穿黑色西装、白衬衫，社交场合则可以穿同色衬衫。比如可以穿灰色西装和灰色衬衫。不过正规的衬衫都是白衬衫，而且是本白。

第二，三一定律。它是指男士在正式场合出场亮相时，要注意身上一些重要细节的搭配，即鞋子、腰带和公文包的搭配。三一定律要求男士的鞋子、腰带、公文包是一个颜色，并且应当首选黑色。这样搭配显得庄重和保守。

第三，三大禁忌。对一般人来讲，应该注意三大禁忌，就是“有所不为”。第一个禁忌：袖子上的商标没有拆。新买的西装一般左边袖子上有一个商标，买来之后应该拆掉。第二个禁忌：穿夹克打领带。除非是行业要求或者特殊情况，允许穿夹克打领带，如军人制服等夹克式制服。夹克式制服是单位统一制定的。在国际商务交往中绝对不允许穿夹克打领带。在外国人眼里，夹克属于休闲装，穿夹克打领带显得不伦不类。第三个禁忌：袜子的穿着问题。讲究的人不穿两种袜子：第一，不穿尼龙丝袜，因为尼龙丝袜不吸湿、不透气，容易产生异味，妨碍交际。在发达国家和地区，尼龙丝袜早就淘汰了。第二，不穿白袜子。西装一般是深色的，皮鞋也是黑色的。从美学协调的角度来讲，袜子跟皮鞋最好是一个颜色。除非穿白皮鞋，否则一般不穿白袜子。所以袜子有两个选择，要么跟皮鞋一个颜色，要么跟裤子一个颜色，二者和谐一体更加好看。

此外，穿西装还需要注意它的版型和式样。首先是版型，即西装的整体造型，外观轮廓。西装有以下三种基本版型：

(1)欧版西装。欧版西装的特点是倒梯形。它的轮廓是倒梯形，同时为多排扣。像一些著名的国际品牌，如阿玛尼、杰尼亚等都是欧版西装。欧版西装看上去肩宽、收腰，这跟欧美人身材的外观轮廓有关。

(2)美版西装。如果说欧版西装的特征是倒梯形的话，美版西装的基本轮廓则是“O”形，它以宽松、肥大、舒适而著称，如知名品牌布鲁克斯兄弟。

(3)日版西装。日版西装实际上是东方式改良西装。日版西装更适合中国男士穿。日版西装是“H”形，直线条的，适合肩膀不够宽、腰不够细的身材。日版西装的基本特点是单排扣。

其次是西装的式样，即西装的款式。西装最基本的款式分为单件、两件和三件。休闲装一般是单件，可以穿一身灰或者灰色上衣配黑色裤子。商务着装一般是套装。套装的话一般是两件套或三件套，两件套比较普遍。此外还有三件套西装，就是除了西装上衣和下衣之外，加了一件背心。严格地讲，三件套的西装更适合有地位、有身份的男人，在重要的商务交往中穿上它会让人显得庄重。西装背心可以保护形象，即能把衬衫和裤子的接缝处挡住。从档次上来讲，三件套高于两件套，两件套高于一件套。

对一般人来讲，款式还有一个区别便是扣子。西装分双排扣和单排扣。单排扣西装更为传统，而双排扣西装则比较时尚。比如，去参加宴会、舞会、酒会，穿双排扣西装会更好看、更时尚。而工作场合穿单排扣西装则更适宜。但是单排扣也有一粒扣、两粒扣、三粒扣甚至四粒扣的区别。正装一般是两粒扣和三粒扣。

第三，西装的领型是很有讲究的，有平驳领和枪驳领之分。西装的领型跟人的脖子粗细和脸型有关。此外，西装还讲究开不开叉，即后面有没有缝。专业讲法叫作中间叉、骑马叉。如果身材不够高大的话，最好选日版西装，日版西装较少后开叉。而欧洲版、美国版西装开叉就比较多，这跟欧美人的身高有关系。

第四，关于扣子的系法。穿西装时还要关注扣子的系法。穿双排扣西装，需要将扣子都系上，双排扣西装是不能敞开的。而穿单排扣西装时，站起来之后要扣上扣子，坐下来之后则要解开扣子。

单排扣西装的扣子系法也有讲究：一般是不系最下面那粒扣子。如果西装有两粒扣子则不系最下面那粒扣子。三粒扣子的话则是系上面两粒扣子，最下面那粒不系。三粒以上的扣子的具体系法是：三粒扣系中间粒，上下可以不系；四粒扣中间两粒系上，上下可以不系。以上便是西装扣子的系法。在正式场合，不适合将西装敞着。在正式场合，如要站起来的话，应系上扣子。

总而言之，穿西装时，要注意以下三点：第一，该场合是否适合穿西装。第二，所选西装是否适合自己的身材。第三，自己是否懂穿西装的穿法。这三个问题是穿西装时应首先予以考虑的。

二、西装的搭配

涉及商务着装时，尤其要注意正装的具体搭配。西装的搭配非常重要，也很讲究。西装搭配需要四件东西，即衬衫、领带、鞋袜以及装饰之物。

(一)衬衫和西装的搭配

衬衫在重要场合的穿着很有讲究。严格地讲，正装衬衫都是长袖衬衫。换而言之，短袖衬衫若非制服就不是正装了。一般而言，商务人员出差时随身携带的衣服也多有成规。假定要出差一个星期，一般要带四件衬衫或者三件衬衫其中有两件应是白色的，以保证随时搭配或更换。另外，还要有一件和西装同色系的衬衫。在社交场合，穿同色系的服装也很好看。

关于衬衫与西装的搭配，有一种穿法，叫作由深入浅。什么叫由深入浅呢？就是最外面的西装的颜色最深，西装是深灰，衬衫是中灰，领带是浅灰。从外往里看，由深入浅，这种穿法非常典雅，别具一格。还有一种穿法叫作由浅入深，同样以灰色为例，可选择浅灰西装、中灰衬衫、深灰领带。由外往里走，由浅入深，这样看上去非常时尚。

具体而言，选择与西装搭配的衬衫时，应关注衬衫的色彩与图案。

首先，从色彩来说，衬衫首选白色。此外，在正式场合还可以有一个选择，即穿与西装同色系的衬衫。需要注意的是，正式场合不适合穿艳色衬衫。

其次，从图案的角度来讲，男士在正式场合穿的衬衫最好是无图案的，如果选择带图案的衬衫，最好选择条纹衬衫且一般是竖条纹，条纹也要细。男士在正式场合不宜穿格子衬衫，因为格子衬衫属于休闲衬衫。穿条纹衬衫的时候，最好避免穿条纹西装，也不要打条纹领带。

衬衫的领型与下摆，通常也多有讲究。衬衫领子的形状多种多样。正装衬衫一般就是方领，此外还有一种扣领衬衫。后者的领尖有扣，其实际上是美式衬衫，属于休闲衬衫，不适合重要场合。还有一种立领衬衫，即把外面的一圈领给去掉了，仅保留里面的那个领。这实际上是一种时装衬衫。最后，还有一种翼领衬衫。翼领衬衫实际上是把一般领型的领尖翻了一下。翼领衬衫适合打蝴蝶结、穿燕尾服。

衬衫的下摆也大有讲究。下摆通常有圆摆和平摆之分。圆摆衬衫一般是休闲的，比较宽松肥大，可以放在裤腰外面。由于圆摆衬衫比较肥大，掖到西裤里面会显得臃肿不好看，所以正装衬衫多为平摆。

此外，衬衫的袖子也有讲究。正如上文所说，衬衫首先应该是长袖的。更讲究的还有法式袖。法式袖实际上是翻边袖，它配装饰性袖扣。如果想使用袖扣，只能选择法式袖衬衫。

在正式场合，穿西装的男士务必要注意衬衫的穿着要点。穿长袖衬衫可以打领带，而穿短袖衬衫最好不要打领带，除非是制服。若穿短袖衬衫打领带则会显得不伦不类。但是，长袖衬衫仅限于室内活动，出门要穿外套。穿衬衫时，袖子是不能卷起来的，尤其是不能当众卷袖。还需要注意的是，一般情况下衬衫袖子要在西装袖外面露出 1～3 厘米。这样有两个作用：第一，避免西装袖口被弄脏。西装不可能天天洗，衬衫露出来的话，就避免把西装袖子给弄脏了。第二，形成反差。此举也是一种搭配性的协调。

最后，衬衫扣子的系法也有讲究。比如打领带时扣子都要系上，而不打领带时，顶上的领扣可以不系。穿衬衫的时候还要注意内衣和外衣的协调，下摆一定要掖到裤腰里面去。这是衬衫的标准穿法。

(二)领带和西装的搭配

领带向来被视为西装的画龙点睛之笔。领带的色彩与质地，往往需要优先考虑。

首先，要注意领带的色彩，一般来讲，领带的色彩与西装要尽量协调。比如，穿灰色套装，首选灰色领带。同色系容易实现三色原则。其次，选择容易和衬衫色彩搭配的领带，比如蓝色、灰色、黑色、紫红色等。紫红色一般显得比较喜庆，适合开业剪彩、社交活动等场合，而灰色、蓝色则显得比较庄重。有时参加社交活动时还可以打白色的领带，这样会显得时髦。最后，打领带时还要考虑它的质地。通常，高档领带都是真丝的或者纯羊毛的。工艺好的话，亚麻的也可以，但是其他质地的领带就尽量慎选了。

另外，领带的款式、图案与打法也非常重要。

从款式上看，人们常打的领带，一般是箭头领带。这种打法的领带顶端有一个三角形的箭头。如果下端是平的则被称为平头领带。平头领带通常适用于休闲和社交场合，而箭头领带则属于正装领带，适合正式场合。领带图案也多有讲究。商务交往强调庄重保守，如果是非常重要的场合，可以选择单色无图案的领带。如果是在公司和企业，可以考虑格子、条纹、圆点等图案的领带。领带的图案可以反映一个人的性格。例如，打格子领带的人，一般显得做事比较有规矩。打圆点领带的人，考虑事情思圆行方。打条纹领带的人，属于做事比较果决的人。

领带的长度也是打领带时需要注意的。从专业角度来看，领带打好之后，最佳的长度应该在皮带扣的上端。如果西装合身的话，站起来要系上西装的扣子。如果是三粒扣西装，则要系上面两粒扣子。

(三)鞋袜和西装的搭配

在搭配西装的时候，袜子和鞋子也是不可忽略的地方。一般来说，鞋子要重于袜子，因为鞋子是要全方位地被人家看到的，而袜子只露出局部。

西装搭配时，该如何选择合适的鞋子呢？着正装西装时应该搭配皮鞋，不能穿凉鞋，更不能穿拖鞋。而皮鞋又通常分为时装皮鞋、休闲皮鞋和正装皮鞋。正装皮鞋一般都是光面的、三接头的、系带式的皮鞋。磨毛的、磨砂的、艳色的、打眼的或者多种色彩相拼的皮鞋，一般不是正装皮鞋。需要特别强调的是，皮鞋要选单色的、光面的、系带的。此外，在选择皮鞋时，色彩是第一要旨，正装皮鞋的色彩一般要选黑色，休闲场合则可以选跟裤子同样颜色的皮鞋。

西装搭配时，该如何选择袜子呢？首选黑色的纯棉或纯羊毛袜子。在可能的情况下，要选择袜筒稍高的袜子。因为人坐着会习惯性地跷二郎腿，国内的袜筒其实比较短，容易露出腿毛，这是很不雅观的。注意礼仪的欧美人通常会穿袜筒较高的袜子。

(四)饰品和西装的搭配

虽然较女性而言，男性的饰品较少，但饰品也是西装搭配中不可或缺的要素。那么男性饰品一般都包括哪些呢？首先，男士看表，表是饰品。其次，男士的公文包也很有讲究。除此之外，像领带夹、装饰性袖扣、钱包等都是比较讲究的男性饰品。

第一，男士的手表。在重要场合穿西装时，男士要佩戴所谓的正装手表。正装手表一般是机械表，在款式上比较庄重。男士在商务场合要避免佩戴时装表、大腕表之类的表。商务人员讲究内敛，切忌夸张。另外，手表的品牌要尽量和自己的社交地位、社交圈的大小以及收入和身份相匹配。

第二，男士的包。在正式场合，男士一般应使用真皮包，而且应首选手提式公文包。正规场合要用公文包，是因为用它放文件可避免折叠，包的容量也比较大。一般而言，手提式的公文包尽量选择牛皮、羊皮材质的，并且颜色最好是黑色的。在放置公文包时，也有一定的讲究，通常以放在自己右手下面的地板上为佳。包里放什么东西也颇有讲究。手机、名片、通讯录诸如此类应置于其内。除此之外，男士的一些皮具也有讲究，比如钱包、钥匙包等。这些皮具应以黑色为宜，且材质应为羊皮或者牛皮。

第三，装饰性袖扣与领带夹。大多数中国人打领带时喜欢用领带夹。其实，一般人可以不用领带夹。实际上用领带夹的往往都是有特殊身份的人，主要包含两类人，第一类是穿制服的人，如警察、军人等。他们用的领带上有警徽、军徽等徽章。第二类是大人物，如国家领导人、机关及企业主要领导。那么领带夹夹在哪里才算标准呢？标准位置在领带打好之后的黄金分割点上，即领带从上往下三分之二的地方。如果穿的是七粒扣的衬衫，领带夹的位置即是从上往下数，在第四和第五粒扣之间。把领带夹夹在那里，穿上西装外套之后是看不见的。因为领带夹的作用是固定领带，并没有太夸张的装饰作用。

如果有可能，建议用装饰性袖扣。装饰性袖扣可用在法式衬衫上。在谈判桌上跟别人交谈时，两手置于桌上，装饰性袖扣适度地显现出来会非常好看。但是装饰性袖扣一般是贵金属材质，如宝石、黄金、白银甚至白金，价格不菲。

除领带夹和装饰性袖扣之外，男士打领带时还有一些配饰。比如，领带棒、领带别针等。欧美人比较喜欢用领带别针，它一般固定在领带下面一到两指或三指位置固定领带，起着类似于领带夹的作用。而领带棒则主要适用于美式衬衫。领带打好之后，用领带棒在领口对领带进行内部固定。领带棒一般不常用。

三、职业女装

讲完男士西装后，现在来谈谈职业女装。职业女装，实际上是一个比较大的概念。所谓职业女装，是指公司、企业的女性从业人员，即办公室女性工作人员，在其工作场合所穿的正式服装。职业女装实际上就是一种职业女性最正规的商务着装或工作装。相对男士来说，女性在职业女装的选择和要求上要宽松得多。在面料、色彩、款式等方面，职业女装的选择比男装可选择的范围要宽泛得多。

职业女性在选择工作着装时，有一系列特殊的礼仪规范。在穿着、搭配、适用范围方面，都有很多讲究。女士正装实际上指的就是套裙，通常由统一面料、统一色彩的上衣和下衣两件衣服组成。上衣是西装，下装则是西式裙。在商务酒会或者商务谈判等场合，要穿正式的裙装且一定要穿丝袜，而且不可以穿露脚趾的凉鞋。

(一)穿裙装的禁忌

一般来讲，女士在正式场合穿裙装有四个禁忌：

第一个禁忌，穿黑色皮裙。在重要场合，特别是在涉外交往中，女士切忌穿黑色皮裙。为什么不能在这种场合穿黑色皮裙呢？因为黑色皮裙在国际上是某种服务行业通用的标志，代表一群特殊职业者，穿黑色皮裙会给人一种轻浮之感。

第二个禁忌，忽略裙子、鞋子和袜子之间的搭配与协调。正式场合下的女士着装应该讲究系列化、套装化，这是一个层次比较高的讲究。另外，在正式场合不得穿凉鞋。

第三个禁忌，在重要场合穿套装，尤其是穿套裙时光腿。重要场合不能光腿，光腿会显得不够正式。

第四个禁忌，三截腿。什么是三截腿？就是穿半截裙子时，穿半截袜子，袜子和裙子中间露出一截腿肚子。这样穿着容易贻笑大方。

下面，再来介绍一下职业女装穿着方面需要注意的事项。

首先，在面料的选择上，应当尽量避免选择发光的、发亮的和过分透的面料。因为发光、发亮的面料，一般属于劣质低档面料或者时装面料，或者作晚礼服用。职业女装的面料要选择纯羊毛的、纯棉的、纯丝的、纯麻的。它们的档次比较高，称为“四个纯”。此类纯天然质地面料吸湿、透气、悬垂感比较好，穿在身上比较舒服。

其次，从色彩角度来讲，职业女装的色彩要协调。色彩要跟自己的体型、肤色以及适用的场合相协调。例如，做电视节目的人，如果背景是蓝色的，再穿身蓝色套装，人的身体会与背景融为一体，从而凸显头部。在重要场合也应该注意同样的问题。色彩有一个基本原则就是要适合自己身体的特点。

再次，还要重点考虑款式。女装一般有以下几种款式：(1)“X”形。什么身材适合“X”形呢？它适合腰较细的女士，腰细的女士穿上“X”形款式，上下线条就出来了。(2)“A”形。“A”形适合腿部不太好看的人穿。有的人腿比较粗，但胸部线条比较占优势，这种人就适合“A”形。(3)“Y”形。“Y”形相当于把“A”形倒过来了，换而言之，就是腿部可能长得比较修长，线条比较好看，上半身则可能穿紧身装有难度，所以要求上面相对宽松，从而转移别人的视线。(4)“H”形。“H”形适合身材非常苗条的人。(5)“O”形。“O”形身材的人适合穿的服装比较少，相对来说，“O”形身材的人穿休闲装会更加合适。职业女装一般就是裙装。裙装一般是上衣下裙，有上长下长，有上长下短，有上短下长，有上短下短等几种搭配。总而言之，在搭配上一定要考虑身材，做到要扬长避短。

（二）女性套装的搭配

职业女装的搭配，首先要符合身份。职业女性在工作场合不能戴过多的珠宝饰物，但是也可以佩戴一些能够体现自己品位的饰物。比如，女同志出席重要场合的话，除了女人的包，丝巾其实也很重要。丝巾有多种装饰作用。比如，如果脖子修长的人，那么系一条丝巾会非常好看。再者，如果有一头秀发，那么可以把丝巾扎在头发上。而腰比较细的话，去参加宴会、酒会可以顺手把丝巾系在腰上，把它当腰带用也可以。

按照职业女性衣着搭配的原则，首饰、手包、丝巾应该是最重要的行头。除此之外就是鞋袜。鞋袜被称作女性的腿部时装，对此应该再三推敲和斟酌。

首先，关于鞋子。一般来讲，穿套裙或其他职业女装时，要求穿制式皮鞋。制式皮鞋就是黑色、船形、高跟或者半高跟的皮鞋。正式场合所穿的鞋子强调不露趾、不露跟。此外，鞋子的装饰要少一点。装饰过多往往令人觉得有失端庄。

其次，女性的袜子是很有讲究的。比如穿套裙的时候，一般要穿高筒袜或者连裤袜。此外，袜子的色彩也很有讲究。上班时宜穿浅色的、不发光、不发亮的袜子。有异样图案的或者有网眼的丝袜，也不适合在上班时穿着。

最后，鞋子落地时鞋跟不能太响。一些管理比较规范的国内企业的楼道里面都是鸦雀无声的。特别强调的是：制式皮鞋配上肉色丝袜是最好看的。如果要有点变化，则可以穿黑色袜子。浅灰色的袜子也可以考虑。一般不穿白色、粉色、红色或彩色袜子。

（三）穿职业女装要区分场合

一般职业女性会遇到以下三种场合：

第一，工作场合。工作场合着装要求庄重保守，最好穿套装或者套裙。如果天气很热且没有空调的话，退而求其次，可选择长裙、短袖，但不要选择无袖的服装，以体现自己比较端庄稳重的一面。

第二，社交场合。社交场合，就是所谓宴会、舞会、音乐会等场合。在这种社交场合，着装强调时尚个性，与众不同，标新立异。如果穿制服去这种场合，会破坏人家的注意力。社交场合强调着装的个性，而工作场合则强调着装的共性。

第三，休闲场合。休闲场合的着装强调舒适自然。

总而言之，职业女性的着装以庄重保守为主，要避免那种弄巧成拙、过分前卫、与众不同的着装。

（四）职业女装六忌

其一，过分杂乱，即乱穿、乱搭配，不守章法。例如：上面穿件西装上衣，下面穿条长裙；上面穿身套裙，下面光脚穿双凉鞋。

其二，过分鲜艳，即色彩多、图案怪。职业女性不能打扮得花枝招展。上班是来工作的，而不是为了吸引异性的注意力。

其三，过分暴露，即裸露不宜裸露之处。严格来讲，有两个重要部位是不能过分暴露的：首先，不能过分暴露胸部；再者，不能过分暴露肩部。

其四，过分透视，即穿得太透。在工作场合不能穿得太透，穿过分透视的服装坐在男性对面，对男性其实是一种不尊重。

其五，过分短小，如露脐装、超短裙等。

其六，过分紧身，即过分凸显身材的服装。

四、修饰仪表

在商务交往中，仪表的修饰往往与商务人员的着装相互关联、互相陪衬。作为商务人员，从礼仪的角度来说，在仪表的修饰上又有什么样的讲究呢？这其实是一个非常大的问题。关于礼仪的个人修养，《礼记》里面讲道："正仪容，齐颜色，修辞令。""正仪容，齐颜色"其实讲的都是仪表。仪表是什么呢？仪表就是指一个人的外观。

通常而言，员工的个人形象代表了企业形象，员工个人的素养体现了一个企业的规范化程度。有鉴于此，在商务交往中，商务人员的个人仪表是否得体和规范，既是其个人的形象问题，也是企业的形象问题，因此是非常重要的。

(一)基本要求

在一个人的具体形象中，仪表是非常重要的一个部分。具体而论，仪表在商务礼仪中的基本要求主要有以下四点：

首先，整洁。干净、整洁永远是仪表的最基本要求。

其次，雅致。正所谓"整洁者好看也，雅致者顺眼也"。

再次，文明。作为一个现代人，仪表就要体现现代文明的素养，不能不土不洋、不中不西。

最后，规范。个人仪表的修饰要符合自己行业的具体要求。

一般来讲，在讲到仪表问题时，首先要强调一些具体可操作的细节。一个人的仪表，其重点实际上是指两个部位：第一就是头发，第二就是面部。看一个人，主要是看这两个地方。俗话说远看头，近看脚。离远看的话，就轮廓而言，首先是一个人的发型。其实，看一个人的形象如何，主要是看其发型。再者，就是看其面部。那么二者从操作的层面来讲，有哪些具体要求呢？

(二)仪表之头发

关于头发的具体要求，主要有以下四点：

第一，要注意长度。头发最重要的一点，就是长度。男女有别，其中的一个区别就是头发的长度。

虽然现在男性的头发似乎越来越长了，女性的头发似乎越来越短了，男女发型正在趋同，中性化的妆饰越来越流行，但是男女发型依旧存在区别。严格来讲，工作岗位上的女性，其头发不宜长于肩部。在正式场合，大体上来讲，男性的头发不应长于7厘米，即前发不覆额，侧发不掩耳，后发不及领。

第二，要注意干净。把头发梳理得整齐，洗干净。头发一定要常梳、常洗、常理。

第三，要强调修饰。男性头发上很少有饰物，但是女性有时候会有一些发饰，诸如发卡、发带，但是在工作场合不能这样。在工作场合，女性的发饰越少越好，发饰样式越简单越好。此外，发饰的图案应简洁。比如在管理严格的公司，发卡发带最好是蓝色的或者黑色的且不应有奇异的图案。

第四，要关注式样。所谓式样，即指头发的式样。关于式样，主要有两点需要注意：第一，商务人士的头发式样要庄重保守，不能太时尚。第二，头发式样要符合自己的身份，要跟自己的工作场所、性别相吻合。

(三)仪表之面部修饰

面部强调无异味、无异物，保持面部干净整洁是常识。修饰面部往往不是为了自己，而是为了别人。修饰面部时一定要确保无异物。这种无异物不仅是指外观上的无异物，而且还指不要给别人有异物的感觉。

(四)仪表之手臂和腿脚

除上文讲到的头发和面部，也要注意手臂和腿脚的修饰。比如，要经常修剪指甲。对于白领而言，一般有两个不准，即不准留长指甲，不准染彩甲。长长的指甲会给别人一种不干净的感觉。一般来讲，指甲的长度不宜长于指尖。另外，不宜涂彩色指甲油，但可以涂无色的。在工作中涂彩色指甲油与自己的身份不符。与此同时，作为白领，特别是负责公关、接待、营销的人员，还要经常对手部进行保养，保持双手的干净整洁。另外，如果手部患有传染性疾病的话，要尽量避免与外部接触。

要注意腿脚的卫生，不宜光脚。如果在社交场合、休闲场合穿凉鞋的话，指甲要修剪干净，至少指甲缝里不能是黑的。不到万不得已，男士千万不要露出一双“飞毛腿”。

(五)仪表之仪态

仪态指人的举止动作，它是动态的仪表。仪态关注整体的协调性。古人讲："腹有诗书气自华。"一个人是否有风度和教养往往取决于其行为举止是否协调、得体。一般来讲，仪态主要包括三个方面：首先，站姿，即站立的姿势。其次，行姿，即行走的姿势。最后，坐姿，即就座的姿势。

另外还有一些姿势，如蹲姿，也是仪态的一个方面。蹲姿往往不甚正式。在大庭广众之下最好不要下蹲。大庭广众之下蹲下来会显得不雅，在公众场合也最好不要下蹲。

仪态还包括手的姿势。手的位置、手的动作宜少不宜多。有时候手的动作过多的话，就显得指手画脚、手舞足蹈，这些都是不雅观的。

对商界人士而言，在正式场合，站立和就座往往是一气呵成的，但实际上又都是相对静止的。因为一站一坐，相对而言不会有太大变化。

首先来谈谈站立。正所谓"站如松"，站就要直。第一，平视。眼睛要看着正前方。第二，肩平。两个肩不能一高一低。第三，挺胸收腹，双腿并拢，两手垂放。站立最重要的一点是要保持直视目光。目光不仅要平视，而且要直视。站立时要双手垂放，不到万不得已双手不要端着。站立时尽量不要倚靠。

再者就是坐。坐时有以下几个讲究。

第一，尊卑有序。地位高的人先坐，地位低的人后坐；客人先坐，主人后坐；长辈先坐，晚辈后坐；女士先坐，男士后坐。

第二，坐不宜满。坐下之后也有讲究。在外人面前一般讲究不满座。满座的话，会给人自大的感觉。当请教、拜访别人时，一般所占面积为座椅面的三分之二为佳。

第三，手脚到位。坐好之后，两条腿的摆放和两只手的摆放是有讲究的。从好看的角度来讲，双手是可以叠放在某一条腿上的。还有就是腿，对于男性来讲，双腿可以稍微分开一点。但作为女性，从文明礼貌的角度来讲，两腿还是并拢比较好。此外，在比较重要的场合，尽量不要跷二郎腿。所谓二郎腿，就是一条腿放到另外一条腿上面。其实跷腿是可以的，小跷是休闲，但在一般情况下不要这样。万不得已要跷起来的话，要注意脚尖一定要朝下。

下面探讨关于行走的问题。通常在行走的过程中要注意以下几点：(1)尽量直行。(2)保持匀速。(3)不出声响。(4)步幅得体。

另外，手的位置也很重要。在通常情况下，手的姿势用得越少越好，尤其要避免对别人指指点点。在正式场合不要乱用手势。

仪态除了站立、行走、手的姿势之外，还涉及笑容、目光和眼神。

在与人交谈时，一定要正视对方，尽量保持平视。出于尊重，不要居高临下地看对方，而是应该在同一个高度看对方。

第三节　商务往来

一、商务邀约

在商务交往中，为了进一步密切交往，商务邀约就成了一个不可或缺的重要内容。商务邀约主要包括访、谈、看三要素。首先是访，即客人来访。然后是谈，即介绍自己一方的情况，双方交流实质性话题。最后是看，即来访人员参观公司在某些情况下，不一定是非要谈正事，也可以请有关人员来看一看。从礼仪的角度来讲，邀请别人时有一些重要的细节必须予以考虑。除了访、谈、看三要素之外，有的时候商务邀约的形式、内容、操作方法、主题等也是有讲究的。

一般而言，商务邀约主要涉及四个方面的内容：第一，邀请方式，即如何去邀请对方。第二，邀请对象，即准备邀请谁、主要邀请谁。第三，邀约内容，即商务邀约的主题。第四，邀约操作，即邀请中的具体细节、环节等。

（一）邀请方式

首先，来谈一下方式。商务邀约的方式有以下两种常规形式：第一种是口头邀请。第二种是书面邀请。有时两种形式可以交叉使用。比如，可以先在口头上跟对方打个招呼："×××先生/小姐，我们明天有一个活动请您来。"然后回去之后再发一个传真或电子邮件，以书面的形式邀请对方，表示郑重其事。这是很常规的做法。

口头邀请有两种最常见的形式。

第一，电话邀请。现在，电话缩短了人与人之间的空间距离。给亲朋好友的电话邀约，往往是非正式邀请。

第二，口头邀请。如果想邀请对方来做客，通常我们都会当面在口头上表达这个意愿。如果对方接受，那么再用书面邀请加以确认。实际上，口头邀请也好，电话邀请也好，它们往往是非正式的。换言之，如果是非常正式的邀请，通过这两种方式去邀请对方，会让人觉得可信度不高。

在商务邀请中，通常使用书面邀请。书面邀请又可具体分为以下三种形式：

第一，邀请函，即采用书信的方式邀请对方，这是最正式的一种方式。不过这种邀请方式也有其缺点，即所需时间长，而且还有可能发生邀请函遗失的情况。

第二，传真，即把邀请函通过传真机发送过去。通过传真的方式发送邀请函的速度比较快，但也不能完全保证对方能够收到。一般对方收到传真函件后需要确认，即在邀请函下面的复函上签个字再回传，表示自己收到了，接受邀请。

第三，电子邮件，即通过电子邮件的方式邀请对方。发出电子邮件后同样也需要确认。

无论从哪一种形式来讲，商务邀请都有口头邀请和书面邀请之分。相对而言，书面邀请比口头邀请要正式。一般可以口头邀请在先，书面邀请在后，二者也可以重复使用。

(二)邀请对象

商务邀约应根据具体的活动来选择适当的邀请对象。

一般而言，商务邀约以人数多少为区分标准。主要可以分为两类：单独邀请和集体邀请。所谓单独邀请，就是只请一个人。此种情况一般是谈非常实质性的问题。集体邀请主要涉及礼节性问题，往往没有实质性问题。

从邀约的内容来讲，商务邀约可分为主角邀约和无主角邀约，亦称为主题邀约和无主题邀约。所谓主题邀约，即中心明确的邀约。在实际生活和工作中，一般都是主角邀约。

(三)邀约内容

从商务礼仪的角度来讲，我们在选择具体邀约内容的时候，需要注意以下问题：

第一，目的性。实际上，任何邀约都是有目的的。商务邀约应该带有目的性，可以是谈合作事项，也可以是拉近双方距离，建立良好的关系。在商务交往中，处理好人际关系、建立良好的公共关系至关重要。与合作伙伴要搞好关系，与竞争对手也要搞好关系。

第二，可行性。在邀约的时候，确定内容时不要夸下海口，要量力而行。如果到时候兑现不了，其实等于自毁信誉，自损形象。

第三，时尚性。安排邀约的具体内容时，除安排谈论正事之外，有时候还会安排一些文娱活动，比如吃饭等，这些都非常重要。

第四，独特性。商务邀约在其内容的选择与安排上，要有独特的地方。可以选择一些具有特色的场所，或者安排一些具有特色的活动。

第五，对象性。不论时尚性也好，独特性也好，有时候邀约的具体对象很重要。男女兴趣爱好有所不同，要根据邀请对象的爱好来安排活动。

第六，合法性。安排具体内容时，一定要遵守法律，不可涉及黄、赌、毒。这是国家宪法和法律严禁的，绝对不可以违反。同样的道理，到国外去的话，或者与国内的少数民族打交道时，千万不要违反对方的禁忌，如民族禁忌和宗教禁忌等。

(四)邀约操作

在进行商务邀约时，有以下五点注意事项：

第一，注意时机。邀请的时机很重要，首先要强调主随客便，邀请时以对方为中心。

第二，注意时间。邀约的具体时间要确定，而且确定得越清楚越好。通常情况下，邀请对象若是本地客人，应给对方一个准备时间和空间。最好提前一个星期或提前一个月进行邀请，这样可以给予对方合适的时间去安排自己的行程。

第三，注意地点。一般而言，邀请客人来的地方，可以是主方所在地，也可以是第三方所在地。比如，请客人吃饭可以安排在酒店。总之不管在什么地方，都要和对方说清楚，而且不能轻易变更。

第四，注意表达。在邀约时，要清楚地告诉对方时间和地点。不管是书面的还是口头的，都一定要清楚，越清楚越好。如果对方找不到地点，不清楚时间，会给对方留下不好的印象。

第五，注意确认。在明确邀约的具体内容时，要确认对方收到邀约。这一点非常重要。否则，对方有可能忘了。

二、商务招待与用餐礼仪

(一)商务招待礼仪

在商务交往中，你来我往是常规的例行公务。有时候客人来访，需要进行商务接待。商务交往有其特殊性，商务招待同一般老百姓的待客之道不大一样，同一般公司、企业的前台接待也有所不同。接待的具体要求也因客人的身份不同而不同，如招待场所、陪同等。另外还需要注意的是，在招待客人的过程中，一些具体的操作细节也因人而异。从礼仪的角度来讲，商务招待涉及两个方面的内容：遵守规则和关注细节。

首先，从事商务招待工作必须遵守一定的规则。商务招待的一般性规则具体有三：第一，平等规则。所谓平等，就是在招待多方客人时要注意一视同仁，平等相待。第二，惯例规则。惯例，就是约定俗成的习惯形式。例如按照顺时针方向干杯、祝酒、握手，就是一个惯例。第三，对等规则。所谓对等，就是规格对等。例如平时应该记录对方所送的礼物，以在将来赠还对方相应的礼物。有来有往，来而不往非礼也，这实际上就是对对等规则的具体运用。

从商务交往的角度来讲，平等、惯例和对等是接待礼仪中三项最重要的规则。此外，在从事具体接待工作时，还有以下具体要求。

首先，要把客人的身份搞清楚。对方的级别、性别、年龄以及在公司和企业所处的实际位置等，都应该了解清楚。这样有助于沟通。

其次，确定招待方的接待人员。在确定了客人的身份之后，主人的身份也很重要。主人身份分三种情况：第一种情况，如果是常规性活动的话，招待方出来的主角应该跟对方的主角身份是相似的。第二种情况，为了表示对对方的重视，招待方的主人身份比客人身份要高。比如，总经理接待对方的部门经理，以示重视。第三种情况，如果来宾是泛泛之交的话，可委派低于对方职位的职员去招待。

除了主宾和主人之外，主方陪同人员的选择也非常重要。一般来讲，选择陪同人员需要注意三个方面的细节。

第一，语言能力强。陪同人员说话不一定非得伶牙俐齿，但至少要善于表达。比如，陪客人出去玩，不可能只说一句“到了”。另外，如果客人是外国人的话，则陪同人员最好懂对方的语言，这样比较容易沟通。

第二，有比较相近的宗教习俗。如果客人有一定的宗教信仰，那招待方就应该选择有同样宗教信仰的人来接待他，这样双方的沟通自然进行得更加顺利。

接待礼仪特别是正式的商务招待礼仪对场所非常重视。在选择或布置接待场所时需要注意以下四点：

第一，具体位置。一个大的公司、大的企业，接待室最好是专用的，不能是临时的。相对来讲，接待室的基本要求是安静。如果是有实质性内容的商务接待和商务谈判的话，接待室应具有保密性。一般来讲，接待室不临街，不临近正门，不临近电梯口，不临近卫生间。

第二，温度。接待室应设置让人感到舒服的温度。人的体温一般是 36 摄氏度左右，室温一般设定为 23 摄氏度左右。

第三，室内的光线。接待室最好选择朝南的房间，这样光线会更好一些。但如果阳光太强烈也不合适，此时就需要在窗户上添加百叶窗、窗帘等。必要的话，应以自然光为主，室内光为辅，并且室内光要尽量柔和。

第四，摆设和色彩。室内装饰整体上要协调，物品和装潢要简洁精致，并且要注意总体色彩的协调。一般来讲，接待室的颜色以三色为佳。主题色是关键，主题色实际上指的是背景色。一般以蓝色、浅绿、乳白等比较柔和的颜色为主，这样的颜色会让人比较舒服，且看上去也比较清新雅致。

接待过程中的陪同也至关重要。一般而言，陪同往往是宾主双方沟通的桥梁。陪同礼仪最重要的是以下三点：

第一，要坚守岗位。当陪同的话，一定要按时到场，而且一般来讲要提前到场。

第二，要主随客便。待客热情本无可厚非，但是千万不要太过热情。在安排具体细节时要与客人有所沟通，特别要问清楚对方的意愿。

第三，遵守常规礼节。熟知并遵守常规礼节，如问候礼节、见面礼节、引导礼节等。

(二)用餐礼仪

对于商务人员来说，商务用餐是在所难免的。商务用餐主要有中餐、西餐、自助餐几种形式。中国人在进行商务用餐时基本选择中餐或者自助餐。在涉及国际商务时，也有可能选用西餐。

1. 中餐

一般的商务活动，大多会选择中餐。中餐礼仪中有很多具体技巧，比如，要注意宴请规模、宴请方式及菜肴安排等。最后，还要注意举止上的要求。

首先，用餐的规模要小。用餐强调少而精，反对铺张浪费。吃饭是一种形式，重在沟通和交际。因此一般的宴请规模不要太大。

其次，用餐的环境要好。在环境方面要注意以下这几点：第一，环境要干净。不仅餐桌要干净，地板和周边环境也要干净。第二，环境要优雅。宴请之处最好要别具特色。比如到山间吃个乡野菜，到船上吃个船菜，既有风情，也有文化气息。

最后，环境要安全。宴请客人时，周围的环境要安全，不能有火灾隐患，不能过分拥挤，也不能过于嘈杂。

2. 西餐

西餐礼仪涉及的面非常多。西餐与中餐有一个很大的不同：中餐往往是一桌菜，很快就上满了，西餐则是吃了一道菜之后再上另外一道。因此，西餐的上菜顺序颇有讲究。另外，西餐餐具的摆放和使用也很有讲究，在正式场合餐具绝对不能乱放。餐桌上的举止，亦颇有讲究。譬如，吃西餐时手是不能放在桌子下面的，用餐者的两只手都要放在餐桌上面。

西餐讲究餐序。所谓餐序，指的就是点菜、吃菜的具体顺序。比较正规的宴请是有餐序讲究的。西餐大体上可以分为正餐和便餐两种类别，其中正餐西餐的讲究最多。

一般来讲，正餐通常包括以下几道菜：

一是头盘。严格地讲，头盘就是开胃菜，以色拉类为主，有时候也有鹅肝酱等。但是我们熟悉的头盘主要是色拉。色拉有很多种，如蔬菜色拉、海鲜色拉、什锦色拉等。头盘的基本特点是比较爽口、清淡，意在助你打开自己的胃口。在正餐西餐里，开胃菜属于序曲或前奏。

二是汤。西餐跟广东菜有点相似，首先是要喝汤的。西餐的汤叫作开胃汤。具体而言，西餐里的汤有三种类型：红汤、清汤、白汤。俄罗斯菜里面的罗宋汤就是红汤。白汤常见的有蘑菇汤、奶油汤等。在法国菜里，它们都是比较常见的。再就是清汤，这是一种比较清淡的汤。

三是菜。西餐里的菜可分为主菜与副菜。副菜一般为鱼类和海鲜。由于鱼肉和鸡肉做熟了之后是白色的，因此一般称其为白肉。菜吃完后会上主菜。主菜通常是牛肉、羊肉、猪肉等，也称红肉，这是因为它们做熟了之后是红色的。红肉的味道比较浓、比较厚重，而白肉则比较清淡。一般来讲，也可以不吃副菜，直接吃主菜。

四是甜品。甜品包括冰激凌、水果、干果、坚果，以及各种各样的小吃，如布丁、炸薯条、三明治、曲奇饼、烤饼等。

五是饮料。吃西餐时除可以搭配酒类外，还可以选择饮料。饮料一般选择红茶。酒和饮料可以化解油腻。

就餐序而言，便餐就比较简单。便餐一般是工作餐，或者自己去餐馆里点的餐食。便餐一般包括色拉、汤、主菜、甜品。有时候，也可以不要甜品。

西餐的餐具主要是刀、叉、匙、餐巾。和中餐不一样的是，西餐餐桌上没有牙签。因为西方人认为当众剔牙是一种不文明的举止，会破坏别人的食欲。

西餐的餐巾在使用上也是很有讲究的。

餐巾的第一个作用是暗示宴会的开始或结束。当女主人把餐巾铺在腿上时便预示宴会的开始，说明大家可以用餐了。同样的道理，如果女主人把餐巾放在桌子上，便是宴会结束的标志。

餐巾的第二个作用是为了避免弄脏衣服。使用餐巾时，必须谨记：餐巾只能铺在腿上，不能放在别的地方。一般应将餐巾叠成长条形或者叠成三角形铺在腿上。将餐巾铺在腿上可以防止吃饭的时候菜肴、汤汁把裙子或裤子弄脏。

餐巾的第三个作用是暗示自己的用餐情况。如果用餐中途离开，可将餐巾放在座椅的椅面上。此举就是告诉在场的其他人，尤其是服务生，客人只是暂时离开，回来还要继续吃。千万别把餐巾放在桌子上。客人要是把餐巾放在桌子上，就等于告诉别人自己不吃了。

餐巾的第四个作用是用以揩拭。西餐的调料往往是现场搭配。根据个人的口味轻重，可以添加胡椒、盐、调料汁等。但吃西餐时嘴角容易沾满汤汁。因此，吃西餐的时候，如果要跟别人交谈，一定要用餐巾先把嘴擦拭一下，然后再与别人说话。餐巾可以擦嘴，但是不能擦刀叉，也不能擦汗。

关于刀叉的礼仪也很有讲究。正餐要用到刀叉，一般要用到两三副刀叉。刀一般放在右手边，叉一般放在左手边。吃一道菜，便需要换一副刀叉。吃色拉，吃海鲜，吃主菜，各用一副。三副刀叉按照顺序取用，由外侧向内侧取。最外面那一副，一般是吃色拉用的；中间那一副，一般是吃海鲜用的；最里面那一副，一般是吃主菜用的。西餐刀叉的使用一般都应当是左叉右刀。

此外，刀叉的摆放和切割也是有讲究的。切割动作应控制在一定幅度内，且双肘要夹在腰的两侧。如果此时要同别人交谈的话，一定要先放下刀叉。可在盘子上把刀叉摆放成“八”字形。刀刃朝内。叉子则是弓朝上，齿朝下。这种摆法表示这个菜还没吃完。刀叉并排摆放，刀齿朝内，叉齿朝上，则表示不吃了。

吃西餐时，汤匙的使用也很有讲究。一般情况下，吃西餐时会有好几把汤匙。需要注意的是，通常汤匙都是放在右手餐刀外侧的。大概会有两把或者三把汤匙。如果是两把的话，一把是喝汤的，一把是吃甜品的。有时，还有一把是喝红茶或咖啡的。无论是喝汤，还是喝红茶或咖啡，一定要注意勺子的正确用法：(1)从外侧向内侧取用。先拿离自己最远的那个，然后再依次取用较近的。(2)勺子是不能含在嘴里的。用勺子把食物送进嘴里，但不能含着勺子。(3)不用勺子的时候，将其竖立在杯子里。在重要的宴会上，不管是喝咖啡、红茶，还是喝一般的汤，都不能将勺子竖立在盘子里或者杯子里，因为这样做寓意不好。如果不使用勺子，应将其平放在盘子里，或放在杯子下面的碟子上。此外还需要注意的是，在享用汤的时候，重要场合一定要拿勺子舀，并且要从远侧舀起。

3. 自助餐

在商务交往中，尤其是在大型活动中，自助餐是一种不错的选择。作为一种交际活动，在满足个性化的同时，自助餐也讲究一定的礼数。

自助餐的基本特点是不排座次、不讲究上菜的顺序，大家在现场自由选取，这样大家在吃东西时就比较放松。自助餐的上菜方式有以下几种：

第一种，混餐制。混合用餐或者合餐，是中国家庭请客吃饭最常用的一种方式。其实这种方式不适合社交宴请，尤其不被外国朋友所接受。道理很简单，西方人认为这种吃法不文明、不卫生。混餐通常比较适合和自己熟悉的朋友一起食用。

第二种，分餐制。实际上，分餐制在商界尤其盛行。分餐制，一般叫作中餐西吃，就是每道菜给每个人一份。这种方式会让客人吃得放松，既比较文明又比较节约。

第三种，自助制。自助式用餐，即吃自助餐，是用餐方式中最实惠、最省事的方式，人们可以各取所需。

总之，自助餐讲究个性和效率。从交际礼仪的角度来讲，自助餐的基本要求如下：

第一，形象自然。吃自助餐时没必要穿得过于隆重，简单自然为佳。

第二，时间自由。参加自助餐宴会时，没必要准时到准时走。

第三，不排座次。自助餐上人们多半是自由就座的。

第四，了解餐序。标准的自助餐的餐序应该是先吃冷菜，然后喝汤，再吃热菜，接着吃水果，最后以喝饮料结束。

第五，排队就餐。吃自助餐时，可以按照某一个顺序逆行或者顺行，按照统一的方向跟着大家一起行动。

第六，多次少取。每次所取食物不要太多，要节约，量力而行。

第七，送回餐具。通常，提倡用完自助餐之后，将餐具送回餐具回收处。

三、商务名片规则

（一）递送名片讲礼节

递送名片的顺序通常没有太严格的讲究，一般是职位低的人先向职位高的人递名片、男性先向女性递名片。出于公务和商务活动的需要，女性也可主动向男性递名片。当对方不止一人时，应先将名片递给职位较高或年龄较大的人。如分不清职位高低和年龄大小时，则可依照座次顺序递送名片。递送名片时应给对方在场的每个人一张名片，以免厚此薄彼。如果自己这一方人较多，则让职位较高者先向对方递送名片。

递送名片时，应将名片的正面朝着对方，面带微笑，正视对方，恭敬地用双手的拇指和食指分别捏住名片上端的两角递到对方面前。如果是坐着的，应起身或欠身递送，递送时可以说一些“以后请多关照”之类的客气话。如果同外宾交换名片，可先留意对方递送名片的方式，随后再模仿对方的方式进行递送。欧美人、阿拉伯人和印度人习惯用一只手与人交换名片，日本人则习惯用右手递送自己的名片，用左手接对方的名片。

（二）接收名片有讲究

在接收他人名片时，应起身或欠身，面带微笑，恭敬地用双手的拇指和食指接住名片的下方两角，并轻声说“谢谢”“认识您很荣幸”等客气用语。如对方是地位较高者或有一定知名度的人，则可道一句“久仰大名”之类的赞美语。接过名片后，应当着对方的面，认真浏览名片上的信息，不明白之处要及时询问。最好当着对方的面郑重其事地将名片放入自己携带的名片夹中，千万不要随意乱放，这样不礼貌，也可能会造成丢失或污损。如果接过他人名片后看也不看一眼，就随手往口袋或手提袋里一塞，这就是失敬的表现。接收名片要用双手，并轻声道谢。接到名片后要认真看一下名片上的信息，以示尊重。

（三）索要名片有技巧

一般情况下，不要主动索要别人的名片。但如果遇到自己很尊敬的人，或以后可能有业务往来的人，需要向他索要名片时，要注意以下技巧：

（1）向对方表示有意结识的意向，可首先说明为什么，如从哪里听说过他，以及自己对他的仰慕。

(2)递交自己的名片，如果没有回应，可以委婉地问一句："要怎样联系您呢?"

(3)索要对方的名片时，如果对方没有携带或已经派发完，可记下对方的联系方式，以表示自己很想与对方保持联络的想法。

(4)如果对方名片上有头衔或其他信息，可以对此接着聊下去。

(5)切忌像收集名片似的逢人便要。过分热衷于名片的交换反而有失礼节，使人敬而远之，甚至遭人鄙视。

四、商务在线会议

如今，视频会议在商务中所扮演的角色越来越重要。视频会议让我们能够实时分享重要的事情并一起解决问题，而不必亲自前往现场。那么主持和出席商务在线会议需要注意哪些礼仪呢?

(1)专业。首先，虚拟会议和视频会议仍然是正式会议。因此，务必着装得体、专业，并做适当修饰。

(2)位置。无论是在家里还是在办公室开会，都要选一个拥有安静环境的位置。如果在家里，并且家里有孩子，那么应选一个单独的房间，以确保环境安静，不受他人干扰。其次，需要整理所有的个人物品及杂物，以确保身后的背景是干净整洁的并且是专业的。如果很难找到合适的背景，那么应选择虚拟背景，但是任何背景都要体现出自己职业的专业性。休闲随意化的背景会降低自己的职业形象。

(3)网络连接。要保证网络的正常、顺利使用。如果可以，用以太网电缆取代 WIFI，以使网络连接更加稳定，并最大限度地减少缓冲问题。

(4)准备。如果自己是会议主持人，那么应提前 15 分钟登录并测试所有的设备。此外，需花点时间欢迎大家参加虚拟会议，并确认所有的参会者都在场。主持人应提供简短的介绍，提醒参会者使用静音设备，并确保摄像头已打开，同时提供实现会议目标的任何特定指导。作为参会者，应该准时参会。在登录前，花几分钟时间熟悉在线会议设备，并在登录前测试会议软件是否能正常使用。

(5)介绍。如果参会者彼此不认识，那么作为主持人，应该介绍参会者。同时，正确拼写参会者的姓名，每一个虚拟会议软件都有更改姓名的功能。

(6)关于"静音"和"视频"功能。所有参会者都应打开"静音"功能，直到轮到自己发言时，才将"静音"功能关掉，这样可以防止身边的噪音影响会议的质量。另外，对于一些会议，打开"视频"功能，能更好地与其他参会者互动。

(7)提问。关于虚拟会议，若有人需要提问，那么应先按下"举手"的按钮，得到主持人的应允后再提问。这样可以确保一次一个声音，从而提高会议的质量。

(8)参会者管理。主持人应该确保每位参会者都有机会发言，而不是一个人主导整个会议。

(9)中途离席。如果需要中途离开，应该先关闭“视频”功能，并打开“静音”功能，而不是直接断开与会议的连接，这样可以避免分散其他参会者的注意力。另外，还可以在对话框中留言：“我将尽快回来。”如果无法返回会议，可以告知会议的组织者或主持人。

(10)隐私。为了保护自己的隐私，当中途离开虚拟会议或视频会议时，要随身携带自己的设备。

遵循以上10条规则，能够保证在在线会议中展示专业、良好的形象。

五、礼品赠送

(一)商务礼品馈赠所涉及的礼仪问题

在当今的商业事务中，商务礼品馈赠起着相当重要的作用。商务礼品的馈赠主要涉及送给谁(Who)、送什么(What)、在什么地方送(Where)、什么时间送(When)、怎么送(How)五个礼仪问题。

1. Who(送给谁)

关于送给谁，就是要考虑受赠的对象，注意受赠者的习惯和喜好(哪些东西是需要避讳的)。

2. What(送什么)

赠送的礼品要品质好，实用性强，经久耐用。最好让礼品更具有私人性、专一性，但要避免礼品太贵重、太私密。同时还要注意礼品的便携性，太沉太大的礼品让受赠人难以携带。

3. Where(在什么地方送)

赠送礼品有时要考虑场合，比如用于商务交往的礼品一般应该在办公地点送，以示郑重，公事公办。如果是供家庭用的礼品，最好送到受赠者家里，在办公室送有行贿之嫌。

4. When(什么时间送)

去做客的话，最好在初次见面时就把礼品拿出来，既能体现登门有礼，又能让人感受到重视。如果是接待客人的话，要在客人离开时送出礼物，一般在告别宴会上送，作为一个结束曲。来的时候客方送，走的时候主方送，体现礼尚往来。

5. How(如何送)

凡有可能的话，礼品应亲自赠送。与公司、企业、政府部门打交道时，礼品最好是由单位主管领导亲自赠送，这样可以提升馈赠的规格。在对外交往中还有一点需要注意，送给外国客人的礼品一般需要包装精良。高品质的东西，拿纸盒一装，拿报纸一裹，会使礼品档次受到影响。外国人收到礼物后会立即打开，并表示感谢。在国际交往中，收到外国人的礼物时也应当面打开查看并表示感谢。

(二)国际商务活动中的馈赠规则

在国际商务活动中，各个国家的风俗礼仪不尽相同，赠礼需要格外讲究。下面将简要介绍不同国家或地区在赠礼时所需要注意的一些地方。

1. 欧美国家

欧美国家一般只有在双方熟识以后才互赠礼物。另外，到欧美国家进行国际商务活动时，通常要等到访问结束时才赠送礼物，赠礼时的语言表达要恰如其分。

2. 日本

给日本人赠送礼品，不要一次送4样或9样东西，因为“4”在日文中与“死”谐音，而“9”则与“苦”谐音。日本人喜欢名牌商品，但对有狐狸和獾等装饰的东西很反感。他们认为，狐狸是贪婪的象征，獾则代表狡诈。

3. 俄罗斯

俄罗斯人往往比较钟爱西方名牌，送他们礼品时，只要送名牌，特别是西方名牌产品，不论礼品价值的高低，都容易获得他们的好感。

4. 非洲国家

非洲国家对礼品的价值不太讲究，但重视礼品的实用性。

5. 阿拉伯国家

阿拉伯国家的人钟情精品礼品，精美华丽的礼品比平淡简单的礼品更受青睐，有名的东西比无名的古董更受喜爱，益智玩具和工艺品比单纯实用的东西更受到偏爱。但各种酒类以及那些描绘有动物图案的礼品不受欢迎。

第四节　商务仪式

一、谈判与签约

在商务交往中，离不开一项重要内容——合作。合作的达成有赖于谈判，而签约则是固定化谈判结果的重要仪式。因此需要掌握谈判与签约相关的礼仪。

(一)谈判

什么是谈判？谈判实际上就是为合作而进行的磋商。它的目的很明确，就是合作。谈判通常要遵循以下原则：

(1)知己知彼原则。俗话说"知己知彼，百战不殆。"谈判之前的准备无非是"知己"和"知彼"两个方面。所谓知彼，就是通过各种方法了解谈判对手的礼仪习惯、谈判风格和谈判经历。不要违反对方的禁忌，以免因一些文化礼仪问题使谈判出现不愉快的局面。这方面德国人就是榜样，德国人在做生意前，一般要了解对方的情况，他们会对对方的资信情况、产品质量、信誉问题、履约情况等进行周密详尽的调查，然后再与对方进行谈判甚至签约。"知己"则是指要对自己的优势和劣势非常清楚，如需要准备哪些资料、需要达到怎样的目的等，这些都应做到心中有数。

(2)互惠互利原则。互惠互利原则要求商界人士在准备洽谈时，以及在洽谈的过程中，在不损害自身根本利益的情况下，尽可能地替洽谈的对手着想，主动为对方保留一定的利益。有经验的商界人士都清楚，最理想的洽谈结局，不应当也不会是"你死我活""鱼死网破"，而应当是考虑有关各方的利益和要求，即达成妥善解决目的。

(3)平等协商原则。谈判中要以理服人，不可高人一头。谈判是智慧的较量，更应以理服人。在谈判桌上唯有确凿的事实、准确的数据、严密的逻辑和艺术手段才能将谈判引向自己所期望的胜利。谈判是双方在平等和互相尊重的基础上展开的。

(4)人与事分开的原则。在洽谈会上，洽谈者在处理双方关系时，必须将私人感情与公事分别而论，对于二者之间的界限不能混淆。正向的结果应当是在洽谈桌上，大家对自己的既定的目标都志在必得，不受私下感情影响。

(5)求同存异的原则。商务谈判要使谈判各方都有所收获，就要坚持求大同存小异的原则。这就要求谈判双方在各种礼仪细节问题上多多包涵对方，如果发生不愉快的事情也应以宽容之心处理为宜。

(6)礼敬对手的原则。礼敬对手，就是要求洽谈者在洽谈的过程中，排除一切干扰，始终如一地对自己的洽谈对手保持礼貌，时时、处处、事事对对方表达真诚的敬意。在洽谈过程中，不管发生什么事，都要坚持礼敬对方。这样可以给对方留下良好的印象，从而在进一步的商务交往中产生潜移默化的作用。

(7)预审原则。所谓预审原则，含义有二：其一，是指准备洽谈的商界人士，应当对自己的谈判方案预先进行反复审核、精益求精；其二，是指准备洽谈的商界人士，应当将自己提出的谈判方案，预先报请上级主管或主管人士审查、批准。

除以上原则外，商业谈判在礼仪上还有一些需要注意的地方。

第一，时空的选择。做任何事情都要考虑时间和空间，谈判则更加注重这个问题。谈判时间实际上包括两个具体时间。第一个时间，就是起止时间。即准备从什么时候开始谈判，大概准备谈判到什么时候。第二个时间，就是具体的谈判时间有多久。这些都应提前明确。相对于时间的选择来讲，谈判的空间选择比较麻烦。空间选择，实际上就是选择谈判的地点。专业的讲法有四种：(1)主座谈判。主座谈判，顾名思义，就是在谈判双方中的“我”这一方所在的单位和城市谈判。(2)客座谈判。如果到对方单位或者到别的国家、别的城市去谈判，一般叫客座谈判。(3)主客座轮流谈判，即先主场谈判，后客场谈判，谈判在主客座轮流进行，这是一种比较常见的做法。(4)第三地点谈判。谈判所在地不是主客场，而是另外一个国家或城市。第三地点谈判相对来讲比较公平。

第二，位次的排列。谈判礼仪的位次很有讲究。主要涉及两方面的基本原则和具体方法。一方面，排位座次要明确，场合有别。排列位次时，不同时间、不同场合的要求是不一样的。比如，上下楼一般属于行进、走路，它实际上也存在位次问题，即走动中的位次、动态的位次。一般情况下，都是女士优先。另外要明确内外有别。安排位次时，对待自己人和外人肯定不一样。再就是中外有别。中国人和外国人的座次排列其实有着很大的不同。中国的传统是以左为尊，但国际惯例是以右为上。因为商务礼仪讲的是国际惯例，所以商务礼仪是以右为上的。另一方面，座次排列有其具体做法：(1)面门为上。在谈判室，如果有个长桌横放的话，面对着门的位置是上，背对着门的位置是下，此即面门为上。(2)居中为上。排列座次时，通常中央高于两侧，主谈都是坐在中间的。(3)以右为上。座次分为左右时，通常讲究右大于左。(4)以远为上。这个做法适用于谈判，因为离门近的人容易受到干扰。(5)前排为上，即走路的时候，位置高的人应走在前面。在实际谈判中前面三点应用相对较广，即面门为上、居中为上、以右为上运用更广。

第三，临场表现。临场表现实际上指的是谈判策略。临场表现中最重要的一点就是保持风度。谈判讲究双赢，适度表现的最好办法是恰到好处地运用谈判策略。在谈判时应不卑不亢，宠辱不惊。

(二)签约

谈判一旦达成结果，往往要把所达成的结果固定化，这就是签约。一般来讲，签约时有一些具体的问题需要注意，比如文本的准备，现场的布置，以及临场的表现，等等。文本准备要求合法、规范，字斟句酌。

(1)内容要符合法律。拟写文本要依据《中华人民共和国合同法》、《中华人民共和国消费者权益保护法》以及一些有关的条例，做到有法可依，有法必依，时刻不能忘记以法律为准绳，这是法制的根本。另外，文字上要注意推敲，字斟句酌。因为合同、协议一旦具有法律效力的话，是不能轻易变更的，否则要承担相应的法律责任。

(2)条款要讲究规范性。任何时候，相关文本的起草都必须符合行文的基本格式。

从签约的角度来讲，还有一个现场布置问题。现场布置要关注细节。现场签约一般分为双边签约和多边签约。

双边签约就是两个单位所参加的签字仪式。通常签字桌面对着门横放着，双方主签者坐在桌子后面正对着门。按照以右为上的原则，客方坐在右侧，主方坐在左侧。其他助签者站在双方主签者的外侧。参加仪式的人，一般是站在主签者后面，有时也可以坐在主签者的对面。如果站在主签者后面，则要站成两排，注意第一排要比第二排高。然后右侧高于左侧，且中央高于两侧。主在宾右，地位最高的人靠中间站，地位低的人靠两边站。

多边签约的话，在国内一般是按照签字者姓名的汉语拼音字母排序签名。在国外的话，则按照签字者姓名的外文字母排列顺序签名。在国内，还可以按照姓氏的笔画顺序签名。多边签约时，所有签字方人员在台下就座，只设一个签字位置，按照顺序上去签。

二、开业与剪彩

(一)开业

开业仪式是公司或企业对外推广和宣传自己的一种方式，同时还能在广大员工中间形成凝聚力。此外，开业仪式也是公司或企业与社会各界互动的一种途径。那么，从礼仪角度来讲，开业仪式有哪些具体要求呢?

首先，媒体人员的邀请。开业也好，剪彩也好，重在提高自己公司、企业的知名度和美誉度。比如，场地要进行适当装扮，营造喜庆的氛围等。在举行开业仪式之前，要尽量邀请媒体人士到场，与电视、报纸以及互联网等媒体产生互动。

其次，来宾的邀请。一般来讲，开业仪式会优先考虑邀请以下人员：(1)本单位的员工。(2)重要的合作伙伴。(3)新闻界人士。(4)社会知名人士。(5)在可能的情况下，邀请所在社区的领导、地方政府的领导参加。

再次，场地的选择。开业仪式所选的场地是很有讲究的。开业仪式一般都选择在现场举行。有些活动由于来宾过多或者媒体报道有难度，也可以在本单位举行。

接下来，礼品的赠送。作为主办方，来而不往非礼也。主办方通常会为客人准备一些礼品。关于礼品赠送有以下三个基本要求：(1)宣传性。所送礼品是用来提高企业知名度和美誉度的，因此可以送一些产品模型、宣传画册等。必要的话，还可以同时提供一些文字性说明材料。(2)纪念性。为了让客人记住这件事，记住这家公司，记住这家企业，记住这次活动，记住这个生产线，礼品的制作不妨有创意一些。(3)便携性。礼品要方便携带。

最后，迎宾人员的设置。一般来讲，现场一定要设置迎宾人员，迎宾人员要年轻且充满活力，反应敏捷，语言表达能力强。

除了这些，还需要注意仪式的程序。仪式实际上是由一系列的程序所组成的。开业仪式的程序主要包括四项：(1)宣布仪式开始。(2)介绍现场的嘉宾。(3)现场操作。(4)请主办方领导致辞。(5)请嘉宾致辞。(6)现场参观。

(二)剪彩

一般来讲，剪彩仪式有一系列很具体的准备工作。

第一，现场的准备。剪彩前，大环境要干净、整洁、清爽。另外，要注意参加者的人数与场地的比例。一般来讲，平均每人1平方米的现场面积是比较好的。如果参加人数为60多人，那么场地面积至少应该是60平方米。

第二，工具的准备。剪彩，一般剪的是绸缎。为了节约，代之以一般的红布或者红纸、红色塑料。剪子在剪彩过程中必不可少。剪彩者的人数和剪子的数量是相同的。此外还要注意，剪刀一般由礼仪小姐呈上去。托盘上面一般铺一块丝布或绸缎，礼仪小姐则戴着手套。有时，出于礼仪方面的考虑，往往还把剪彩所用的剪刀作为礼品送给剪彩者。

第三，剪彩人员的确定。依据惯例，在剪彩仪式上，这些人士必不可少：(1)剪彩者。本单位的员工、有影响的社会名流、单位的领导、为企业发展做出贡献的人，或者现场的宾客，都可以充当剪彩者。但剪彩者人数有一定限制，实际人数要与彩带上的花朵数量相匹配。(2)助剪人。剪彩的时候，由助剪人在两侧负责拉彩带。(3)托盘人。通常应由礼仪小姐托着放着剪刀的托盘。

第四，剪彩程序：(1)宣布仪式开始。(2)请礼仪小姐引导剪彩者上台。(3)剪彩。剪彩时，在主持者的示意之下，大家同时开剪。剪完之后，花朵应该恰到好处地落在托盘里。剪彩者还应挥剪向大家致意，然后把剪子放到盘子里，由引导员拿下去。

最后，剪彩还有一些非常具体的讲究。比如，剪彩者上台，应由礼仪小姐引导。礼仪小姐在前，把剪彩者带到合适的位置上。

三、庆典与发布会

在商务交往中，尤其是在较为重要的场合和较为重大的活动中，庆典和发布会是我们经常遇到的一种重要场合。既然是重要场合，所以礼仪规范也是非常重要的。所谓庆典，指的就是重大的庆祝活动，以及为此而举行的重要仪式。所谓发布会，通常又叫新闻发布会或者记者招待会，指的是有关单位就重大信息对外进行沟通与交流的活动。在这样一些场合，礼节性问题是非常重要的。

(一)庆典

庆典礼仪总体上来讲，由两部分组成：第一，举办者的礼仪，即具体操作这件事的人员所要注意的礼仪问题。第二，参加者的礼仪。

举办庆典时，首先需要做好必要的准备工作：(1)确定来宾。实际上，对于任何活动，来宾都是很重要的。庆典的规模往往比较大，庆典场面隆重而热烈。在确定来宾时，要特别注意来宾中的主角和重要客人。确保这些人能够参加，因为这些人影响庆典规模和实际效果。来宾的级别、社会地位无形之中也会影响活动的级别。(2)选择场地。一般来说，庆典可以在室内举办，也可以在室外举办。例如，开业和剪彩，一般属于在现场举行的室外活动。室外活动受天气影响，且现场有时音响效果不好。但室外活动有两个优点：一是现场感比较强；二是相对来讲有更大的社会反响。为了美化现场环境，要在现场摆放花卉，设置彩球、彩带等。(3)规范程序。庆典仪式中往往还有两个重要程序不能缺少：①奏国歌。标准的程序是先奏国歌再奏厂歌。②升国旗。与此同时，还可以升企业旗帜，借以激发企业人员的热情和信心，展示企业形象。按照惯例，国旗与本单位标志性的旗帜同时升挂的话，国旗应当先升后降。

在庆典活动中还要特别注意礼宾次序。在举行庆典时，我们所接待的客人往往是来自四面八方的。一方面，我们要多结交朋友，广结善缘。另一方面，我们要公平对待客人。

凡接待多方客人的时候，都要讲究礼宾次序。所谓礼宾次序，就是按照约定俗成的方法，排列来自不同国家、不同地区、不同单位、不同部门、不同身份的客人的具体顺序。在商务礼仪中，礼宾次序可分为以下几种：

(1)按照行政职务的高低排列。例如，两家公司，一个来的是董事长，另一个来的是部门经理。一般情况下，要把董事长排在部门经理前面。此方法适用于正式的商务交往，越是正式的场合越讲究。

(2)按照拉丁字母顺序排列。这种排列方法更适用于国际会议。在召开国际会议时，要按照来访者的国家名称或者单位名称的拉丁字母顺序排列。例如，如果三个来访者甲、乙、丙分别来自德国、奥地利和日本，则按此方法排列的顺序如下：乙、甲、丙。

(3)按照先来后到的顺序排列。它一般适用于非正式交往。

(4)按照报名顺序的先后排列，即按照来访者告知东道主自己决定参加活动的早晚时间来排列。它适用于招商会、展示会、陈列会、博览会等。

(5)不排列。所谓不排列，其实也是一种排列，如果上述排列方式均不适用，即可不排列顺序。

(二)发布会礼仪

发布会的礼仪相对来说要简单一些。但是，也有以下几点要注意：

第一，要向社会提供真实的信息。无论是新闻发布会还是记者招待会，都要注意信息的真实性。在不影响国家安全和商业机密的前提下，可回答或不回答，也可以含糊其词，但是不要误导舆论。作为新闻发布人员，在发布信息时，要遵守国家的法律和商业社会的游戏规则，不去发布误导舆论、影响国家安全、有违商业游戏规则的信息。

第二，要注意现场的互动。无论是在记者招待会还是在新闻发布会，作为信息发布者，有义务向社会公开信息，有问必答。一般不能说“不”，尤其不能对提出问题的人加以指责和诽谤。

第三，要提前做好必要的准备。一是要选择合法的主流媒体。二是要注意受众。所谓受众，就是指信息的接受者。三是要有应对的预案。如果遇到记者提问或临时性采访，一定要不卑不亢，尊重对方，诚恳应答。

第五节 国际商务礼仪

国际商务礼仪，一般指的是中国人在与外国人进行交际应酬时所必须遵守的人际交往行为规范。作为商务交往的行为规范，每一位涉外人员都必须自觉遵守。

遵守国际商务礼仪有助于维护个人形象、单位形象和国家形象；有助于展示自我的良好教养与素质；有助于增加中外双方的相互了解与信任；有助于促进双方之间的友谊。国际商务礼仪，主要适用于较为正式的涉外场合。在国际商务礼仪的学习中，不仅要掌握其基本要求，也要注意回避其基本禁忌。简言之，就是要明确在同外国人打交道时，应当如何“有所为”和“有所不为”。

一、涉外注意事项

第一，信守承诺。在人际交往中，要做到“言必行，行必果”。这是做人应有的基本素养。与外国人打交道，小到约会时间，大到生意往来，都要讲信用，守承诺，不随便许愿，失信于人。这样才能巩固双方的友谊。

第二，热情有度。中国人在人际交往中，一直主张朋友之间应当知无不言，言无不尽，并且提倡关心他人比关心自己更为重要。但是在国外，人们普遍主张个性至上，反对以任何形式干涉个人自由，侵犯个人尊严。对他人过分关心可能会让对方产生“被干预过多”的感觉，反而会令对方反感。所以与外国人打交道时，既要热情友好，又要尊重对方的个人尊严与独立个性。

第三，尊重隐私。外国人普遍认为，要尊重交往对象的独立个性，并维护其个人尊严，尊重其个人隐私。即使是家人、亲戚、朋友之间，也必须相互尊重个人的隐私。所以与外国人相处时，应当自觉回避与对方个人隐私有关的话题。不要主动打听外国朋友的年龄、收入、婚恋、家庭、健康、经历、住址、籍贯，以及宗教信仰、政治见解等。

第四，女士优先。在国外，尤其是在西方国家的人际交往中，人们讲究女士优先，要求成年男子在社交场合要积极主动地以个人的言行举止去尊重女性、关心女性、照顾女性、保护女性，并且时时处处努力为女性排忧解难。

第五，不必过谦。在外国人来看，做人首先需要自信。对于个人能力、自我评价，既要实事求是，也要勇于大胆肯定。不敢承认个人能力，随意进行自我贬低的人，要么事实上的确如此，要么便是虚伪做作，别有用心。所以在与外国朋友打交道时，千万不要过分谦虚，特别是不要自我贬低，以免被人误会。

二、涉外礼仪的基本要求

第一，外事无小事。企业员工在涉外商务活动中的言行，不仅代表本企业，还体现当代中国人的精神风貌。为了维护国家形象，遵守外事纪律，应该注意讲话分寸，避免敏感话题。

第二，热情真诚。讲礼仪是为了更好地与人沟通。与人沟通就要热情真诚，注意眼到、口到、意到。眼到就是注视别人要友善，讲话时要看着对方。不论男女，对客户不能居高临下地俯视，应平视，必要时仰视。注视对方的时间占双方相处总时间的1/3左右。问候时要注视对方，引证对方观点时要注视对方，告别再见时要注视对方，慰问致意时要注视对方，其他时间则没有太多要求。口到就是会讲话，会选话题。讲话是文明程度的体现，也是员工受教育程度的体现。讲话要看对象，要看场合，要有规矩。意到就是把友善、热情表现出来。既要从容得体，堂堂正正，又要不畏惧自卑，低三下四，更不要狂妄自大，放肆嚣张。

第三，尊重隐私。尊重隐私就是人们在涉外商务活动中，刻意回避有关个人收支、年龄大小、婚姻与健康状况、家庭住址、个人经历、信仰政见、所忙事务等话题。尊重隐私与否，已被公认为一个人在待人接物方面有无个人教养的基本标志。

思　考　题

商务礼仪在商务活动中发挥着哪些作用？

第五章
外交外事礼仪

外交外事礼仪是涉外礼仪中最关键的内容之一。本章分为三节，第一节探讨外交外事礼仪的概念和意义；第二节主要介绍不同国家共有的外交外事礼仪，突出“通用”特点；第三节主要介绍不同国家由于宗教、习俗的异同而存在的特殊的外交外事礼仪，突出“特殊”特点。

第一节 外交外事礼仪的概念和意义

一、外交外事礼仪的概念

“外事”是与外交密切相关的概念。一般认为外事有狭义和广义两层含义。狭义的外事，是指中央政府非外交部门、地方政府以及国家其他社团机构依法与国外和境外的机构和个人所进行的一切和平交往活动。广义的外事，则是在狭义外事含义的基础上再把外交事务纳入其中。中央外事工作领导小组是中共中央政治局领导党和国家外事工作的中央直属议事协调机构，其中的“外事”就是指广义的外事。

我国《辞海》给“外交”下的定义是：“外交是国家实现其对外政策的重要手段，是由国家元首、政府首脑、外交部、外交代表机关等进行的诸如访问、谈判、交涉、发出外交文件、缔结条约、参加国际会议和国际组织等对外活动。”

通过简单回顾两者的定义，可以看出广义的“外事”包含了“外交”的内涵，有比“外交”更广的范围。这种区别主要体现在外事工作中的多元主体上，因为从事“外事”工作的主体不仅包括国家元首、政府首脑、外交部等中央国家机构、代表，也包括中央非外交部门、地方政府、社会机构甚至个人等其他主体。

本章节把研究的主体限定为代表国家层面的诸多主体，即外交主体。这在一定程度上既包括了广义外事概念下外事礼仪的部分内容，也覆盖了外交礼仪的全部内容。

在确定了研究主体后，我们需要继续进一步探究外交礼仪的具体内容。

金正昆教授在《外交学》一书中指出："外交礼仪，通常是指在具体的外交场合里，用以对交往对象表达尊敬友好之意，同时用以维护自身形象的人际交往的行为规范。简言之，外交礼仪就是在外交场合里约定俗成的待人接物的标准化方式。"李渤教授在《外交学》一书中给出的定义是："外交礼仪通常是指'国家与国家之间进行官方交往时，组织安排各种活动的规则、规格、程序和形式等。'"杨烨主编的《外交理论与实务》一书把外交礼仪解释为外交人员在参加外交活动时必须遵守的人际交往的行为规范。周加李副教授在《礼宾礼仪的概念探讨与争鸣》一文中认为外交礼仪中的"机构主体是政府的职能部门(外交部、国家驻外外交代表机关)，微观主体是从事外交的人员(国家元首、副元首、政府首脑、外交人员)"，这与外交的主体完全吻合。

至此，外交礼仪的概念已逐步明晰，外交礼仪即指国家元首、副元首、政府首脑、政府的职能部门——外交部、国家驻外外交代表机关和其外交人员参与外交活动时所要遵循的个人礼仪规范及其组织外交活动时所要遵循的制度。

此外，还需要辨析"礼宾礼仪"(也称外交礼宾礼仪)的概念，按照礼宾研究专家周加李的界定，"外交礼宾礼仪有狭义与广义之分，狭义的指国家元首、政府首脑与外交官代表在外交活动中所展示、遵循的一系列仪式与礼仪形式。广义的指代表官方从事外交活动的最高领导人、外交代表与外交机构在外交活动中所展示、遵循的一系列仪式与礼仪形式，活动者包括国家元首、副元首、政府首脑以及外交官(主要是外长、大使)，机构具体指外交部、国家驻外外交代表机关。广义的定义基本与外交礼仪类似，可以与之交替使用，但一般情况下礼宾礼仪所指的是狭义的概念，主要指国家元首、政府首脑与外交代表在代表国家与他国交往时行使的礼仪"。这也就是说无论是从狭义的层面来看，还是从广义的层面来看，礼宾礼仪均包含于外交礼仪中，这是研究外交礼仪是不可忽略的一个重要部分。

☞ **拓展阅读**

礼宾制度的历史

从 1949 年中华人民共和国成立至 1955 年新中国外交部礼宾司正式对外办公，这一历史时期是中国礼宾制度的发展时期。1951 年 8 月，周恩来总理在向中央人民政府所做的外交工作报告中，明确提出了选拔外交干部的四条标准，即"站稳立场，掌握政策，熟悉业务，严守纪律"。这四条标准后来被称为"十六字方针"，体现了新中国对其外交干部政治素养和业务素质的特殊要求，且被逐渐内化到中国外交制度中。

外交部与政务院典礼局于1951年1月共同制定了《对外宾交际须知》(以下简称《须知》)，并通令各级政府遵照执行。该《须知》主要规定如下：其一，关于宴会。宴会请柬应提前一周发出，宴会人数避13(西方人士忌讳)，服务员要注意礼貌和服装清洁，室内不设痰盂等；宴会的主要客人，不可轻易不去，不可迟到、早退；尽量关照自己右手的女宾等。其二，关于谈话。态度要庄重、诚恳，不打听私事，不问女性年龄，谈话要符合身份，不过分恭维，也不过分谦虚等。其三，关于拜会。要求必须守时守约等。

二、外交外事礼仪的意义

随着全球化步伐的逐渐深入，不同国家、不同风俗的人交往也越来越频繁，如何与世界上不同的人交往逐渐成为亟待解决的重要问题。而“外交外事礼仪”就是打开交往大门的金色钥匙。

☞ 历史趣事

周恩来处罚不懂外交礼仪的将军

一次，柬埔寨西哈努克亲王要离京回国，周恩来带着几位将军一起去送行。到了机场后，西哈努克亲王登上飞机，从舷窗里冲着大家挥了挥手，飞机开始起飞了。这时，几位将军见送行的任务已经完成，纷纷向机场出口走去。原来，当时在体育场正举行一场足球比赛——中国对印尼。这关系到中国队小组出线，非常重要，几位将军都约好了要去看，此时见西哈努克亲王已经上了飞机，便迫不及待地开始往外走。周恩来一看，赶紧让身边的人去把他们叫回来，列队站好，等飞机在机场上空盘旋一圈，渐渐远去之后，周恩来这才转过身来，生气地问，你们懂不懂外交礼仪？几位将军见总理生气了，都低着头不说话。周恩来接着说：“好，我给你们再讲讲。给外宾送行时，不光要把外宾送上飞机，还要等飞机起飞，因为按照外交礼仪，飞机起飞后，还要在上空盘旋一周，表示对这个地方的留恋和感谢。我们送行的人更不能离开，要等飞机飞远了……”

周恩来讲了足足有半个小时，这才停下，看了看表，说：“我知道你们是急着想去看球赛，但再急的事也不能忽视外交礼仪。我给你们讲这么长时间，你们是不是觉得我在小题大做？我不是想当老师，而是故意让你们少看半场球，才能印象深刻。好了，下半场马上就要开始了，我们一起去吧。”

近年来，随着国家实力的逐步增强，中国开始主动承担越来越多的国际义务。承担国际义务一方面可以进一步提升中国的国际地位，使中国成为越来越重要的国际成员；但另一方面由于一部分国际成员的过分解读，怀疑、恐慌甚至抵抗等情绪开始在国际社会中滋生、扩散。这意味着中国在国际舞台上行事须更加谨慎，容不得一点儿差错。

☞ 外交实录

向小国大使求教

记得20世纪60年代末，周总理深夜在人民大会堂礼节性会见即将离任的马耳他(地中海上的一个小岛国)驻华大使。当时，我国要从国外购买一批小麦，但对国际市场小麦的价格和品种不甚了解。当周总理得知这位大使对此有所研究后，他说，我们可以趁此机会向他了解一些情况，供我们决策时参考。会见时，周总理详细地向大使了解了有关情况，大使一一做了回答，周总理十分满意。礼节性会见一般只需20分钟，这次却谈了两个半小时。告辞时，周总理一直送他到车前，并对他说："你今天给我们上了一堂十分有益的课，对我们有很大帮助，非常感谢。"次日，在机场为这位大使送行时，大使说，周总理是位大国的总理，他这样谦虚近人地同我讨论问题，他受到世界人民的尊敬是当之无愧的。

外交部门作为管理对外事务、对外关系的一线部门，外交官作为代表国家与国际社会交往的一线人员，其行事备受关注。外交部礼宾司前司长鲁培新曾发表过以"外交无小事，礼仪须先行"为主题的讲话，鲁培新的讲话不仅为外交人员的行事之道点明方向，也充分表明外交礼仪在外交工作中的重要意义。那么外交礼仪的意义到底是什么呢？

(一)外交礼仪被视为体现两国关系的晴雨表

我国首任驻斯洛文尼亚大使鲁培新①在接受媒体访问时曾表示："从表面上来看，礼

① 鲁培新，1937年3月生，北京市人。1960年毕业于外交学院，同年入外交部工作。曾任外交部美大司副处长、办公厅一等秘书、礼宾司参赞、副司长、代司长。中国驻苏联使馆职员、驻澳大利亚使馆一等秘书、中国驻斯洛文尼亚共和国首任大使。1997年8月退休。曾任中国前外交官联谊会副会长。在近40年的外交部工作期间，鲁大使有20多年在礼宾司工作，曾参与安排周恩来、邓小平等国家领导人的外事活动；曾陪同江泽民、杨尚昆、李鹏等国家领导人访问20多个国家，并参与或主持重要国宾访华接待工作，如美国前总统尼克松、英国前首相撒切尔、苏联前总统戈尔巴乔夫、俄罗斯前总统叶利钦、日本天皇明仁等。鲁培新大使有着丰富的国际礼仪教学经验。曾受聘在一些省市、中央部委、大型企业、高等院校(如清华大学、外交学院、国家行政学院等)讲授涉外礼仪课。曾在《北京日报》《北京晚报》《镜报》《世界新闻报》《秘书工作》等报纸期刊发表有关涉外礼仪的文章。

宾工作好像是一些事务性的工作，例如吃饭、住宿，但实际上里面有深刻的政治考量。外交礼宾工作是为外交总战略服务的，而且是外交工作的门面，是非常敏感的工作。礼宾工作为政治服务，它的特殊性就在于此，两国关系的好坏决定了礼宾工作的冷热。”鲁培新大使的一席话正好从反面体现了外交礼仪的作用，即外交礼仪在一定程度上会影响外宾甚至国际社会对两国关系的判断。

2015 年习近平总书记出访英国，受到 103 响礼炮的超规格欢迎。一般国家元首到访的礼遇都是鸣放 21 响礼炮，但此次仅在皇家园林绿园一处就鸣放了 41 响礼炮。据驻英国大使刘晓明解释，“在绿园放 41 响礼炮，其中 21 响欢迎习主席，另 20 响表明到访者是王室的客人”。此外，英国又在伦敦塔鸣放了 62 响礼炮，据大使解释，其中 41 响与绿园一样，另 21 响表示伦敦城欢迎习主席。这种高规格的礼遇无疑体现了英国希望与中国共同建设中英新关系的美好愿望。同时对于此次出访，中国也带着与英国进一步携手共创未来的希冀。刘晓明大使在解读这一这次出访时表示，“国家主席习近平于 19 日至 23 日对英国进行国事访问，这是十年来中国国家主席首次对英国进行国事访问，中方对此高度重视”。此外，各地媒体的相关报道也从侧面表明了外交礼仪是体现两国关系的晴雨表，例如香港《大公报》就针对英国对中国的“超规格”礼遇发表社论，提到“就事前中英双方的准备工作来看，双方表现出来的那种热情、诚意和期盼，令人感到振奋与感动”。这正是一种通过评估外交礼仪是否周到热情来判断双方态度、两国关系的体现。

(二)外交礼仪被视为促进两国友谊的“魔法石”

“礼宾往来，礼待客卿，是主人向客人表示敬重、表示友好的一种重要手段。所以，主人对客人的热情程度如何，礼仪如何，会对客人产生一种心理和感情效果。这种效果又会影响到双边关系。”

2015 年中共中央总书记、国家主席习近平出访英国，除上文提到过的超规格鸣放的 103 响礼炮外，英国王室三代成员集体出动陪同，皇家卫队全程护送，爱丁堡公爵菲利普亲王陪同皇家骑兵卫队在阅兵场检阅仪仗队，女王亲定欢迎国宴的菜单，女王以中文发布推特信息也体现出英国王室对中国到访的热情。此外，英国国家首相卡梅伦不仅在唐宁街 10 号正式会晤习近平主席，还精心安排习主席下榻其首相官方乡间别墅契克斯，带习主席品尝英国“国民美食”炸鱼与薯条，泡乡间酒吧，陪同习主席参观曼城足球集团，并在机场为习主席送行。国际媒体评论卡梅伦的这些举动时也表示“在英国历届首相接待外宾史上实属罕见”。从皇室到政府的一系列举动使中国人民感受到英国满满的诚意。这在一定程度上促进了两国的关系加深，促成了此次访问的丰硕成果——中国首次与发达国家在重大战略行业开展合作。

当然，促进双方友谊的驱动因素很多，但必须要承认外交礼仪在其中的重要作用。每一次外交活动就像一场没有硝烟的战争，战争的最终目的是为了争取更多的国家利益，参与其中的每一位外交人员都需要随时保持高度警惕。战争中又充斥着数次大大小小的战役，在这些战役中，外交礼仪贯穿其中，是战斗的“开门炮”，也是战斗的“保障员”。

英文中有一句话叫“The devil is in the detail”，中文中也有相似的表达，即“细节决定成败”。若轻视外交礼仪中的细节，就有可能造成两国、双方的误解，引发信任危机。

☞ 拓展阅读

以下为鲁培新大使在2020年7月的演讲。通过这位“外交老兵”的讲述，礼宾在外交工作中的重要地位充分显现。

外交无小事，礼仪须先行

一、外交礼仪的综述

（一）礼仪的含义

《荀子·修身》中提道：“人无礼则不生，事无礼则不成，国无礼则不宁。”“人无礼则不生”是指做人不讲礼，就不能生存；“事无礼则不成”是指做事不讲礼，就不会有成就；“国无礼则不宁”是指国家没有政治法律制度，不讲礼，就不得安宁。这句话精辟地总结出礼仪在人生过程中的重要地位。

（二）外交礼仪的原则

第一，尊重规则。尊重自己、尊重他人是外交礼仪的核心，如果“礼仪”用其他词来代替，我认为就是“尊重”二字。比如家长，不能因为自己是父亲、母亲，就随意训斥自己的孩子，要平等、尊重；相反，孩子也要尊重长辈。周总理曾经说过：“你要别人尊重你，你首先要尊重别人。尊重是相互的。”话不长，但是非常精辟。

第二，平等和真诚原则。这是外交礼仪的关键。不管你处于什么样的地位、什么样的级别，每个人都是平等的。另外，真诚是礼仪最基本的内容。有一次周总理想了解国际市场上小麦的价钱和种类，当他听说本地一位驻华大使对国际上粮食作物的市场情况以及产品的质量、种类很有研究，非常高兴。接见这位大使时他连续提了四五个问题，大使都详细作答。周总理认为他讲得非常有道理，就让服务员拿来纸和笔记录下来。会面从凌晨两点开始，最后在凌晨四点半结束。周总理一直把这位大使送到车前，并且说：“今天你给我上了很好的一课，对我的决策太有帮助了，实在感谢你，十分感谢你。”这就是真诚。

第三，自律和适度原则。这是外交礼仪的基础和出发点。自律是指自己要做出榜样；适度是指做任何事情都要讲究一个度，不能够过度，这也是礼仪的一个要点。中国是礼仪之邦，是好客的国家，我们热情，但热情不完全等于礼仪，还需要把握好一定的尺度。

第四，和谐和沟通原则。和谐很好理解；沟通是一种手段，而且沟通至少要做到四个方面：巧妙沟通、提前沟通、主动沟通、反复沟通。不管是在家里还是在工作中，沟通都非常重要。有时我们说话并没有什么恶意，却因不恰当的沟通方式，造成了误会，所以要注意巧妙沟通。

第五，包容和宽容原则。包容和宽容是一种美德，不要纠缠于一些小事。

第六，认同和从俗原则。

这六项原则非常重要，而且对国际礼仪、国内礼仪都适用。

二、现代国际礼仪的基本准则

第一，主权平等。大小国家一律平等，不分贫富强弱，这是一条基本准则。国家的尊严，国家的利益高于一切，这是在礼宾工作中要体现的一点。

第二，相互尊重，包括尊重各国的风俗习惯、宗教信仰。

第三，反对种族歧视。

涉外礼仪具有高度的政治性和政策性。周总理曾说过："你们呢，要讲政治，不要拘泥于什么碰杯等这方面的，要有政治头脑，要注意改革，'礼宾革命'这四个字，你们要贴在你们礼宾司的墙上。"

三、东西方礼仪文化的差异

关于东西方礼仪文化的差异，总体来说，西方人强调个性，而东方人强调共性和集体，这是最基本的区别。

宗教方面要注意。比如佛教忌讳摸头，因为对于他们来说，头是至高无上的。

手势的问题也需要注意。比如竖大拇指，这个手势是"棒"的意思，在世界上大多数国家都可以通用，但是如果对方是伊朗人则不要用这个手势，因为这个手势对于他们来说有侮辱之意。另外伸出食指和中指比"V"的手势是 victory(胜利)的意思，但如果反过来，就是辱骂人。丘吉尔在第二次世界大战期间经常以"正 V"来表示必胜的决心，但在战后的政治生涯中却常以"反 V"来侮辱政敌，所以"反 V"代表着不雅之举。另外，有些国家点头表示不同意，摇头表示同意，比如阿尔巴尼亚、尼泊尔、斯里兰卡等。

此外，一些国家还有特定的避讳，如日本人避讳"四"和"九"等。

……

第二节　外交外事通用礼仪

外交外事礼仪是在与其他国家或组织，其他文化或宗教交往过程中所需要遵守的行为规范。就交往而言，最核心的部分便是沟通，无论是出访、接待还是出席会议，沟通都是必不可少的内容。

美国学者莱杰·布罗纳安指出，“人类交际一般分为书面、口头和身势三部分”。以此为划分标准，可以把沟通大致分为非语言和语言两个部分，其中非语言部分主要包括身势语，语言部分又包括书面和口头两个部分。

一、非语言礼仪

非言语行为作为一种独特的交际方式在交际过程中起着相当重要的作用。从一些语言学或教育学相关的研究中，我们可以找到大量关于“身体语言、体态语言”的研究成果。美国著名心理学家艾伯特·梅拉比安(Albert Mebrabian)发现，“人的情绪只有7%来自语言符号，而55%来自人的面部表情，38%来自说话者的声音”。无独有偶，国外学者萨莫瓦(Samover)说过，“绝大多数研究专家认为，人们在面对面谈话时，信息的社交内容只有35%左右是通过语言传递的，而65%的信息是通过非语言行为传递的”。当然诸如程同春、罗琦等国内学者也提到类似的观点。这些数据可能稍有出入，但可以肯定的是，非语言行为对于交流的重要性。因此，我们有必要对非语言行为做进一步了解，以帮助我们更高效地表达思想、传递信息、交流感情。

按照程同春的研究，非语言交际的研究主要涉及身势语(body language)、外貌(appearance)、身体接触(haptics)、空间应用(proxmics)、副语言(paralanguage)等五个部分。其中，身势语是非语言交际的核心和最主要的表现形式，也是在外交外事活动中最常出现、最应被加倍留心的非语言行为。

身势语，也有学者将其称为体态语、肢体语言，指面部表情、手势和体态动作。学者李凤琴在其研究中提到，“我们发现，许多表情、姿势、动作在世界各地都是一样的：幸福快乐的时候，人们会微笑；忧愁苦恼的时候，人们会皱眉；悲痛伤心的时候，人们会哭泣。这些不分地域、不分肤色的人类普遍的情感，应该有一个共同的起源”。从这段话中至少可获得两个信息：(1)无论文化怎样不同，确实存在某些可以传达共通感情的面部表情，这些面部表情不会因为文化不同而产生不同的情感解读。(2)不同的表情会传递出不同的观感，其中大致可以划分出消极和积极两个类别。我们把这些给人消极之感的表情、手势、体态称为消极身势语，传达相反感情的称为积极身势语。下面着重介绍不同文化中存在的共有的、相同的积极身势语，以期为相关人员提升、展现礼仪素质提供路径。

对于面部表情来说，俄罗斯学者 Аллан Пиз 研究了 5 种不同文化背景的人的面部表情后发现，他们的笑容是没有区别的。笑容是人类用来表示亲切、鼓励、接纳、喜悦的通用表情，是一种表达积极情绪的常用表情。在外交外事工作中，这样的表情无疑是必要的、有用的。

在交谈的过程中，也存在一些积极的身势语。其中最通用的是保持肢体、头部的方向一致且朝向交谈的对象。这能够传递出诸如专注、尊重等积极情绪。站立交谈时，如果交谈的当事人面部表情轻松、面带微笑，在交谈的过程中，当事人逐渐伸开胳膊、展开手掌甚至解开外套的扣子，这表示两人交流很顺利，气氛轻松愉悦。但如果紧张，无法有以上表现，那么最好一手扶住另一只手臂，避免采用将双手在胸前交叉的站姿。这样做可以避免传达出可能带有攻击、傲慢情绪的消极观感，也可以满足由于压力、紧张造成的需要触碰的本能。双方以坐姿进行交谈时，也存在积极的身势语。身体微微向前倾斜，能够传递出一种恭敬和尊重的感觉。跷二郎腿的坐姿并非完全不能采用，但是需要掌握上文提到的"朝向交谈者"的原则，即上面的那只腿最好对着交谈者，这是一种认同、欣赏、亲近的表现。就座时，臀部至少要占到座椅的 2/3 或者 3/4 的空间，这样不会给人一种马上就要离开的感觉。

此外，在外交外事工作中还存在诸如握手、递名片和着装等几个特别需要注意的非语言礼仪问题，下面将详细介绍。

（一）握手

(1)

(2)

图 5-1　握手

在外交外事甚至政务工作中，握手可以说是必不可少的最基本的礼仪。它看似简单，但却包含着诸多礼仪细节，例如“出手”的时机，握手的顺序，握手的眼神等都值得外交外事人员去研究，以求在会晤的第一面便给对方留下知礼、受礼的形象。

(1)握手的顺序问题。一般未受过专业礼仪训练的人可能会想当然地认为握手的顺序和打招呼的顺序一样，年幼者或级别较低的人应该遵循主动的原则，先伸手。然而按传统规定，先伸手的一般是长辈、身份较高者。上下级之间，上级伸手后，下级才能接握；同等级别的男女之间，女士伸手后，男士才能伸手相握。随着时代的变化，人们的行为也在逐渐打破这一“规定”。一般来说，无论男女长幼都可以先伸手，对方一般都不会拒绝。如果是在人多的场所，握手也有次序之分——由尊而次，先女士后男士，先已婚者后未婚者，先上级后下级。人数较多时，可以只和相近的几个人握手，向其他人点头示意。在迎送时，出手顺序又略有不同——接待时，主人首先伸手和客人握，以示欢迎；客人告辞时，应由客人首先伸手和主人握，而如果由主人先伸手，则有赶人的嫌疑。

(2)如何握手的问题。不同的握手方式、不同的握手时长、握手时的眼神都能够传达不同的情绪和态度。比如掌心向下握住对方的手会给人一种傲慢无礼的感觉，双手相握则能够表现出热情或者谦恭备至之意；漫不经心地用手指尖“蜻蜓点水”式地去点一下显得轻视，两手一碰就分开显得心有戒备；但时间过久，尤其是拉住异性的手长久不放显得失礼；握手时目光游移不定显得心不在焉……为了避免产生不必要的情感误解，外交外事人员在握手时，双方相距约一步远，上身稍向前倾，两脚立正，伸出右手，向受礼者握手。此外握手时若注视对方，面带微笑，在释放出友好、亲切气息的同时也能展现对对方的尊重。在此基础上，再根据不同时期的外交政策和国际情况酌情增添一些包含“情绪”的细节，这样才可以确保在不失礼的前提下，让外交礼仪更好地为外交工作服务。

☞ 握手禁忌小贴士

在外交外事工作中，握手也存在一些禁忌，这些禁忌在前文也略微提到，为起到强调作用，此处再次进行罗列、总结：

- 以左手与他人相握。
- 两人握手时与另外两人相握的手形成交叉状。
- 跨门槛握手(即一只脚在门里，一只脚在门外)。
- 仅握住对方的手指尖。
- 握手时过分用力。
- 戴着手套、墨镜，左手插在衣袋里握手。
- 握手时间过短或过长。

- 握手时面无表情、不置一词或长篇大论、点头哈腰、过分客套。

在见面和告辞时，握手是国际上最为通行的一种致意方式。但需要主意的是，不同的宗教文化背景下，不同地区和国家会有不同的致意方式，其中包括鞠躬、贴面等，此部分内容在本书“商务礼仪”一章有详细介绍，此处不再过多提及。

(二)递接名片

当今社会，人际交往频繁，不分行业职位，不分白领蓝领，名片的使用非常广泛。名片是个人身份的证明，自我推荐的媒介，能起到结交朋友、增进了解、拓展业务、联络感情的作用。在外交外事活动中难免需要和外宾交换名片，而对于外交外事活动来说，名片礼仪尤显特殊和重要。

1. 名片的制作

与内容相对简单的社交名片不同，只印上姓名及联络方式对于公务名片来说往往是不够的。外交外事场合下使用的公务名片内容更详细，包括姓名、单位及地址、职务或职衔、办公电话、地址、邮编、邮箱等内容。个人名片尺寸以9厘米×5.2厘米为常见，通常是一张白色或淡黄色等朴素大方色调的硬纸卡片。名片上面可印单位的形象标志，但不要花里胡哨。文字要美观、简洁，突出姓名和职衔、职称(不超过两个)。如有对外业务，可印中外两种文字，正面为本国文字，反面为英文或其他外文。外国人习惯将姓名印在中间，职务用较小字体，放在姓名下面。女士名片一般不留家庭地址和住宅电话。

除个人名片外，还有单位名片，如“中华人民共和国外交部”“中华人民共和国驻××大使馆”，主要用于对外赠礼。使用时，将名片附在礼品上或所送花篮上，再写上“谨赠”字样。

2. 如何交换名片

交换名片时一般要遵守有来有往的原则，一般有递送—接收、接收—回赠这两条完整路径，前者主动递送名片之后再接收对方回赠的名片，后者在接收对方的名片后做出回赠名片的互动行为。无论在哪个流程中，递送(回赠)、接收都有相同的要点。

在主动递送名片时首先应注意递送的顺序。一般而言，在公务场合，将职务的高低作为判断递送名片顺序的第一标准，由尊及次是在这种场合下递送名片的原则。如果多人一起交流时，赠送名片应顾及到在场的所有人，避免因为只赠送其中一位或几位而产生没有一视同仁的误解。

在递送名片时，外交外事人员应注意礼貌、礼节。递送名片时，应举止谦逊，微微低头致意，但不必隆重行鞠躬礼，双手或右手(不用左手)，将名片正面或对方可识文字的一面朝上，递送过去，并伴以客套话，如“请关照”“请指教”“有事请联系”。有些礼宾专家指出“双手递送是东方人以示恭敬的常用做法，欧美人士有单手递送名片的习惯，如果对方如此也可以单手递送。如果对方回赠名片，则应表示感谢，同时说“认识您很高兴”。如果对方没有回赠但自己又有得到对方名片的需求时，可以主动趋前，表示“可否得到您的一张名片?”。

在接收名片时也需遵循一定的礼仪。首先无论递名片者的性别为何，作为接收名片的一方都应尽可能起身或欠身。切记不要拿到别人名片后不说话，甚至连看也不看一眼，或将名片放在手里把玩，或顺手往旁边一扔，或压在茶杯底下。最好是在接过对方名片的同时仔细看一下，并对核心信息加以赞美式评价。如果有不明白的地方，可当场请教。之后应该把名片妥帖地放到名片夹或着按顺序摆放在会谈的桌面上，并主动回赠自己的名片。如果不想回赠自己的名片，则可以以忘记携带名片或名片已用完为由，真诚地表示下次补上，以避免拒绝的尴尬。

3. 外交场合名片的特殊用途

名片除了可帮助寻找机会、建立联系外，还可以作简单的礼节性交往使用，如表示祝贺、感谢、介绍、辞行、慰问、吊唁等。使用时，根据不同用意，在名片左下角，用铅笔写几个表示一定含义的法文小写字母，也可在名片上写几个中文字或简短的一句话，如“承蒙祝贺春节，谨致谢意”。在我国可写中文，在国外通常写法文。具体有以下几种：

(1)祝贺：p. f. (Pour felicitation)。

(2)谨唁：p. c. (Pour condoleance)。

(3)谨谢：p. r. (Pour remerciement)。

(4)介绍：p. p. (Pour prensentation)(当向人介绍某人时，介绍者在自己名片上写p. p.，后面再附上被介绍人的名片)。

(5)辞行：p. p. c. (Pour prendre conge)。

(6)恭贺新年：p. f. n. a. (Pour feliciter le nouvfl an)。

(7)谨赠：英文 With the compliments of ×××；法文 Avec ses compliments。(不用缩写，外文均须写在本人姓名上方，而中文则应写在名片的右下方)

(三)着装

傅莹大使一直在从国际化角度考虑言行举止，她认为国服应该是国家形象的一部分，个人修养的叠加反映着国家的基本精神状态和礼仪形象。旗袍是中华民族的传统服饰，既能展现东方女性独特的魅力，又具有十分重要的文化象征意义，因此旗袍是女性外交人员出席国际场合的重点选择对象。

新中国成立以来，旗袍就已经成为“夫人外交”的“工作服”。近年来，女性在多个国际场合都选择以“外套加旗袍”的着装亮相，既演绎出大气的东方美，展现出东方特有的魅力，又兼顾了国际惯例，完美契合外交礼仪，受到国内外主流媒体一致好评。

旗袍的穿着有许多讲究。

第一，旗袍的选择。旗袍是中华民族文化与审美情趣和手工技艺的高度聚合体。面料、花色、颜色、长短、有袖无袖等都需要细细考量。

“与着装的场合相协调”是选择旗袍的重要原则。在与外交外事有关的国际场合中，国家公务员、外交官和其他相关人员要顾及国际形象，这就意味着“大方得体、端庄严肃”是国际场合的主基调，当然不同国际场合的氛围稍有差异。

在这样的场合中，旗袍的面料十分考究。夏季穿旗袍，应选择真丝双绉、绢纺、电力纺、杭罗等真丝织品。该织品质地柔软、轻盈不粘身、舒适透凉。春秋季穿旗袍，应选各种缎和丝绒类，如织锦缎、古香缎、金玉缎、绉缎、乔其立绒、金丝绒等，这些高级面料制作的旗袍丰韵而柔媚，华贵而高雅，能充分展示东方女性的体型美。此外，图案面积过大，花纹过于繁复会稍显喧宾夺主，更好的做法是在胸、领、襟等地方稍加点缀装饰，这样更利于凸显大方简洁的气质。同时，不宜选择风格前卫的无袖、挂脖等款式。旗袍开叉的高度也是需要注意的地方，开叉过高的款式容易有轻浮之感，日常工作或休闲场合的旗袍开叉不要高于膝盖上缘以上 10 厘米。对于颜色的选择也需要谨慎，最好避免选择颜色过于鲜艳夺目的旗袍。最后，旗袍的领围、领高、肩宽、胸围、腰围、臀围都要合身，任何一处过于紧绷或过于宽松，都会使美感大打折扣。

第二，旗袍的穿着。旗袍的穿着是个看似简单实则复杂的问题。在穿着前需要考虑如何穿搭，穿上了旗袍后如何坐、站、行也是需要思考的问题。“纽扣”是穿戴旗袍时容易忽略但又十分重要的细节。在穿之前需要检查所有纽扣，如有缝线松动的纽扣，在穿之前一定要再次加固，保证纽扣不会脱落。此外，由于旗袍展现的是一种特殊的东方韵味——以严谨和端庄为主调，有意无意地流露出一种高级性感，所以不论天气如何，在穿旗袍时都需要系上所有纽扣，维持这一份独有的风韵。

第三，在国际场合穿旗袍时，不宜裸露双腿，最好搭配连裤袜，这样既不用担心袜口从开叉处露出，又加强了端庄之感。鞋子的选择也须用心，至少需要同时满足以下条件：其一，与旗袍风格相配，不宜选择颜色过于炫目，款式过于前卫的鞋，以免打破旗袍的端庄优雅。当然也不宜选择凉鞋、帆布鞋等过于休闲的鞋类，以免造成画虎不成反类犬的反作用。其二，舒适便行。在国际场合中不免会涉及参观、游览等活动，较长时间的站立和行走对鞋子的舒适度提出了要求，因此鞋跟过高，防水台过高的鞋子也不宜出现在选择的列表上。最后，内衣的选择也是决定成败的重要细节。由于旗袍的高度贴身性，贴身衣物要尽量选择无痕款式，避免贴身衣物的线条被映出。此外，如果旗袍的颜色比较素雅，贴身衣物的颜色就不宜过深或者过亮，避免灯光或日光下贴身衣物颜色暴露。

最后，穿旗袍时要格外注意保持良好的仪态。因为旗袍的造型非常贴近女性自然的曲线，所以不雅的站姿、坐姿都会在众人面前完全展露出来。

(1)站姿。

头正、颈挺直、双肩展开向下沉，人体有向上的感觉。收腹、立腰、提臀。两腿并拢、膝盖挺直、小腿往后发力，人体的重心在前脚掌。穿旗袍时，可站成“丁”字形或“V”字形，颔略收，双手交叉置于肚脐位置上，站立时应保持面带微笑。

(2)坐姿。

入坐时要轻和稳，走到座位前轻稳地坐下。女士的双膝应并拢，任何时候都不能分开。坐在椅子上时，一般坐满椅子的2/3。一般情况下，不要靠背，休息时可轻轻靠背。

(1)

(2)

图5-2　站姿

(3)走姿。

以站姿为基础，面带微笑，眼睛平视。双肩平稳，双臂前后自然地、有节奏地摆动，摆幅以 300°~350°为宜，双肩、双臂不应过于僵硬，重心稍前倾。行走时，两脚两侧行走的线迹为一条直线，步幅要适当。女士穿旗袍和高跟鞋时，步幅应小一些。走路时应有一定的节奏感，走出韵律来。

图 5-3　走姿

☞ 小贴士 1

旗袍的选购

旗袍品种如此繁多，选购时应注意以下两点：

1. 要根据自己的需要而定。如结婚礼服(旗袍)不仅面料质地要上乘而且色彩要鲜艳夺目，充满喜庆色彩。

2. 迎宾赴宴礼服(旗袍)面料应高级华贵，色彩柔和大方，外观稳重而高雅；便服旗袍可随心所欲，突出个性及形体美，穿着舒适大方。

购买旗袍时必须准确地测量出自己的“三围”，即胸围、腰围、臀围，并与旗袍的“三围”相适或略有余。

然后，在更衣室试穿，确定是否贴体舒适，其次还要观领子、衣身、袖子的长短与肥瘦等。旗袍的尺寸大小不同于连衣裙等服装，对其要求十分严格，否则将会失去其风格和独到之处。

☞ 小贴士 2

旗袍的清洗

现在大部分女性所穿的旗袍为织锦缎面料，而这类锦缎都是不宜水洗的，所以穿着时应非常小心，尤其要注意不要沾染上油渍、可乐或口红，因为这类物质最难清洗，就算送去干洗店也未必能完全清除，所以建议：

1. 旗袍不要连续穿着好几天。

2. 要留意尖锐的物件，以避免旗袍钩洞与抽丝。

3. 不要为了贪方便将袖子高高卷起。

4. 由于旗袍一般是由丝绸制成的，所以在清洗时一定要注意不能用含酶的洗衣粉和碱性洗涤剂。绸缎衣服要勤换勤洗，脱下后切勿搁置。

5. 带有立体花扣的旗袍是不能水洗的，一定要干洗，不然会出现盘扣变形损坏的情况，无法修复。

二、语言礼仪

(一) 称呼

在一些重大场合，特别是在记者招待会和国际会议上，忘记对方姓名或忘记对方的称呼，都是严重的外交失礼行为，绝对会给双方国家、双方人士的友好往来带来负面影响。

一般来说，在外交外事活动进行前就要事先做好功课，比如，阅读活动的议程、手册，了解有关参与者的名单及职务。以此为基础，再去查找交际对象的照片、兴趣、所属学校、任职经验等其他有利于促进交流，帮助两人高效建立联系的信息。

但在国际交往过程中往往会遇到很多突发情况，忘记名字可能是其中最常见的突发状况之一。但遇到这种情况，也不必过分着急，下文将针对“忘记对方姓名”的情况提出一些解决技巧，以期为相关人员提供参考。

第一，手机搜索。出席国际会议的人员一般都是在某一领域极有影响力的人，在可以使用手机的情况下，只需要知道职位、年龄等信息就可以利用互联网搜索到目标交流对象的姓名。

第二，悄悄询问身边相熟之人。在这种情况下，相熟的朋友是可以依赖的对象。除了交流对象，从在场的与自己相熟的人口中得知交流对象的姓名，也可以避免尴尬。

如果没有如此充裕的时间来进行快速搜索或询问，那么可采用以下几个小技巧：(1)

和对方简单寒暄。在交流的过程中极有可能突然想起对方的名字，也极有可能在寒暄的过程中对方又讲出了自己的名字，这样既显示了自己对于对方的热情关心，又可以避免直接当面询问对方姓名的尴尬，还可以解决自己临时脑力不足的问题，一举多得。(2)略过姓名环节，直接用尊称、头衔、职务。这种方式在强调规范性、专业感的外交场合是极为合适的。(3)询问对方，但需要使用委婉的方式，譬如“我应该如何拼读您的名字?”而非直接询问“你的名字是什么?”。如果能加上幽默的语言，在谈笑间获得自己所需要的信息，那便最好不过，但显然这需要积累和磨练。

上文提到在忘记对方姓名时，称呼可以作为一种化解尴尬的救命工具。那么在外交外事工作中，称呼问题上又有哪些需要注意的礼仪呢?

就类型来说称呼可以分职务称呼、荣誉称呼、尊称、礼仪称呼和名字五大类。职务称呼主要指与所从事的职业相关的称呼，如总统、国家主席、总书记、部长、司长、局长、处长、上将、中将、少将、大校、中校、少校、上尉、中尉、少尉等。荣誉称呼与随职业、职务变动而改变的职务称呼不同，一旦获得就可以终身使用。对于外交外事工作来讲，外交职衔中的大使衔就是这样的荣誉称呼。此外，有些最高序列的职场称谓也可以成为荣誉称呼，比如政界的总统、国家主席、总书记等。尊称一般存在于实行君主制或曾经实行君主制的西方国家。其中常见的有对国王、天皇的尊称——“陛下”(Majesty)，对王子、公主、亲王的尊称——“殿下”(Highness)，对贵族和高级官员的尊称——“阁下”(Excellency)。在当面使用时，要在这些尊称前面加“Your”，譬如接待英国女王时，“What else can I do for you，your Majesty?”。间接称呼时，尊称前面加“His/Her”。有些国家是教皇作为国家元首，其外交称号就是教皇，这时需要特别留意这些细节。礼仪称呼，主要是在不知道对方身份、地位的情况下采用的诸如“先生”“女士”之类的称呼。把职位称呼和礼仪称呼连用是外交外事场合中常见的情况。

在外交外事这样的政务场合，庄重、保守是主要基调，等级感和严肃性是必有的旋律。在这样的场合下职务称呼是最佳的选择。但称呼的选择也不能太过死板，外交外事场合中也存在一些气氛较为轻松的场合(如家宴)，在这种场合下如果一直严格地以职务称呼相称，可能会破坏轻松的气氛，达不到选择家宴进行招待的目的。

(二)文书

外交文书代表国家的意志，是十分重要的外交文件，因此确保外交文书不出差错、符合规范，并力争高质量是每一位外交人员都必须高度重视和认真对待的问题。

外交文书体现了国家的对外方针、政策和有关法规，所以书写外交文书是一项十分严肃的工作，对其写作及文字表达都有严格的要求。外交文书适用于各国外交机构之间。在必要的时候，也适用于国家与国际组织之间。

我国所使用的外交文书同国际通用的外交文书是相通的。更确切地说，我国采用的就是国际通用的文书形式和格式。这种形式和格式的外交文书是在近代以欧洲为中心的国际交往中逐渐形成、发展和定型的。

作为外交通信的文书，最常用的形式是照会(Note)。照会分两种：正式照会(Formal note)和普通照会(Verbal note)，其次是备忘录(Memorandum 或 Aide-memoire)，也称为节略。最后是外交函件(Diplomatic letter)。外交函件也分两种：正式外交函件和外交便函(Formal and informal diplomatic letters)。随着无线电讯的出现，外交通信又增加了外交电报(Diplomatic telegram)。

照　会

照会是主权国家之间或国家与联合国国际组织之间进行交涉、行使公务的一种外交文书，其作用主要是向对方表明本国对某项事情的立场、观点、态度或做法等。

照会一般由“照头”“正文”“照尾”三部分组成。

照头，即照会的开始部分，主要写称呼、尊称及受照人的职衔、姓名等。正文，是照会的主要组成部分，视内容可以是一段，也可以是数段。照尾，分致敬语和落款两部分。致敬语一般依据照会内容的情形和民族习惯用词。落款为签字或盖印。落款还要写上发照的日期和地点。

(一)正式照会

正式照会是庄严、正式的重要外交文件，它所叙述的内容特别重要。在国际惯例中，一国向另一国发送正式照会，表明发照国所叙述的内容意义重大。

正式照会一般使用第一人称，不盖机关印章，由国家元首、政府首脑、外交部长、大使、具有全权代表身份的人签署发出。其用途是：

(1)向驻在国正式通知国家领导人的变更，大使、领事易人，国家关系中的承认建交、断交、复交等重大事情。

(2)交涉重要问题，建议对重大问题进行谈判、缔结或修改条约，召开国际会议互设或撤销领事馆，委托代管本国的财产以及其他政治、经济、军事等重要问题。

(3)涉及对国家主要领导人的通知或代他们转致函电，隆重的庆贺、吊唁等礼仪表示，以及通知使节就任、离任、返任等事项。

(4)根据需要，为了突出对某事件特别重视，也可使用正式照会。

在国际交往中，用第三人称写成的正式照会是罕见的。如：1908 年，当奥匈帝国兼并波斯尼亚和黑塞哥维那时，该国政府和土耳其政府签订议定书，通知 1878 年《柏林条约》的各缔约国政府，请求各国同意废止该条约的第二十五条。各缔约国先后通知表示同意，德国大使的照会用的是第三人称。用第三人称显得语调生硬，所以一般不常用。

(二)普通照会

普通照会使用第三人称，开头无称呼，不签署，加盖发照机关印章，结尾处一般用客套语。它适用于外交部各国大使馆之间的一般性事务交涉，如办理行政性通知以及某些交际酬答等。

普通照会比较简短，其篇幅一般不超过一两页。它也用作附送节略的文件，用于催询前次所发照会，或口头声明的答复。这种照会在文眉处要注明“普通照会”的字样。由于外交文书日趋简化，普通照会的使用范围也越来越广。另外，“通知照会”“集体照会”和“抗议照会”也属于普通照会。

(1)通知照会，即由发照机关把某件事同时通知几个或所有驻本国的外交代表机关的普通照会。例如：通知大使临时离任、返任、组织使节活动等。

(2)集体照会，也叫同文照会，是几个国家的外交代表就某一件事奉命表示共同意见而送交另一国政府的照会。这种照会具有一定的庄严性质，同时表明签署该照会的各代表国家的密切关系。如意大利、英国和法国驻布达佩斯的外交代表为褫夺哈布斯堡王室权利，在1921年送交匈牙利政府的照会就是一种集体照会。

(3)抗议照会，即两国之间发生了不愉快的事件，或者一方侵犯了另一方的领土主权，或者一国非法收集另一国的情报被揭发，或者一国的某些公民违反了另一国的法律等引起对方不满时，该国政府就通过外交机关或代表机关就某件事，义正词严地向另一国政府提出庄严声明所采取的一种措施，用以陈述事实、表明态度、提出抗议的照会。此种照会，有的公开发表，有的不公开发表。文首、文尾的客套语和致敬语要视照会的内容和受文国家的具体情况而定。例如，1982年2月12日，《人民日报》在刊登的《我国外交部照会越南驻华使馆》的文章中，用大量确凿事实强烈抗议越南方面对中国边境地区进行的军事挑衅和入侵活动。此种照会，使用时要慎重，不能事无巨细，动不动就抗议；措辞要严谨，以事实说理，抗议照会视事实的情节需要分为“警告”“抗议”“强烈抗议”三种。

第三节　外交外事特殊礼仪

除了在外交外事礼仪方面存在的共同点外，不同国家和地区还有着独特的特殊礼仪。由于不同的民族在习俗和文化上存在差异性和特殊性，所以我们需要对不同宗教、不同习俗和不同文化的一些特殊礼仪加以重现。

外交外事礼仪受历史文化的影响。比如亚洲的48个国家，按照地理方位进行划分，分布在东亚、西亚、南亚、北亚、中亚、东南亚等6个区域，不同国家间会因独特的历史文化有着不同的礼仪问题。下面以和中国海上相邻的日本为例进行具体说明。

中国、蒙古、朝鲜、韩国、日本是位于东亚的5个国家。其中日本和韩国位于中国的东北部，自古以来日本就与中国有着紧密联系，深受儒家文化的影响。

日本是一个单一民族国家，90%左右的居民为大和民族。大量中国学者的研究表明，日本外交礼仪与中国唐代的外交礼仪十分相近。但随着时间的流逝，日本已发展成具有自我特色的文化，其中包括禁忌文化。下面从非语言禁忌和语言禁忌两个角度来介绍相关礼仪。

从非语言禁忌来说，与日本相关人员交往时要特别注意日本在“颜色”“饮食”“赠礼”这三个方面的禁忌。

“颜色”“饮食”“赠礼”几乎可以涉及外交礼仪的方方面面。迎宾服饰、会场布置等都离不开对“颜色”的安排。迎宾仪式对涉及颜色的诸如地毯、礼仪队服都已有固定的规定，但女性工作人员仍有选择服饰颜色的空间。在这种情况下仔细研究日本对颜色的禁忌就变得十分必要。

国内有一定数量的文章涉及日本禁忌文化的研究，不过不同文章在颜色禁忌问题上存在相互矛盾的说法。罗国忠在其《日本人日常生活中的禁忌语言与禁忌习俗》一文中表示，日本民俗中有“赤不净”的观念，红色作为禁忌之色，很少被用于人们日常的穿着中。刘笑非在《中日风俗习惯的异同》中也有相似的表述，“在这里不得不提的还有红色。在日本，人们认为红色代表血色、火色，属凶色”。孙鹏在《日本民俗及其禁忌文化的探究》一文中提到，“古时，日本是禁忌红色的，认为红色与女人经血颜色相近，是不吉利的象征。现在日本经常用白色和红色搭配，以示吉利。日本新娘多会穿白色传统和服，这意味着新娘属于夫家，且日本生儿育女和一些佳节场合喜欢选用白红相间的帷幔”。对于紫色，孙鹏也进行了简单研究，认为“日本不喜紫色和绿色，认为它们是悲伤与不祥的标志”。但刘笑非却对紫色有这样的评价：“在日本，紫色仅次于白色，受到人们的喜爱。因为他们认为紫色是所有颜色中最神秘的一种颜色。”从研究中可以看到，白色被公认为是最受日本人喜欢的颜色，这种对白色的喜爱从古代一直延续到了今天。日本对黑色的禁忌似乎也从古代延续到了今天，罗国忠、刘笑非都得出了相似的结论，他们表示除了黑色礼服外，黑色在日本常出现于丧葬场合。所以这里就出现了一个情况，我国外交外事人员不论是受邀参加喜庆的场合（如皇室婚礼、皇室即位礼等），还是参加悲痛的场合（如皇室、政要葬礼等）都可以穿黑色礼服出席，但也有需要注意的“颜色细节”，即在出席相对喜庆的场合时，领带颜色要为白色。

饮食也会贯穿受访、出访的全过程。那么在受访过程中如何招待来自日本的外交外事人员并其安排饮食？出访日本时又要注意哪些饮食禁忌呢？

首先是筷子的使用问题。同中国一样，日本在筷子的使用问题上也存在不少禁忌：(1)将筷子插在饭碗上，这意味着饭是祭奠逝者用的，有不祥之意。(2)夹取食物和菜肴不利落，造成食物随着筷子在夹菜的过程中散落。(3)舔筷，即用舌头舔吃筷子上的食物。还有诸如用筷子挪动餐具，用筷子把食物拨放到口中，用筷子在公盘中撕、切食物，用筷子在盘中胡乱扒弄，用筷子去接别人递过来的食物等，这都是中日双方在筷子使用礼仪上的共同忌讳，应尽力避免。

中日双方还有一些做法相同但意思不一样的使用筷子的行为：(1)用筷子敲击碗盘，这在中国可能会被理解为对菜品的不满。但是在日本，当用餐气氛达到一定程度时，他们以筷子敲击碗碟作为节奏，边唱边跳，表达喜悦。(2)把筷子放在碗口对于中国人来说可能无甚特殊含义，但是对于日本人来说却是禁忌。主人这样做会被解读为下逐客令的意思，客人这样做意味着对主人吝啬的抗议。所以在日本，筷子一般被置于筷架之上。(3)夹菜给客人是中国人表达热情的方式，但是对日本人来说，这是不卫生的，因此不提倡此举。

此外，日本人也有自己独特的文化习惯。在户外野餐时，扔掉使用过的筷子之前一定会把筷子折断；而在室内用餐时，人们会把这种行为视作不祥的征兆。

第二，同中国人吃东西时不宜发出声音的习惯不同，日本人吃东西发出声响是被允许的，这表示对食物的欣赏和赞美，且在吃拉面时尤为明显。因此，当日本人吃东西发出声响时，千万不能对这种行为表示出疑惑或鄙夷，正确的做法是适当地去模仿，给人一种受到尊重的感觉，同时也借此表达对食物的满意。

第三，饮酒的问题。中国人和日本人都有在餐桌上喝酒助兴的习惯。在中国的餐桌上，干杯之后常伴随着“感情深，一口闷”之类的劝酒词以体现主人的热情，这时客人通常也会一口气把杯中的酒饮尽以回应主人的热情。但在日本，碰杯之后是不用把酒喝光的，因为他们认为饮酒虽可助兴，但过量过猛饮酒会对身体带来伤害，不可强加于人。

在出访的过程中，若遇到就餐环节，相关工作人员除了需要注意上文提到的那些禁忌外，还需要注意一些细节问题。如在吃多少这一问题上，日本和中国也体现了差异。在日本吃光主人准备的饭食是对饭食满意的表现，是受邀进餐的基本礼仪。但在中国，有些地方的风俗是有意剩下一些饭食以此来避免主人发生误解，即饭菜不够。另外，在日本受邀就餐时只吃一碗饭会被认为是无缘的象征，不利于双方发展后续的友谊。

同样，在接待的过程中，也有一些需要注意的细节：(1)为日本客人准备什么菜肴？日本人注重养生，饮食比较清淡，主要以生冷食物为主，较嗜甜，不喜太辣的食物。在食材方面，动物内脏是日本的禁忌食材，肥肉也不太会成为烹调的原料。在日本，大蒜因其强烈的气味而被列为禁忌食材。鳗鱼虽然很受日本人欢迎，但鹿儿岛县大岛郡、宫城县本吉郡等禁止捕食鳗鱼。当地人认为鳗鱼是神的使者，若食用它，会遭到神的惩罚。(2)为日本客人准备多少饭食？日本人喜欢看到客人把饭菜吃得干干净净，所以如果按照中国

“尽量多地准备食物以避免客人不够吃从而怠慢客人”的思路为日本客人准备大量食物，就可能会造成日本客人吃不完又担心主人不高兴或者为了主人高兴而又拼命吃完的局面。

在接待和访问过程中常常缺不了赠礼环节。在日本忌送梳子，因为日语中梳子的读音和“苦死”的发音相同。送与荷花有关的礼物也是禁忌，因为在日本荷花是祭奠用的。送带有夕阳风景的图画也是禁忌，因为夕阳代表着人生已到尽头。送有狐狸或猫的图案的礼物也是禁忌，因为在日本人眼里，狐狸和猫象征着贪婪和狡诈。

从语言禁忌来说，重点要谈到的是数字禁忌。与中国相同，“4”在日本也是一个禁忌数字，因为“4”的发音和“死”相同。与“4”相关的一系列数字，诸如“14”“42”在发音时也会让人将其与“重死”“去死”等不吉利的词语联系起来。“9”也是日本的禁忌数字，因为“9”的发音与“苦”相同。所以在日本的医院里没有4号、9号、14号和24号病房及诊室，停车场里也没有4号停车位，饭店和旅馆里也没有4号客房。日本人的电话号码中也少有“4219”“9683”“8342”“4279”等数字，因为这些数字与“去死”“苦劳破产”“破产去死”和“去死凄苦”同音。因此，在接待日本外宾时，切勿将客人安排到4号客房，或者带数字“4”的客房。

贺年卡、慰问信等常用外交文书中也有一些禁忌语。日本人在新年有寄送贺年卡的习俗。贺年卡用语简洁，除了有新年贺词外，还有一些感谢关照、祈祷幸福美满的话语。须规避的禁忌语有：去る，失う，衰える，暗い，病む，絶望，悲観，困難，滅びる，死ぬ。因生病、灾难、事故等原因需要写慰问信时，要避免使用不吉利的语言。而且，诸如“またまた”“しばしば”“たびたび”“返す返す”等叠词因包含“不幸会再次降临”之意，会给人不好的联想，所以特别忌讳使用。探望病人最好不要送栽种在花盆里的花。因为在日语中，“根付く”的发音很容易使人联想到“寝付く”（卧床不起），特别是那些老年人或长期住院的人会更加忌讳。另外，山茶花也不宜作为探视礼物。花的凋谢让人联想到生命的尽头。应注意避免使用的禁忌语有：また，またまた，重ねる，なお，いろいろ，再三，再び，重ね重ね，落ちる，別れる，返す返す，四，追う，ますます，枯れる，終わる，つくづく，九，続く，しばしば，滅びる，薄い，たびたび，死，苦。

学生习作展示

俄罗斯礼仪与文化

周晨曦　龙雨贤

对于俄罗斯，很多人是既熟悉又陌生。进入大学之前，我对俄罗斯的印象也仅停留在历史书的文字里。直到开始学习俄语及俄罗斯社会文化，它在我脑海的印象才逐渐鲜活起来。我很幸运在2019年9月参加了国家留学基金委的交换项目，到莫斯科生活、学习了9

个月，也正是这段经历让我切身体会到了俄罗斯民族的礼仪与文化之美。

一、“战斗民族”的初印象

提到俄罗斯，“战斗民族”的形容立刻涌现脑海，俄罗斯人在某些时候确实具有“战斗”性。我在2020年1月和同学相约去北冰洋边的摩尔曼斯克看极光。极光一般出现在深夜的郊外，我们找了当地的一个猎人，坐着一辆看着不太安全的面包车，奔跑在冰天雪地的摩尔曼斯克。回想起来，当时真是勇敢。冬天深夜的城市，气温很低，还下着雪，路面很滑，去往郊外森林的路上基本没有路灯。司机特别热情，和我们聊得开心了双手竟然直

图1　追光路途中的照片

图2　捷里别尔卡路途中的照片

接离开方向盘。第二天，我们去了捷里别尔卡小村，坐着一辆出租车，奔驰在几乎被暴风雪堵路的小道上(早上才解除封路)。冬天的摩尔曼斯克，白昼时间仅有几个小时，摸黑前行时有好几次我都看不清路，车前被夹着雪的风遮挡了视线，但司机十分淡定，一点没有减速的意思。这次旅行也让我第一次真正体会到“战斗民族”这个词的含义。

二、小细节中的礼仪

虽然俄罗斯人很勇猛，但这并不意味着他们不注重礼仪。

(一)日常生活

1. 在俄罗斯，大衣外套不可以穿进室内。一般俄罗斯人家的一楼或者负一楼会有一个叫作 гардероб(衣橱)的地方，人们把外套存在此处，因为他们认为穿大衣进办公室是十分不礼貌的。办公室门口会贴一个标识，写着：穿着外套不能入内。所以里面的衣服一定也要正式一点!

2. 俄罗斯人非常注重自己的仪表穿戴，出门前一定会确认自己是否打扮整洁，因此房屋里都会有一面很大的全身镜。我曾看到有新闻调侃，疫情之后俄罗斯复工的第一批商店就是美容美发机构。

图3　宿舍穿衣镜

3. 在俄罗斯要习惯排队。由于办事效率不高，排队是常有之事，经常能在办公室门口听见“Кто последний?（谁是最后一个?）”的声音。

4. 坐电梯需往右站。在俄罗斯经常能看到电梯上的人整齐地在右边站成一排，而左边鲜有人站队。这是因为左边的位置要留给着急赶路的行人。下图是莫斯科地铁里的电梯。说到地铁，就不得不提一下莫斯科地铁站了，它们简直就是艺术品！里面的装修风格有古典的，也有现代的，每个地铁站都有着不同的风格。莫斯科地铁、公交等交通系统十分发达，外卖小哥通常都是乘坐公共交通送外卖的。

5. 正式的俄餐一般分为四部分：凉菜，汤，主菜，甜点。俄餐的汤品种类多样，主菜一般为肉饼、馅饼类。有一点须特别注意，就是俄餐的菜肴中非常喜欢放茴香。

图 4　莫斯科地铁

（二）对话交流

1. 见面时俄罗斯人以握手为主。

2. 一般用名字加父称称呼尊敬的人。俄罗斯人名字一般由三个部分组成：名+父称+姓，父称即父亲的名字稍作变化。

3. 在称呼时，俄罗斯人经常用“您”，不仅仅针对尊敬的人和长辈，也针对不熟悉的平辈，甚至晚辈。

4. 称呼女性时，不论年龄，最好用“девушка（姑娘）”。

（三）节日庆祝

1. 俄罗斯人虽然看起来很严肃，但其实他们也是很可爱的。他们非常喜欢过节，过节时都会很热情地庆祝，城市也时常燃放烟花。妇女节时，女性大多能收到花。

图 5　妇女节燃放的烟花

图 6　新年夜的红场附近

2. 送礼时有一点要特别注意，送单数不送双数！以数字 7 为佳。(双数花只有在葬礼上才会出现)

3. 俄罗斯人在迎接贵宾时，会拿出面包和盐表示欢迎。

4. 在婚礼时，宾客会齐声高喊“Горько！(苦啊！)”表达祝福。

法国礼仪

王一婷

法国是一个令人向往的国家。精致的美食、精美的建筑、时尚的服饰、高度的文明，给世人留下浪漫与优雅的礼仪文化。

2019年9月至2020年1月，笔者有幸赴历史文化名城、世界时尚之都巴黎交流学习，切身体会到法国的礼仪文化之美。

一、法国的餐饮礼仪

（一）法国的餐厅

法国多为半开放式街边餐厅，只有少数高级法餐厅才全部会在室内。相比于坐在室内，法国人更喜欢露天座位，即使寒冬腊月，也能见到不少法国人在室外饮酒、用餐。在阳光明媚的下午，塞纳河畔咖啡厅的露天餐台常常座无虚席，点上一杯啤酒或咖啡，与友人一边聊天一边观赏塞纳河风光，已成为巴黎一道别具特色的风景。

法国的餐厅并非全天营业，大多餐台仅在中午12点至下午2点、晚上7点或7点半之后才接待顾客。在这些时段之外，只有一些咖啡厅或Bar提供简餐。

法国的菜单非常简单，大多只有一页纸内容。菜单不提供菜品图片，只有菜名及价格。每家餐厅都会将菜单张贴或摆放在门口，以供顾客了解后再选择是否入内用餐。

图1　法国的街边小餐厅

（二）点餐

法国菜是世界著名菜系之一，一般分为三道：前菜（Entrée）、主菜（Plat）、甜品

(Dessert)，餐厅还会提供餐前面包。前菜一般为沙拉或汤，但在高级餐厅里，前菜是由各种食材烹制而成的别致的特色菜品；主菜以肉类、海鲜为主，但大多数餐厅也会有一道全素的主菜，以便素食者用餐；餐后选用甜品，甜品食用完后还可再喝一杯加糖的咖啡或茶。

图2　别致的前菜

法国有许多著名的葡萄酒产区，法国人也尤爱饮酒。用餐前，先点一杯开胃酒(Apéritif)，一般为加入药材、香料的葡萄酒或起泡酒，气味芬芳，可以刺激食欲；餐中根据主菜选择酒类，红葡萄酒配红肉(如牛肉、猪肉、羊肉)，白葡萄酒配白肉(如鸡肉、鸭肉、海鲜)。选定酒后，可先进行试喝，以进一步确认酒的品质，在确定无误后，才可以正式倒酒。分量占酒杯的五分之一至三分之一。

在餐厅点餐时，只须用眼神、口型示意服务员，或轻轻抬手即可。不少餐厅中午提供两道式或三道式套餐(Menu)，晚间则以单点为主。法餐品类繁多，但不一定要每个品类都点，按需选择，避免浪费。

(三)用餐

法国人对礼仪的重视体现在方方面面，不仅要求保持良好的用餐举止，还要求衣着得体。去高级餐厅用餐时，男士须着正装，女士可穿正装或连衣裙，不可穿拖鞋进入餐厅。落座时，应由男士为女士移动座椅，女士优先入座。

用餐前，法国人会相互道“Bon appétit!”，意为“祝您有个好胃口”。

在用餐过程中，应尽量放低交谈声音，嘴里有食物时不要与他人交谈；使用餐具时，尽量避免刀叉与盘子间发出刺耳的摩擦声。餐桌上刀叉数目与菜品数目相同，按次序上菜时更换餐叉、餐勺，叉子若不与刀并用，可用右手持叉取食；右手持刀时，则用左手持叉。用餐过程中如须临时离座，应将刀叉在盘内摆成“八”字形，刀刃朝向内侧。

图3　餐具的摆放

饮酒时，不同品种的酒对应不同的玻璃器具。餐厅一般按照水杯、红葡萄酒杯、白葡萄酒杯从右至左依次摆放。红葡萄酒杯杯身较白，葡萄酒杯更为宽大，香槟杯杯身最为细长。端酒杯时，以大拇指轻握葡萄酒杯的柄部，其他手指固定杯底，避免手指接触杯身，以免手的温度破坏酒的味道。

在餐厅用餐时，常常遇到主厨或侍者询问菜品是否合口味，此时礼貌地提出意见即可。如果觉得味道确实不错，那么无须吝啬我们的夸奖。

二、法国的社交礼仪

(一)寒暄

法国人善用敬称与谦称，礼貌用语是日常生活用语的重要组成部分。超市里、公交车上、马路上错身而过时目光交汇的陌生人都会相互寒暄、问候。即使是上级对待下级、长辈对待晚辈，也会经常使用“S'il vous plaît(请)”“Merci(谢谢)”“Pardon(不好意思)”等用语。面对他人的谢意，法国人的回应礼貌又文雅：“Je vous en pris.(很高兴为您服务)”

(二)贴面礼

贴面礼并非法国独有，欧洲部分国家也有这项习俗。在法国，包含巴黎在内的大多数地区为右脸先贴，贴面两次。行贴面礼时，二人的脸颊轻碰一下即可，注意不要蹭花了女生的妆容。但要注意的是，嘴巴一定要实实在在地发出啧啧的(bizous)的声音。

过去贴面礼多为女性与女性或女性与男性之间，但近年来男性之间行贴面礼也不再奇怪。男女之间，一般由男性主动向前贴面(但双方也可拒绝)，只要伸出手对方就明白了。对于外国人，法国人一般选择握手。

(三)约见

在法国，办任何事情都要提前预约，以便负责人在专门时间进行服务。比如去银行开户、去医院看病、去政府机构提交材料等，都需要提前预约，并准时赴约。

而在日常生活中，生性自由的法国人“迟到”是一件平常的事情，这并非不礼貌的行为。倘若受邀到法国朋友家中做客，客人最好不要迟于15分钟。

(四)通信

法国人习惯使用邮箱通信。对于学生而言，学校使用邮件通知注册情况、考试安排；学生通过邮件向老师提交作业、咨询问题。每天检查邮箱是每个学生、工作的人必做的事，与邮件有关的礼仪也是每个留学生的必修课。

此外，法国的纸质信极为普及。从新开户的银行卡及密码、每月的电费缴费单，到购买的音乐剧票、学校活动的邀请函，都通过纸质信寄送。

(五)工作及生活

法国人的工作时间短、假期多。在法国人心中，工作与生活是完全分开的，因此尽量不要在法国人的非工作时间向他们打电话或发邮件谈论工作相关的事。笔者刚到法国时，曾找学校教务秘书注册课程，可老师的工作时间为上午9点至12点。每天11点55分时，尽管老师的门前还有许多等待注册的学生，但她依然准时关门下班，请同学们明天再来。在法国大罢工期间，笔者有一次乘坐公交车，公交车司机的工作时间截止到晚上6点。6点一到，司机准时把车停在路边，表示自己现在罢工了，请乘客下车离开。尽管这些习惯与国内不尽相同，但我们也尽量不打扰法国人的私人空间和个人休假的时间，尊重他们的礼仪与习惯。

Horaires d'ouverture de la scolarite LANSAD		
LUNDI	9H00-12H00	FERME
MARDI	9H00-12H00	FERME
MERCREDI	FERME	FERME
JEUDI	9H00-12H00	FERME
VENDREDI	9H00-12H00	FERME

Merci de respecter ces horaires

图4　教务秘书的工作时间表

英国人的性格与礼仪

宋伟健

说到礼仪，我们的大脑中会出现“礼仪=行为举止+表情管理+穿着服饰……”的等式，而等式中的内容都会在一个人的生活中悄然发生，却又淋漓尽致地表现出来。这多是因为不同国家、不同民族的生活方式、地理位置及交流习惯的不同而造成的。而性格，作为多种影像因素的综合体，更是与礼仪有着“强相关”性，下面就英国人的性格与礼仪进行介绍。

（一）彬彬有礼的英国人

首先让我们从舞会上，认识一下英国人的彬彬有礼吧！舞会上男士往往身穿衬衣、西裤、舞鞋，一般无须打领带，在极为正式的舞会上可能会身穿西服外套或者燕尾服，再打上领带或蝴蝶结；而女士则多身着华丽的长连衣裙和适脚的舞鞋，袖口上也会缀有一些飘带作为装饰。在具有交际作用的舞会上，男士或女士可以直接向自己中意的他或她发出共舞一曲的邀请。在行动的过程中，你可以优雅地走到她（他）的身旁，向她（他）的伙伴含笑致意以表征询之意，进而彬彬有礼地向你中意的舞伴温柔地发出邀请：“可否有幸邀请您和我共舞一曲？”如果你对此次邀请并无太大把握，此时你可以托请他人为你“牵线搭桥”，替你发出邀请。当然如果你是一位女士，多可不必如此，在“女士优先”的英国，任何绅士都不会在舞会上拒绝一位女士发出的邀约。至于舞会上的舞蹈动作，你会发现“柔美”是对舞技的最高称赞，所以男士要外柔内刚，缓慢加力，女士则要放松，放松，再放松，共同形成舞会上一幕幕和谐而美丽的景象。除此之外，舞会还有很多细节值得关注，比如在邀请过程中，什么样的仪态才最能打动你的中意对象，如果被中意的对象拒绝该如何，等等。

除此之外，英国人在生活中，也一贯彬彬有礼，英国人是不会穿睡衣出门的。因为在英国人眼中，穿着睡衣的自己只有伴侣才能一见，穿睡衣出门是对自己和他人的极不礼貌和不尊重。英国人一般也不会在公共场所发出很响的声音去影响他人。大声喧哗、高谈阔论在英国的公共场合更是鲜见的，也正是这种环境使得公共场合中阅读书报的英国人成为人们口中被称赞的一道靓丽风景。而在有些国家随处可见的插队现象，在英国也是罕见的，整齐而又有序的他们，让你无法不感叹这个国家真的有礼！

（二）独立保守的英国人

在英国，有一句话广为流传：“因为我是英国人，所以请离我远一些。我宁愿孤立独处。”并且你一定听说过一句名言：“My home is my castle. The wind can come in, but the Kings, Queens and human beings can never come in without my permission.”这也许和英国人相对独立的国家意识和英国相对独立的区域位置有关，也可能是英国人出于对自己个人空间和思维想法的强烈保护。另外，在与英国伙伴进行交流和交往的过程中，忌用“勾肩搭背”和“相谈甚欢”去和英国人表示亲近，他们在待人接物上始终是保持距离的。另外，英国人是绝不希望被别人窥探隐私的。所以请不要试图通过询问个人信息和生活近况来开启一段与英国人的畅快交流。也许在你们真正成为亲密伙伴之前，“今天天气怎么样”就是对话开启的不二法门。熟络之后，便可以跟他们闲聊，那时英国人的幽默甚至会令人捧腹。

至于保守，英国人也是出了名的，他们好像从不喜欢放弃自己首创的和沿袭至今的传统。20 世纪 80 年代的英国人还拒绝引入十进制。便士、先令、英镑、英寸、英尺、码……这些都很难被遗忘。现在很多英国人的房子也仍然保留着需要花费很多钱保养的仿制壁炉，纵使他们早就用上了暖气。还有能体现风度和威严的骑警也最早在英国产生，现在也仍巡逻于各条大街道上。

(三)彼此尊重的英国人

谈及彼此尊重，前面说到英国人对于自己的空间、自己的思想、自己的行为具有很强的独立性，所以对于其他人的空间、思想、行为也具有很强的包容性和尊重，这一点从他们对职业的尊重可见一斑。我听到过一个英国趣事，说一个牛津的学生在一家餐馆里做服务生，而他的一个中国同学偶遇了他，然后在交谈的过程中发出了惊叹的语气，而导致小小的不愉快。中国人眼中的大材小用在英国人的认知中却是尊重与平等。而且英国人对于妇女儿童的尊重也是十分突出的，坐车、入门，男士都会主动礼让。此外，英国仅有 20% 左右的人对移民持敌对态度，大多数人认为异族人的融入将会让英国文化更加灿烂，英国的文化将会包容和同化不同的人群，并让大英帝国更好地发展。这种对于移民的包容和尊重，让英国人尊重他人的性格越发显得高贵。

(四)自信孤傲的英国人

英国人的自信源于英国的历史和英国的地理位置。众所周知，英国居于海上，被北海、英吉利海峡、凯尔特海、爱尔兰海和大西洋包围。虽然那里相对“与世隔绝”，被浅浅的英吉利海峡从欧洲大陆分离出去，但是那里率先发生了工业革命，率先开辟了大航海时代，出现了众多诸如哥伦布、牛顿、莎士比亚等卓越人才，不断引领着世界的发展。所以英国人的性格中有着对本民族深沉而坚定的自信，那种刻在骨子里的自信，在历史的沉淀中，深深融入他们的血脉，也造就出了英国人那特有的孤傲。当英国人被一个别国、别种族人或事物感染、感动或征服时，他会毫不掩饰地用一句“Wow, so English!”表示夸赞。说实话这种仪态有些让人无法接受，但这就是英国人，他们具有将“English”带上形容词词性的自信与胆量。

思　考　题

1. 论述题：请根据相关知识，结合材料，论述外交礼仪的意义。

我国首任驻斯洛文尼亚大使鲁培新在接受媒体访问时曾提到接待访华的尼克松的外交故事：

尼克松访华时，中美尚未正式建交。鉴于当时中美的关系，尼克松来华，周恩来拟定了接待尼克松访华的16字方针，“不冷不热，不卑不亢，待之以礼，不强加人。”“不冷不热”是说人家要来，不能冷落，但也不能热情过度，中美毕竟还没有建立正式外交关系；“不卑不亢”是说不能求人家也不能傲慢；“待之以礼”是说该有的礼仪，例如仪仗队，还是要有的；“不强加人”是说不能说你来了我这就要听我的，很刺激性的条款不能强加于人。

在具体接待上，周恩来非常细致。尼克松来了有仪仗队，但是没有欢迎群众。一般外国元首访华，要安排四五千群众欢迎。周恩来亲自要求欢迎乐队奏三支美国的曲子，包括《美丽的亚美利加》《牧场上的家》《草堆中的火鸡》。《美丽的亚美利加》是尼克松最喜欢的曲子，也是他就职典礼上播放的曲子，《牧场上的家》是尼克松家乡的曲子，另一首也是美国民歌。周恩来还到人民大会堂去检查准备情况，周恩来就站在军乐团面前听他们演奏，并且叮嘱说尼克松是懂音乐的，一定要奏好这个曲子，不要给中国人丢脸。

2. 简述题：仔细阅读以下材料，判断甲、乙女士的做法是否正确？若不正确，请根据所学知识纠正其错误。

晚宴是相对轻松的外交场合，外交人员甲女士受邀参与A国大使家宴，由于晚宴当天天气炎热难耐，甲女士决定穿旗袍出席宴会，但由于初出茅庐对具体装扮犹豫不决，故决定向同事乙女士寻求帮助。乙女士为其选择了一身大红色丝绒旗袍，跟高5厘米的黑色高跟鞋，黑色腋下皮包并向其建议：“天气炎热，可以不穿丝袜，但切记一定要褪尽腿毛以免出丑!”甲女士采纳了同事意见，穿戴整齐后甲女士出门赴宴。途中甲女士觉得酷热难当，故解开旗袍最上面一个盘扣以获取些许凉意。

3. 简述题：你对哪个国家最感兴趣？你知道这个国家的禁忌文化吗？请联系自身经验谈谈你对该国禁忌文化的认识。

第六章
谈判与谈判礼仪

谈判可以分为广义的谈判与狭义的谈判。广义的谈判是指除正式场合下的谈判外，一切协商、交涉、商量、磋商等，都可以看作谈判；狭义的谈判仅仅是指正式场合下的谈判。本章主要讨论的是广义的谈判。作为一项通过和平方式而非暴力形式解决矛盾的活动，谈判很早就受到人们的重视：譬如中国东周时期出现的“晏子使楚”、蔺相如“完璧归赵”的典故，又比如早期西方文明中的公民大会传统。而当下，随着生产的社会化以及伴随而来的社会矛盾多元化，谈判作为一个解决冲突的工具，也变得越来越重要。作为新时期的公民，有必要及时了解谈判，掌握谈判方法，切实提高自身的沟通协商能力，以应对生活不断给出的挑战。

第一节　谈　　判

当下单纯依托温和或强硬立场进行谈判的方法普遍存在着不足。一方面，遵循强硬路线、在立场上纠缠的“立场式谈判”，既难以促成明智的协议又缺乏效率，既影响双方关系又不适用于多元主体参与；另一方面，如果采取温和路线进行谈判，虽然能够在一定程度上提高效率达成协议，但是却难以保障协议的质量，效果也不甚理想。相对于前二者，依据原则进行谈判的方法(下文称“原则谈判”)，却更注重互惠与公平，并往往能够带来更为明智的谈判结果。

一、谈判的基本要素

人、利益、选择和标准四要素，构成“信息谈判”的基础，也指明了开展谈判所应当大致遵循的方向。

(一)人

谈判是仅限于人类发起并参与的关于目标、需求及利益的活动。这反映出人是谈判的第一要素。其中，备受关注的首要问题分别是谈判者的个人风格特性与人际关系。

1. 谈判者的风格和个性

初始接触谈判的新人有必要想清楚应该如何采取有效的策略进行谈判。

(1)回避策略。对现状满意时不失为可取选项，但不是最佳选项。

(2)妥协策略。这是一种简单、公正、快速的策略，能友好地促成谈判，但未必能圆满地解决问题。

(3)迁就策略。主动分享利益，以换取同等及更大利益。

(4)竞争策略。在利益上采取与迁就策略相反的进攻性态势。

(5)协作策略。最难执行的策略。通过细致的分析，发现潜在的问题，从众多方案中找到最佳解决方案，以公正的标准与准则来解决棘手的问题。

根据实际谈判中这些策略的运用频次，相对应的有五类谈判风格，它们分别是：

(1)迁就型。

A. 强迁就型谈判者。

优点：善于建立关系，对情绪、肢体、暗示比较敏感，善于在内部协商解决问题，承担“关系管理者”的身份。

缺点：过多关注谈判者的人际关系，在竞争性更强的人面前显得脆弱不堪。

B. 弱迁就型谈判者。

优点：坚信所有问题都能找到“正确”的解决办法，使双方消耗大量时间考虑“最佳”的结果，导致谈判节奏延迟。

缺点：过于顽固，过多关注事，而不注重他人，因而降低了人们的合作意愿。

(2)合作型。

A. 强合作型谈判者。

优点：喜欢以融合互动方式来解决难题。擅长通过谈判发现冲突表象下隐藏的基本利益，致力于为所有人找到最佳方案。

缺点：为了表现自己的能力常常把简单问题复杂化，从而激怒别人。

B. 弱合作型谈判者。

优点：有条不紊，周密计划。喜欢在谈判开始前详细确定要面对的问题，按议程进行，抓住既定目标不放，每一步行动必定清晰明了。

缺点：当谈判复杂化时，缺乏临场应变能力，从而阻碍谈判进度。

(3)妥协型。

A. 强妥协型谈判者。

优点：通情达理，很好相处。总是积极“弥合差距”，达成协议。

缺点：很少向对方提出足够的问题以获取更多信息，经常错失达成更有利协议的机会。

B. 弱妥协型谈判者。

优点：原则性强，热衷坚守原则和惯例。

缺点：喜欢对任何事情“上纲上线”，经常在别人认为次要的事情上争论不休，被别人视为顽固分子，更关心赢得争论，而不是完成交易。

(4)竞争型。

A. 强竞争型谈判者。

优点：喜欢胜利，精力充沛，动力十足。对优势、最后期限、如何开局、如何提出最后方案、最后通牒有很强的直觉。

缺点：操控谈判过程，精力集中在追求胜出，难以与对方建立关系。

B. 弱竞争型谈判者。

优点：将谈判看成双人共舞，很好相处，让人感觉特别轻松，容易获得信任。

缺点：涉及重大利益时，弱竞争型谈判者将处于劣势。

(5)规避型。

A. 强规避型谈判者。

优点：善于拖延和避开矛盾，熟练运用一些减少冲突的方法，如制定明确无误的规则。

缺点：当别人非常愿意满足我方需求时，却不提出请求，错失获得更好收益的机会。

B. 弱规避型谈判者。

优点：不惧怕个人冲突，完全能承受各不相让的讨价还价。

缺点：有时缺乏策略，对抗性过强。在官僚体系中，被视为拒绝墨守成规的惹是生非者。对官僚政治和办公室政治极为反感，与那样的环境格格不入。

以上五种可以归纳为两个最基本的类型：合作风格与竞争风格。尽管流行观点倾向于认为人们往往在谈判中偏好竞争风格，但根据杰拉尔德·R. 威廉姆斯(Gerald R. Williams)与尼尔·雷克汉姆(Neil Rackham)等学者的研究成果来看，完全理性、合作的人似乎才具有很强的潜力成为高效谈判者。

以下四种思维能对谈判结果起到改善作用：①愿意做准备工作。②高期望。③耐心倾听。④坚守正直的人格。

通过谈判所遵循的四个步骤，即前期准备、设定高期望、倾听对方及谈判中坚持用正直人格行事来实现高效谈判。总之，谈判者必须了解自身的风格偏好，思考它们能如何适应不同的情势需要。

2. 谈判者的人际问题

人们谈判的原因固然是想要达成满足自己实质利益的协议，但多数谈判是在人际关系不断发展的情况下进行的。“立场式谈判”往往将涉及的人际关系与实质问题对立起来，把谈判当作一场针对立场的意志较量，使二者纠缠不清；在实质问题上妥协也不能换来良好的关系，这只会让对方产生轻视情绪，并轻率地牺牲己方实质利益。但是，这两类较为极端的情况并不意味着解决实质问题和保持良好的关系相互矛盾，只要把人际关系建立在准确的认知、适当的情绪、顺畅的交流和长远的预判上，谈判就能达成。

(1)认知。

就人际问题中的认知而言，无论是谈生意还是解决纠纷，意见分歧都来源于双方思维方式的差异。尽管追求客观事实有益于增进对现实或事件的了解，但最后仍然要回到协调双方就某一事实不同的认知上。在实际中可以这样做：

①站在对方角度换位思考，理解对方观点的分量所在，感受对方深信不疑的观念中所包含的情感力量。

②不要以自己的担心推测对方的意图，把问题同交谈对象区分开，防止从坏处去理解他人言行。

③讨论对问题的认识，认真倾听对方的真正意图。

④让对方参与其中，使之明白谈判结果对双方都有利害关系。不仅要尽早让对方参与其中，而且要在提案中充分考虑双方建议。

⑤保全面子：使提议与对方观念一致。

(2)情绪。

就人际问题中的情绪而言，由于其所具备的感染力，发挥的作用可能比言语更为重要。回到具体层面上可以这样做：

①首先要承认并理解自己和对方的情绪。把情绪表现出来，并承认有情绪是正常的。专门讨论自己或对方的情绪，不仅能够突出问题的严重性，而且有利于掌握主动权。

②让对方发泄情绪。静静地听着，不时地让对方继续，直到对方说完为止，以不留积怨。

③不要对情绪的冲动做出回应。如果宣泄情绪导致对方产生情绪化反应，后果将是危

险的。

④采取象征性的姿态，并付诸为对方带来积极情绪的行动，以缓和敌对情绪。

(3)交流。

就人际问题中的交流而言，尽管其重要性是不言而明的，但三大障碍的存在使平常的交流也变得并非易事。它们分别是：

①谈判者之间直接交流的缺失。不与对方携手达成共识，而是企图击倒对方；不是去说服对方采取更有建设性的步骤，却力图说服旁观者。

②未获得倾听的交流。所说的内容没有引起对方的重视，或是无法复述对方所说过的话。

③交流中的误解。因交流各方的言语、文化背景的不同，故促成理解上的误差，使得相互间的交流也变得像大风中的烟雾信号一样难以捉摸。

但是，以下几种方法仍然可以被用来克服这些问题：①认真倾听并理解对方的意思。②说出自身的想法，争取对方的理解。③只谈自己，不说对方。④有的放矢。

(4)预判。

防患于未然是处理人际问题的最佳方法，即同对方建立个人或组织间的良好关系，以缓冲谈判中的摩擦。回到具体层面上，可以这样做：

建立良好的合作要在谈判开始之前。要了解对方，发现他们的好恶，并通过非正式途径与他们接触。

对事不对人。还应当时刻注意，将对方当作有血有肉的人来对待。

(二)利益

谈判时，要着眼于利益而非立场。谈判的根本问题不在于双方立场上的冲突，而在于双方需求、愿望，乃至恐惧等方面的冲突。利益驱动人的行为，利益是争执背后的动机。故考虑利益而不是立场，可使谈判迎来转机：一方面，每一项利益可以通过多种方式满足，而人们往往只采取最显而易见的立场；另一方面，对立的立场背后不只有冲突的利益，还有更多其他利益。

为了确定谈判中涉及的各方利益，促成明智的决策，有以下做法：

1. 问“为什么”

理解对方的需求、担忧或意愿。

2. 问“为什么不”

考虑对方的选择，明确谈判者希望对方做出的决定，并扪心自问，对方为什么没有这样做，如果这样做会影响对方的什么利益。

3. 认识双方的多重利益

在所有的谈判中，每一方所具有的利益都是多种的，而并非只有一种。所追求的利益中既有自己的一份，又有双方的共同利益。

4. 思考基本需求

如果能够照顾双方的基本需求，就能增加双方达成协议的机会，或增加达成协议后对方遵守协议的可能性。这些需求包括：安全感、经济利益、归属感、被认同感、主动权。

5. 列一张清单

清单能让谈判者记住这些利益。一方面有助于提高评估质量，另一方面能为如何满足这些利益提供思路。

为了有建设性地讨论这些利益而不至于陷入僵局，还应当形象地描述利益，而且让对方具体准确地了解谈判者自身利益的重要性与合理性，从而多考虑能满足利益的方案。

(三)选择

选择指为共同利益创造选择方案。以促进共同利益和协调冲突为前提准备的方案，有助于避免因压力而造成的“盲目短视”的决策。善于创造多种选择方案是最具价值的一笔财富，但在大多数情况下，还须注意避免以下几点：

1. 不成熟的批判

对创造力最有害的是那种总是抓住一切新鲜事物的不足而大做文章的批判意识。评判往往会妨碍想象力的发挥。

2. 执着于单一答案

假如从一开始就只是为了寻找唯一的最佳答案，将很容易错过本应有多种选择方案的明智决策过程。

3. 把形势看作胜负之争

在损害一方利益而满足另一方利益的方案中，谈判成了一种“定量”的较量。

4. 仅仅考虑自身利益

缺乏长远目光，只顾自身利益，导致谈判者只能形成片面的立场、片面的论据以及片面的解决方案。

为了寻求富有创造性的选择方案，可以这样操作：

(1)把创造与决定过程分开。

通过集思广益，尽可能多地寻求解决方案，而不是一味地去批判与评价。

(2)扩大选择范围。

明智的决策不是直接寻找最佳方案，而是从大量不同的选择中进行挑选。这需要进行大胆的思维跳跃，从不同职业、不同学科角度去思考，给出不同的协议方案。

(3)寻求共同利益。

理论上讲，共同利益有助于达成共识。共同利益潜藏在每项谈判中，并非随时可见；共同利益只是机遇，必须有所作为力有把握进行；强调共同利益能够使谈判更为愉快、更为顺利。

(4)给对方决策以方便。

不要让对方觉得事情很难办，充分考量他们的诉求，给出合理可接受的解决方案。

(四)标准

在谈判中要坚持客观标准。谈判并非单方面参与的活动，必须坚持公平的标准。公平的标准也就是客观的标准，至少在理论上对双方都适用。同时，公平的标准离不开公平程序。它是在利益冲突中实现双方参与机会均等、共同获利的必要过程。在运用客观标准进行谈判时，需要遵守：首先，在原则上达成一致，利用对方给出的标准说服他们。其次，确定最合适的标准及其运用方式，从而在适当的原则基础上解决问题，而不是仅用原则作为支持自己立场的依据。最后，遵从原则，绝不屈服于压力。谈判时压力有很多种：贿赂、威胁、强迫别人相信或全然拒绝让步。对于这些，原则性反应都是一样的：让对方摆出理由，提出适用的客观标准。除非基于客观标准，否则绝不妥协，因为只对正当理由做出让步的立场才更容易得到捍卫。

二、谈判的执行程序

谈判的执行程序，涉及谈判规划、发掘、改进以及决策四个阶段。

（一）谈判规划

规划不仅有助于防止谈判陷入僵局，避免谈判过程中出现问题，而且还有助于达成协议。它主要涉及五个步骤：

1. 设定目标

谈判阶段首要的任务是确认目标，具体又分实质目标和关系目标。

实质目标是谈判的原因，在谈判过程中，具体体现在双方的利益、集思广益的方案、提出的临时协议，甚至签署的最终协议上。弄清楚目标，有助于双方取得一致的步伐，向共同的目标努力。

关系目标是谈判者希望同对方建立的关系。专注于同对方建立所希望的关系，将更有可能通过协商达成一个实质目标，并使随后的谈判更加顺利。

2. 情境评估与反身审视

根据谈判各方对未来关系重要性的理解及对各自利益的认识，可以将谈判情境划分为四种：默认协作、交易、关系以及平衡考虑，如图 6-1 所示。

从第 IV 象限开始，它结合了低利益与有限未来关系的特点。在这种情境中，谈判者不用花心思去避免冲突，因此不必刻意进行多次谈判。

在第 III 象限中，利益问题远远比任何未来关系都更重要，也是在谈判中真正发挥作用的因素所在。

在第 II 象限中，关系对达成协议有重大影响，而要讨论的具体事务是第二位的。这时，应当尽力善待谈判的另一方，遵守谈判的细节及规定。

在第 I 象限中，未来关系与现时利益处于互相平衡的张力中，是最复杂也最有趣的情境。

由于谈判情境是人的主观认知产物，而非客观现实，因此人们对于情境的认知通常各不相同。为保险起见，从己方视角考虑情境的同时，还应当从对方的角度审视解读情境。

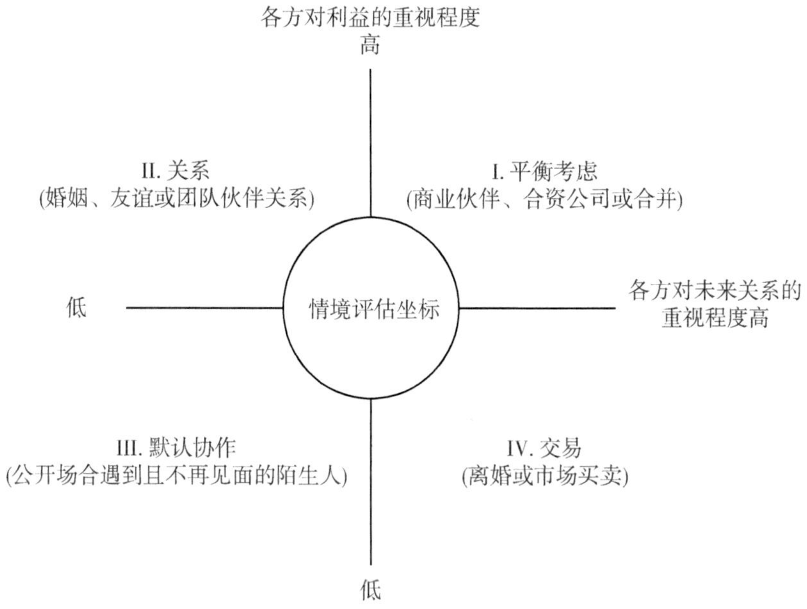

图 6-1 谈判情境划分

3. 匹配策略风格

在明确具体情境后，要尽快匹配谈判策略。基于对平衡的考虑，并兼顾关系和利益的情境，可选择解决实际问题或寻求妥协；对于偏重关系的情境，可采取妥协迁就策略，条件允许的情况下也可以直接解决实际问题；在交易情境下，建议最好采取竞争方式争取实际利益；而在默认协作情境下采取回避或者妥协是较为理想的策略。

如果能够得心应手地使用各种策略，将有助于应对各种情境。如果这些策略不能够很好地与自身情况相适配，那么就找一个可以提供帮助的人，让其参与决策，这也是一种明智的做法。

4. 确定沟通方式

确定沟通方式涉及两个重要方面：(1) 直接与对方进行沟通，还是委托代理人进行？(2) 如果决定谈判，应该如何与对方谈判？是面对面还是采用电子媒介？

如果决定要依靠代理人进行，那么至少需要考虑以下几个因素：代理人的酬金、代理人的事务权限、代理人的情绪、信息传达的准确度、代理人的认知能力、雇佣代理人的时间成本。

如果决定采用电子媒介进行远程沟通，那么会存在以下几个问题：(1) 增大陷入僵局的风险。由于缺乏语言、表情，电子信息比话语更显得缺乏明显情绪，可能会导致对致信内容的误解。(2)草率地发送。电子信息容易被复制或被不相干的人获取，从而造成信息泄露。(3)谈判的延迟。这种情况尤其会发生在使用电子邮件解决争端时。沟通渠道的受限，往往会增加传递信息的时间成本。

当然，以下三个实用的建议可以帮助应对新技术带来的麻烦：(1)在发送之前，三思而后行。(2)一定要尝试约定一次简单的面谈，并在提出该请求时解释自己的理由。(3)谈判流程拉长时，应隔一段时间给对方打一个电话，约定与他们面谈。

5. 制定议程

制定议程时需要逐一关注利益、方案和标准涉及的事项。为了避免谈判变得混乱无序，还需要提前设计谈判的基本原则。另外，提前做好谈判过程中的角色分工，安排合适的人做会议记录、规划时间、推动进展，也将有助于提升后续会谈的效率。

(二)发掘和改进

发掘和改进是发掘谈判价值、改善方案的阶段。在这两个阶段中，双方应以营造友好氛围作为大前提，在了解对方利益的基础上表明自身优势和期望，然后一同制订方案，最后根据标准筛选最优方案。进行每一个步骤时，为了以防万一，应准备好应付对方的代替方案。

1. 营造友好氛围

在谈判时营造友好氛围是不可轻视的部分，因为信息及其背后利益的发掘，很大程度上就是依靠有效的人际沟通。如果在谈判中犯下不必要的错误，导致对方紧张甚至是冒犯对方，往往会带来不可预计的损失。一般情况下，建议通过寻找可与对手分享的共同利益、喜好来营造友好氛围。同时也要警惕对方刻意营造友好氛围的目的，比如刻意恭维或意在施加影响。

2. 了解对方利益

实现谈判价值的唯一途径是探查、发掘对方的利益，较为适合的方法之一是提问。提问可以显示一个人的好奇心、利益和关注点，能减少对方的误解或错误假设。如果了解的信息不多，可以从一般的开放性问题开始，比如对方的需求、关注点和期望；接着问一些更为具体的问题，以表明在听对方说，并将对话向前推进；然后再明确有力地提出反问，以确认自己真的理解了对方的话。

另一个方法是采取更为直接的价值问题策略。此方法可以从挑战性的问题开始，集中了解对方在谈判中面临的问题和机遇。然后再通挑战性问题引出正反两面的推论性问题。

这样就能了解对方的核心需求，从而制订最可行的增值方案。

3. 表明期望和优势

谈判优势是一种依赖主观认知的客观存在。如果本方条件有吸引力，或者能够源源不断地获得合乎规则的优势，又或者没有对方的合作也能够轻松开展业务，那么可以在信息交换阶段向对方表明这些优势。若是不具备上述优势，最好针对现实制订计划。

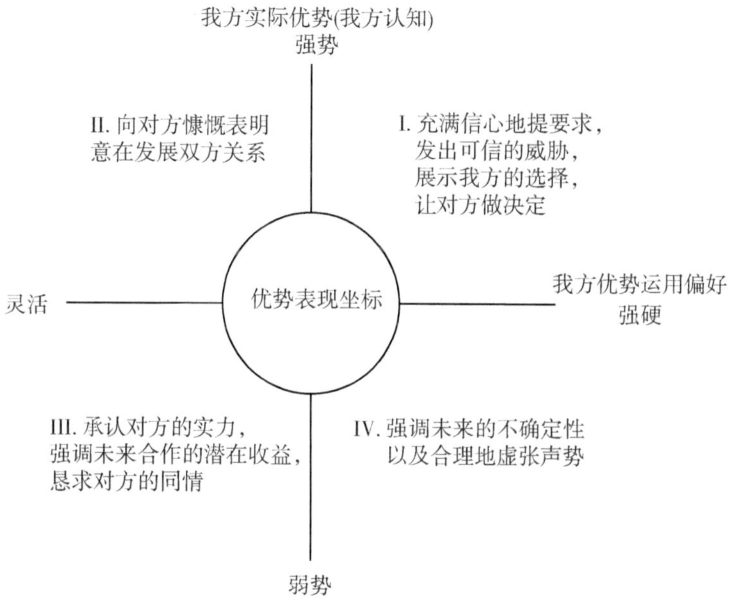

图 6-2 我方实际优势

4. 制订方案

在制订方案时，要谨记两点：(1)将备选方案与确定方案分开；(2)邀请对方一起集思广益，并与对方分享方案。

某一方将拿出具体的看似可行的初始建议，需要某一方做出相应的答复。这一阶段有三个问题需要明确：(1)是否应当率先提议？(2)如果先提议，那么应当更理想还是更现实？(3)什么样的让步策略效果最佳？

就第一个问题而言，如果我方掌握的信息同对方的信息一样翔实甚至更好，尽管先开口就是，否则应当提醒自己注意“锚定和调整效应”，然后再让对方提出建议。当然，避免谈判开始时犯错的最好办法就是与重视发展相互关系的人进行谈判。

第二个问题需要分情境说明。在关系型情境中，正确的做法是提出公平甚至妥协性的初始方案。在交易型谈判中，如果占有一定的优势，那么应当乐观地开口。这种乐观的初始要求是高度灵活地运用某种标准或参考制定出来的。它们有着相似的情况：努力寻找“义正词严”而不是“理屈词穷”的论据。当然在部分情形中，这一要求难以发挥全部作用：(1)缺乏优势时；(2)对方不愿讨价还价时；(3)谈判处在平衡考虑情境中而非交易中。

第三个问题关注的是让步策略。

(1)在交易情境中，不妨慢慢让步，幅度逐渐减小，停止于预期水平上。

(2)在平衡考虑情境中，不妨在小问题上大让步，在大问题上小让步；提供多个精细的选项以套出多套方案。

(3)在关系情境中，可以迁就对方或者寻求公正的妥协。

(4)在默认协作中，迁就也不失为一种合理的让步策略。

5. 筛选方案

根据标准筛选方案，这里需要将记载方案与利益的清单进行比对，寻找能满足优先度高的利益与共同利益的最佳方案。考虑到没有人愿意在谈判中落下风，还需要将方案的范围缩小在具备可行性的方案和双方可能达成一致的方案中。

为了以防万一，还必须准备好替代方案。如果对以下几个问题着重考虑，那么将有助于做出明智选择：(1)是否会公开自己的最佳替代方案？(2)如果决定公开，公开的方式是什么？(3)是否会询问对方的最佳替代方案，如果询问，应该如何问？

(三)决策

决策是以明智、有效而非强迫的方式推动谈判各方决定达成协议的阶段。达成协议意味着谈判各方创造了尽可能多的价值，未达成协议意味着谈判各方转而采用自己的最佳替代方案。

在决策阶段，总体应遵循以下三个步骤：

(1)以达成最可行协议为目标。换句话说，就是要将最可行的协议当作最终方案。谈判者在这一阶段要想方设法地实现价值最大化，而不是彼此让步。其中，尤其需要首先了解己方的最差可行协议，然后建立一个具体的参照物，从而判断谈判桌上的协议是否值得接受。

(2)起草临时协议。临时协议的存在源自谈判中时常面临的困境——一次性在所有事项上达成协议几乎是不可能的。而基于整体协议达成临时协议是战胜此困境的有效方法。

(3)采取下一步措施。谈判者可以采取各种各样的“小措施”，以使下一次的会谈更有效，并推动谈判收尾，比如先确定好会谈的时间安排、后勤保障、下一次会谈的时间地点等。探索双方在沟通、告知、调查、咨询等谈判桌外采取的措施是否取得一致意见，对许多要求达成共识的谈判而言也很重要。即便双方已达成了最终的协议，也要确保强化协议达成后双方行为的恰当性。毕竟，协议的价值不体现在字面上，而是体现在双方履行协议的行为上。

但对于各种关系情境，还有不同的应对方针：

(1)在真正的关系情境中，目标是向对方表明善意，所以应当接受对方的要求，然后快速又态度温和地结束谈判。

(2)在平衡考虑情境中，既需要给对方留下好印象，又必须注意谈判中收获的实质利益，所以不妨尝试在既有协议的基础上增加补充协议。

(3)在默认协作情境中，采用迁就策略收尾是最为稳妥的。

(4)在交易情境中，也可以采取一些心理策略，如给出最后报价、期限、退出谈判等以进行施压，并利用对方的过度执着迫使其妥协。当然，采取折中方案和平解决也是可行的。

纵然最后达成了协议，还需要注意获取对方的承诺——这才是谈判的真正目的。有时候一次简单的握手就可以让对方忠实地执行协议。有时候则需要一些惩罚性、仪式性措施确保承诺的兑现。如果没有承诺，谈判双方可能要面对因为缺少执行协议的行为而导致的风险。

三、特殊情况及应对建议

谈判中常出现的特殊情况和相应的解决思路大致可归为以下三类。

(一)对方实力在我方之上

第一种情况是对方的实力较我方更为强大。在这种情形下，没有一种谈判模式能保证成功，但仍可以通过一些手段实现自我保护并使达成的协议能尽量满足自身的利益需求。

(二)对方采取不合作态度

如果对方坚持立场，采取不合作的态度，面对这种情况，需要尽快回到所关注的事情上。有以下几种做法：(1)坚持原则。(2)不主动回击，而是把对方的力量引入探讨双方利益、制订共同受益的选择方案和寻求客观标准上。(3)引入第三方。若是单凭自己的努力难以使对方由立场争执转向原则谈判，便需要求助于第三方。第三方更容易将人与事分开，直接讨论双方的利益和选择。不仅如此，调解人还能为解决分歧提供公正的基础。

(三)对方在谈判中使用诡计

1. 应对诡计的方法

如果对方在谈判过程中耍弄伎俩，出现这种情况时，可以这样应对：

(1)识别诡计。

谈判者要学会识别哪些是欺骗伎俩，哪些是故意使人难受的计谋，哪些会使双方陷入立场之争不能自拔。通常，诡计一旦被识破，也就失去了它应有的效力。

(2)揭穿诡计。

在看破对方的伎俩后，谈判者应当明确地指出。

(3)质疑诡计的合理性与可取性。

重新设计游戏规则，解决程序性问题，保障能够愉快、有效地达成明智协议或者选择最佳方案——退出谈判。

2. 常见的诡计策略

下面附上一些常见的诡计策略，以供防备时参考。

(1)故意欺骗。

①虚假事实：对事实做明显虚假的陈述，是最老套的谈判诡计。

②模糊的权限：对方刻意营造可以全权负责的印象，当我方认为可以拍板定夺时，却告知必须向上级汇报，以倒逼我方让步。

③令人怀疑的意图：对方会出于自身利益而不遵守协议。当然，未完全透露并不等于欺骗。在事实和意图上故意欺骗别人与不完全透露自己当时的想法是两码事。诚实的谈判并不需要完全透露自己的想法。

(2)心理战术。

①环境压抑：环境细节上的选择可以对谈判参与者的心理状况产生无形的压力。

②人身攻击：对方可能用各种语言对我方穿着、形态等进行贬低攻击。

③红白脸战术：软硬兼施下的具有欺骗性质的心理施压措施。

④威胁：用威胁的手段使对方难以做出选择。

(3)从立场上施压。

①拒绝谈判：目的是把同意谈判作为讨价还价的筹码，以获得实质上的让步。

②过分的要求：以苛刻的条件进行谈判，以期获得更大的收益。

③变本加厉：不断地抛出更多的要求，并重新提起认为已经解决了的问题，以减少总体上的让步，增加对手的心理压力，使其希望获得更多要求。

④锁定战术：强硬地突出自身的立场及行为选择。

⑤强硬的同伴：对方称自己不反对，但对方不好说话的同伴不同意，以此拒绝对方的谈判要求。

⑥故意拖延：迟迟不做决定，直到时机成熟。

⑦要不要请便：让对方面临不可改变的选择。

第二节 谈判礼仪

作为对前述具体谈判方法的补充，这一节引入对谈判礼仪的介绍。谈判礼仪，可以理解为谈判中双方或多方，针对谈判中的不同场合、对象、内容和要求，借助语言、表情动作等形式，向对方表示善意，塑造自身良好形象，进而达到建立和发展良好的谈判关系所遵循的行为准则和交往规范。同时需要注意，要成为一位真正优秀的谈判者，所具备的谈判礼仪不该只针对狭义的辩论环节，还应在日常生活交谈中多加实践演练。

一、辩论礼节

辩论时，获得发言权的发言人及会议成员要遵守既定的辩论礼节，保证辩论可以正常有序地进行。具体规定如下：

（一）不跑题

在辩论中，发言内容必须围绕待决议题展开，不能涉及与议题无关的其他内容或信息。日常会议中的跑题大概有三种：无意识跑题、恶意跑题和被动跑题。无意识跑题是指因对话题中的次要信息过分重视或对议题错误理解导致的话题偏移。恶意跑题就是指发言人在辩论中处于下风时或在其他目的的指引下，故意转移话题，以逃脱不利境地。被动跑题就是指发言人受前两类跑题的影响，不知不觉地被动转移讨论目标。

跑题现象通常比较隐蔽，不易被发现，有时候甚至跑题者自己都不会觉察。所以，每个人都要警惕，发言时尽量随时自查。会议主持人一旦发现与议题无关的发言，就要立即提醒并制止。

（二）不攻击

在辩论时，只能对当前待决议题的利弊进行发言，严禁对持相反观点的成员进行人身攻击，包括道德质疑、动机揣测，甚至嘲讽、辱骂等。一旦主持人发现有人在辩论中出现针对他人人身攻击的词语，必须立即制止，避免事态进一步恶化。

为避免辩论过程中的人身攻击，有如下防范措施：

1. 发言人必须面对主持人

发言人不得面对观点相反方发言，而是面对主持人，从而避免因为直接面对导致对方情绪激动而引发的严重人身攻击现象。对正在发言的成员提问也要经过主持人的同意。

2. 避免提及成员的姓名且不使用第二人称

无论是主持人还是其他成员，在会议过程中，尽量避免提到他人名字，并且不称呼对方“你”或者“您”。因为会议讨论的是某个议题，也就是讨论的是“事”，没必要涉及“人”。如果觉得必须提及某位成员，可以用“对方辩友”“反方成员”“刚刚发言的先生(女士)”等第三人称代替。如果在会议中直呼某人姓名，可能会让对方产生“对人不对事”的误解，从而导致不必要的冲突。成员提及主持人时，通常要使用主持人的行政头衔，如果主持人没有行政职务，可以直接称呼“主持人”。但如果是在表彰性质的会议上，此条则不须严格遵循。

3. 主持人自称只能用第三人称

不可以使用“我”，而是用“本主持人”。这是因为会议中，主持人的一切裁定都是在执行“主持人”职务所赋予的职责。如果自称“我”，会被其他人误解为这是主持人的个人意愿，从而引发人身攻击。

(三)禁止反对已经通过的决议

即使某个已经通过的决议与当前待决议题是切题的，也不能在发言时对已通过的决议发表反对意见。如果想要改变该决议，可以动议“撤销或修改已通过的决议”。单纯地发言反对一个已经通过的决议是无意义的。

(四)禁止反对自己提出的动议

在动议的讨论过程中，动议人可以不发言，但如果发言，就必须支持自己的动议。如果在辩论过程中，动议人改变了态度，想要放弃自己的动议，可以通过“动议人收回或修改动议”来收回或改变自己的动议或者在表决时投反对票。

(五)主持人的正常事务优先于成员的发言

在辩论中，如果主持人需要做出裁决、公布消息或其他符合规则的事务。正在发言的成员要中断发言并落座，但仍然保留自己的发言权。等到主持人结束相关事务后，在主持人的邀请下，可继续发言。

(六)禁止扰乱会场

在会议当中，成员不可做出随意打断他人发言、随意走动、大声喧哗等扰乱会场的行为。一旦主持人认为有类似行为发生，或成员因此提出“程序问题”，主持人就应当提醒当事人停止扰乱行为。如果屡次提醒仍不改正，可以经由会议表决，对该成员进行处罚。但在会议中要谨慎执行此条决议。某些行为是否会“扰乱会场”许多时候是难以界定的，因此会引发争议。尤其在大型会议上，这样的限制是无法实现的。但是如果出现特别明显的扰乱会场行为，主持人必须果断地予以制止。

(七)服饰搭配适当得体

服饰穿搭能够体现谈判者个人的综合修养。良好的穿搭能力有助于塑造精明强干的形象，提高谈判成功的概率。穿搭能力主要体现在两个方面，一是规范性，二是审美性。规范性，即着装符合国际规范。在正式的谈判会议中，着装一般要求严谨专业。男士应当身着正式的西服套装，即成套深色西服，加衬衣、领带、皮鞋；女士穿着风格与男士基本相似，但不系领带，下身可搭配深色系裙子或裤子。在符合具体谈判场合要求的基础上，还应尽可能保障着装的美观。谈判者可以从款式、色调、质地等方面着手，选择最能够体现个人良好审美趣味的服饰。

二、日常沟通原则

与严肃的协商会议及正规辩论会相比，日常的观点交流所遵循的规则要简单得多。但是为了保证沟通的正常进行，为了保持自己良好的沟通者形象，应当遵循以下原则：

(一)善意原则

除了单纯的情绪发泄外，所有的沟通，初衷都不会是要使这件事情变得更糟。相反，双方是为了更好地交流以达成某项共识，或者为了促进双方协作以解决某个问题。因此，在交流的过程中要始终表现出善意，以达到最初的目的。

之所以日常的交流或者沟通往往会在不知不觉中从最初的友好氛围变得火药味十足，一个关键点就是双方都没能让对方感知到善意。这里的善意可以是“我是尊重你的”，可以是“我愿意听你说完”，也可以是“有些地方你是对的”，还可以是“我不会拿你当敌人”。善意能使对方不再对你戒备，让对方觉得与你交谈很舒服，并以更大的善意回报你。那么，要表达善意，不妨遵从以下几点：

1. 文明、得体的语言

不忘使用礼貌用语、并且诚恳地表达。语言是沟通信息最主要的载体。通过文明得体的语言，可以体现沟通者的素质，而高素质的表现可以使对方产生好感，也会促成良性的沟通循环。

2. 善意的非口语行为

非口语行为，可以被认为是“通过非语言途径呈现的信息”，这包括除了说出的或写出的其他所有能传递信息的行为。与身体有关的非口语行为包括姿势、手势、表情、眼神等。与声音有关的非口语行为包括音色、音量、语速、腔调等。与外貌有关的非口语行为包括长相、身材、穿着打扮等。在大多数情况下，这些非口语行为比语言更重要——它们会更直接地主导沟通关系。充分利用非口语行为，结合恰当的语言，有助于真诚地传递善意，构建良好的沟通氛围。

3. 认真地询问与聆听

询问有助于更加深入地了解对方的意图，也体现了对对方的重视与尊敬。运用询问，能促使谈判者与对方形成情感上的互动，进而互相产生好感。善于聆听也是很重要的能力。聆听要求谈判者做一个好的观众，尊重对方、有耐心地去听；要从别人的表达中获得对方未曾明确表达的真实意图和更深层次的情感需求，这样才能有效应答。所以，一个会沟通的人，首先是一个会听的人。

文明、得体的语言，善意的非口语行为，以及认真地询问与聆听，可以充分地表达善意，从而构筑和谐的沟通基础。

(二) 扣题原则

应紧扣题目，时刻围绕当前的事务或观点发言，集中所有精力沟通、交流并阐述自己的观点。如果在讨论的过程中，不断地被插入与该事务或观点无关的其他议题，必定导致注意力的分散或导致双方思维被扰乱，从而阻碍讨论，甚至无果而终。要做到不跑题，则需要：

1. 彻底了解议题的所有细节

不论要讨论的议题是某个事务的处理办法，还是某个观点的互通有无，双方第一要做的就是完全了解议题的所有细节。要对议题的每一个字、词进行了解和分析，完全理解它们的意义和议题所体现的重点，而且讨论各方要保证在细节上的描述和定义上没有歧义。如果在讨论之初就先对细节上的理解进行统一通常能避免很多分歧。

2. 始终围绕议题发言

通常讨论双方在熟悉了议题并达成统一后，要建立一个小型的议题框架，即选出议题的关键词与重点，以此作为议题的讨论范围。在讨论过程中，随时用这个框架来对照自己和对方。如果发言内容超出了这个框架的限制，且与当前议题没有直接的逻辑关系，那么应当提醒自己或对方——可能跑题了。

3. 接受提醒

如果发言出现了明显的跑题，对方一般会给出善意的提醒。作为跑题的一方，应当接受提醒并向对方致以诚恳的谦意，并调整发言内容。尽量用一些与议题框架直接相关的词语来展示发言内容与观点之间的联系将发言逐渐引入到议题的逻辑框架内。

了解细节、围绕议题并接受提醒，可以保障双方在整个交流过程中能紧扣题目，不发生严重的跑题现象，从而使交流高效进行。

(三)公平原则

所谓对话，是双方在平等的基础上进行的一系列沟通和交流。一场发言地位不平等、发言机会不平等、观点表达不自由的辩论，注定不会得出最真实的结论。而要做到公平发言，就应当做到以下几点：

1. 安全表达

改变双方因为职位、年龄、信仰、职业等不同而产生的地位不平等感。可以就事论事，不涉及人身关系；劣势方以非口语行为充分表达善意，化解来自对方的压力；不扣帽子、不作道德判断、不质疑动机。

2. 轮流发言

尽量做到正反方轮流发言。轮流发言可以保障各方的发言权利，避免某个观点支持者集中出现，从而对另一方形成压力，造成不愿甚至不敢继续表达观点。

3. 相等的发言时间

不相等的发言时长会导致信息输出量的不同，从而对观众产生不同程度的影响。相对更长的发言时间也会对对手形成心理压力。各类型的会议、讨论都应当提前确定发言时长。尽管日常的谈话中没必要严格恪守某一时限，但也要对发言时长失衡的现象进行提醒或纠正。

4. 不打断他人发言

打断他人发言是一种非常恶劣的行为。经常打断他人发言的人，通常都非常自我，拒绝接受他人的意见，强行要求别人服从他的命令。同时，一个人的发言被打断，会造成其思路中断，情绪波动，不利于继续友好、平稳的交流。这一原则一般应当在讨论前就明确，并由主持人执行以杜绝或制止“打断”行为的出现。在部分情况下，如果打断发言的理由足够充分且出于善意，也是可以被酌情允许的。

5. 服从主持人裁决

协商会议必须有一位维持秩序并裁定规则的主持人，但日常的观点交流中很少会设置专门的主持人。一般来说，主持人主要负责计算发言时间、安排发言人按次序发言。较为合适的主持人人选应当由一位懂规则、有威信、公正、冷静、果断的人充当。对于主持人提出的要求或给出的裁决，参会人员应当保持服从和尊重。

(四)逻辑原则

思维是语言的内在基础，语言是思维的外在体现或反映，语言表达与思维能力密切联系。富有逻辑性的思维才能表达出更易被大众理解的观点。在日常的交流中，通过提高逻辑能力、做到完整表达、分清事实与评判、尽量不使用反问和比喻，可以使表达更加完整、逻辑更加严密。

1. 提高逻辑能力

逻辑能力可以提高信息输入与输出的效率，能直接改良表达的效果。逻辑能力并非天生，而是需要锻炼与学习才能获得。

2. 表达完整

一个成功的沟通者，可通过准确、完整的叙述让观众快速地解读所传递的信息。因此表达完整至关重要。

在观点交流中，要自觉拒绝碎片式发言。碎片式发言不能一次性表达自己的观点，这样的表达是缺乏说服力及吸引力的。

为了表达完整，应当做到如下几点：

(1)事件描述：描述一个事件，要尽量包含时间、地点、人物、起因、经过和结果这

6 个要素，必要时可加上自己的感受。

（2）观点描述：完整地表达自己对于某事的看法时，要保证自己的表述中有以下 4 个要素：观察、感受、需要和请求，即看到了什么、有什么感受、是什么样的需要导致了这种感觉以及我有什么要求。

（3）观点论证：针对某观点进行论证，包括完整的观点内容及所有论据。如果论据很多，就应当用“首先、其次、再次”等逻辑性词语进行组织，使表达更有条理。

3. 分清现实与评判

如果将现实与评判混为一谈，对方会更倾向于听到评判，从而引发人身攻击。辩论是一种动态的语言形式，不主张绝对化的结论。沟通双方应在特定的时间和情境中进行观察，并清楚地描述观察到的事实和结果。

4. 尽量不使用反问句或比喻句

（1）很多人喜欢在辩论中使用反问句，认为这样可以强化气势——但是这往往对对方的情绪起到反面作用。在日常的交流中，应当尽量不使用反问句。

（2）比喻句虽然可以使复杂的事物简单化，使事物生动形象，并能突出“本体”特点。但是在观点辩论中使用比喻，会改变辩论核心的条件与环境，进而引发跑题，而且“本体”和“喻体”是两个不同的主体，无论对“喻体”的辩论结果是什么，都不能为“本体”带来相同的结果。

（五）绅士原则

辩论的风度有时候甚至比辩论本身更加重要。其重要性在于，它能够锻炼辩论者的自我控制能力，并进一步检验辩论者的专业水平。平和冷静的态度、优雅得体的风度也能增加辩论内容的可信度，并使辩词更具有说服力。

1. 客观表达，勇于认错

在交流过程中，要遵循“以事实为基础，以逻辑为纽带”的原则，客观、理性地表达。客观的态度会促使对方修补观点的漏洞。同时，也要认真听取对方的可取意见来修正自己的观点。如果交流过程中发现自己提出的事实或者逻辑出现了错漏，要敢于承认而不是抵赖，更不能指责对方也有错。尊重事实，服从逻辑，勇于认错，能体现一位绅士的谦和、理性和风雅。

2. 给对方保留面子

观点交流切忌演化成面子之争，但这在现实中往往不可避免。对于可能造成他人情感、心理、名誉创伤的交流行为，应当保持警惕。

(1) 始终不要脱离交流的目的。铭记交流是为了沟通和解决问题，不要在观点冲突时过于激动，也不要因为观点矛盾而陷入人身攻击。

(2) 维持关系比处理事务更重要。如果交流的结果会影响感情，就应该立即纠正甚至停止讨论，以免事与愿违——宽容、豁达的风度会在辩论中带来更多尊重。

(3) 始终表达善意。不管是处在上风还是下风，都不要忘记向对手表达善意。这样能够让对方体会到自己有被尊重的感觉，而不至于引发误会。表达善意一定要自然、真实、有诚意，切忌太过直接或生硬，防止被对方误以为冒犯而扩大事端。

若是自己占了上风，对手只是耽于面子强撑时，要适可而止，不能穷追猛打；当自己处于下风时，就要承认自己的观点有缺陷，并真诚地向对方道歉。

3. 一旦辩论无法继续，要体面地退出

有些时候会因某种原因导致交流无法进行。这时要及时停止，并不着痕迹、体面地退出。

辩论中如果遇到以下几种情况，建议立即停止辩论并体面地退出：

(1) 对方为了个人利益而辩论。在生存压力面前，道理不如饭碗重要。因此，一个人的利益如果受到侵害，他通常不能心平气和地继续谈判。

(2) 对方纯粹是为了面子而辩论。一旦辩论不再是为了实际内容而只是为了争夺脸面，继续讨论没有意义，体面退出对双方都有好处。

(3) 对方不具备正常辩论的基础。如果在辩论中发现对方辩友为了维护自己的观点，发言不再遵从事实，也无逻辑可言，而且也不愿遵守任何规则，或者情绪不能够平息，那么退出是此刻最好的选择。

(4) 继续辩论不会带来任何收益。日常的观点交流，在更多意义上像是自己的观点表达，所以不要奢望对方会轻易地放弃其观点。当已经表达了己方的所有观点而对方也表现出不耐烦，或者对方的知识储备、理解能力已经不能为这场交流带来更多新的东西，那么继续讨论下去也是没有必要的。

无论何种原因导致退出辩论，都要不失体面并保持良好的风度——向对方真诚地致谢，或者巧妙地转换话题。

整个辩论过程中，辩手都要有理有节、进退得当、礼貌认真。这种良好的辩论形象与风度会提升自己在众人心目中的形象——给大众留下一个良好的形象，比赢得一场辩论更加重要。

☞ **拓展阅读**

谈判故事

卡内基是19世纪末伟大的钢铁大亨，他在自传中提到了与银行家摩根的一个故事。这个故事是关于两人在事业初期时，摩根如何与卡内基建立“特殊”商业关系的。

在1873年的金融恐慌中，卡内基急需现金来偿还自己的债务。摩根察觉到这个可能有利的谈判机会，因而询问卡内基是否愿意以合作的形式出售股份，而摩根家族先前已进入到卡内基的企业中。

身无分文的卡内基很快就答复了，愿意“为了拿到现金将任何东西卖掉”。摩根向其询问价格，卡内基说他很乐意以合作的“名义”将价值5万美元的股份售出，此外再加上1万美元的利润。摩根同意了，两人就此达成了协议。虽然6万美元与两人在市场交易中的百万美元相比差距巨大，但是在1873年这一数额还是非常大的。

第二天，卡内基拜访摩根，要取走自己的钱。令其吃惊的是，摩根给了他两张支票，一张是6万美元，另一张是1万美元。

看到卡内基一脸惊奇的样子，摩根解释道，他自己看了合伙企业的账户情况，发现卡内基在自己拥有的“股份”上犯了错——该“股份”值6万美元，而不是5万美元。因而，摩根除了为“股份”支付6万美元外，还要加上前天同意的额外1万美元的利润。对此，卡内基深感不安。

“好的，你是个值得敬重的人。”卡内基说。当他将1万美元支票还给摩根时说：“请你接受这1万美元。”

“不，谢谢你。”摩根回答道，“我不能这么做。”于是卡内基收下了这7万美元。

摩根使卡内基避免了1万美元的错误，这件事给卡内基留下了深刻印象。在自传中，他继续写道，从那时开始他就决心“不论摩根本人、摩根父亲或者是他的儿子，还是他们的房子，永远都不会遭受痛苦，因为他们有我这个坚定的朋友的保护”。

摩根完全可以合法地用5万美元买下卡内基的股份，但是他拒绝这么干，为什么？因为他看到了一个机会，可以将它和卡内基的关系建立在特殊的善意基础上，这个基础高于市场上“各顾各”的契约模式。

思考题

1. 简述谈判的基本要素。
2. 简述五大类谈判风格

3. 简述利益与立场的区别。
4. 什么样的问题有助于了解对方利益?
5. 寻找创造性选择方案的主要步骤有哪些?
6. 什么是运用客观标准谈判的基本点?
7. 有效的谈判规划包括哪些要素?
8. 什么是辩论礼节，辩论礼节由哪几个部分组成?
9. 沟通原则中首要的原则是什么?

学生习作展示

辩论礼仪

金玉崧

一、辩论礼仪的重要性

辩论最早可以追溯到庄子和惠施在濠水之畔那场“子非鱼安知鱼之乐”的辩论，并由此确立了辩论求真的批判性精神。古代哲学家都好辩论，苏格拉底的诘问式教学，也未尝不是辩论的形式之一。古人好辩，以求真理，故所谓“真理越辩越明”。

而当下的辩论赛，主要脱胎于传统的奥瑞冈法庭辩论，控辩双方对于其举证责任范围内的事项进行举证和质证，法官居中裁判。于是辩论从最古老的、单纯的观点和立场的争执演变为相对规范的、具有明确正反双方(或者说控辩双方)的辩论，并由此具有相对明确的规则和流程。

事实上，规则和流程，正是确保辩论区别于日常生活中争吵谩骂的重要手段之一。辩论赛通过一些系列的流程和相应的程式，使得辩论正式化，并因此督促正反双方在理性、冷静的环境下讨论辩题，促进辩题的深入、有效的探讨，此所谓“辩亦有道”。

二、辩论礼仪概述

笔者所在的武汉大学辩论队，作为一支辩坛老牌劲旅，长期以来一直以“儒辩”著称。在武汉大学辩论队看来，辩论的输赢固然重要，在辩论中呈现出来的礼仪、仪态、讨论问题的态度、给观众的观感同样重要，并由此形成了一整套礼仪规范。下面将从着装礼仪、赛场礼仪、稿件礼仪、其他礼仪四方面分别论述之。

(一)着装礼仪

辩论作为一项相对正式的活动，对于辩手的着装有颇多要求。

对于女生，一般要求穿西装、白衬衫、西装裙。高跟鞋以5厘米左右为宜。辩手们可以适当画淡妆，但是应尽量不戴首饰，以免使得过分吸引观众注意而忽视辩手所表达的内容。

对于男生，一般要求穿西装、白衬衫、打深色领带——同样是为了避免过分引起观众的注意。穿黑色皮鞋，并根据皮鞋的颜色选择黑色的袜子。男辩手应该刮胡子以保持整洁清爽。

图1 武汉大学辩手照片

(二)赛场礼仪

辩论赛场是辩手面对观众的舞台，因而对于辩手在辩论场上的肢体动作都有相应的要求。

1. 坐姿

要求辩手坐在座位上时，应尽可能不依靠椅子，端正坐好。特别地，无论男女辩手，双腿应该并拢坐好，切忌岔开双腿或者跷二郎腿。

2. 站姿

辩手发言的时候应该站立，尽量站直，不应过分地左右摇晃。特别是在发言的过程中，手势应该以稳妥为宜，不应该有过多手势的转动，以免有损陈词的效果，从而引起观众不必要的注意。

3. 自我介绍

辩手在辩论开始前，会进行自我介绍。武汉大学辩手的自我介绍大致由“辩位、专业、年级、姓名、问候语”这几个方面构成。如“武汉大学四辩，法学专业本科三年级×××，代表武汉大学辩论队问候在场各位，大家晚上好”。特别是最后的“晚上好”几个词，应该短促有力，以彰显辩论队的整体气势。

图2　武汉大学辩手在自我介绍

4. 拿稿

在以前的辩论赛中，要求包括一辩在内的各位辩手脱稿发言。但随着辩论赛的赛事越发密集，辩手的准备时间相对较少，故而不对脱稿作明确要求。

但对于读稿，也有一定要求。比如稿件应该打印成手卡的形式，而不能对着一张白纸照本宣科，有碍观瞻；在读稿的过程中应该遵循拿稿不念稿的原则，尽可能减少看稿的次数，以免影响整体的表达效果。

图3　武汉大学辩手在发言(1)

5. 压人

在自由辩论的过程中，时常会出现两位及以上辩手都想要发言的情况。这个时候就需要“压人”，即压住队友，告诉队友自己希望发言。对于压人的手势，武汉大学各个院系的规定都不尽相同。如法学院辩论队要求在桌下压住队友的大腿，但压人的动作不能过分明显，有碍观瞻。但是校辩论队允许在桌面上压人，即双臂张开，压住队友，然后起身发言。

6. 交流

为了保证队伍对于赛场形式的理解一致，保证反驳的口径统一，在场上辩手间必要的交流不可或缺，但是对此亦有明确的要求。比如交流的时候，应该采用耳语、传纸条等方式进行，尽可能在人与人之间传递，不要隔人交流，更不可以大声喧哗。

7. 表情

在场上，辩手应注意表情管理，不应有过分明显的表情变化。听到惊骇的言论不应表现得过分震惊，感到愤怒时也不应双眉紧锁。特别是在获得比赛胜利的时候，也不应在场上表现得过分欣喜，总体而言应该恪守中正平和的要旨。

8. 桌面物品

为了保证比赛的有序，辩手在比赛前应将桌面物品进行相应的清理，以保证桌面的整洁清爽。比如应该把桌面上主办方提供的水放在桌子下面，把名牌放在相应的位置以免触碰。

图4　武汉大学辩手在发言(2)

(三)稿件礼仪

稿件是辩手发言的具体内容的载体。对于稿件和辩手发言的内容，也应有一定的要求。

1. 稿件的开头

在一辩稿的开头，应该写“谢谢主席，大家好”，或者说“谢谢主席，再次问候在场各位”。在每一次发言之前，也应该说“谢谢主席”，然后开始发言。此种形式脱胎于英美的传统法庭辩论，以表示对主席和规则的尊重。

2. 稿件例子的选取

对于稿件例子的选取，应该着重回避政治上有争议的例子、相对敏感的例子、可能伤害他人的例子等。以免因为例子的不当选取，给比赛造成不必要的争议，更应注意不给观众或相关群体造成伤害。

3. 稿件的朗读语速

为了提高听众的接受度，同时兼顾表达效率，对于辩论稿的朗读语速，也有相对明确的要求。辩论队会根据语速和相应的时间，设计稿件的大致字数。对于辩论赛而言，一分钟250~300字，是比较适合的语速。

4. 陈词结束

在每一段陈词结束的时候，应该以“谢谢主席”或者“谢谢”做结尾。

(四)其他礼仪

辩论过程中当然还应注重若干其他礼仪，以保证辩论的顺利进行。

1. 手和笔不能指指点点

在辩论发言中，不要用手和笔指点对方辩友，这是对对方辩友的极度不尊重。

2. 上场的礼仪

上场的时候，应该按照一辩、二辩、三辩、四辩的顺序依次有序上场，并且站在椅子后面向观众鞠躬致意，而后入座。入座的时候应该调整椅子的位置，避免站立起身发言时椅子发出声响。

3. 鼓掌和鞠躬

在辩论场上，每一个环节，特别是陈词结束之后，应该进行鼓掌。主席宣布比赛结果和最佳辩手时，也应起立鼓掌。同时，获胜的队伍或者最佳辩手，应起立向观众鞠躬。

参 考 文 献

参考书目：

[1]亨利·罗伯特．罗伯特议事规则[M]．袁天鹏等译．上海：格致出版社，上海人民出版社，2008.
[2]彼得·帕格纳门塔．剑桥大学：800周年肖像[M]．北京：外语教学与研究出版社，2009.
[3]许祥林．礼行天下：国际礼仪礼宾和旅游[M]．北京：世界知识出版社，2010.
[4]艾伦·麦克法兰．启蒙之所　智识之源——一位剑桥教授看剑桥[M]．北京：商务印书馆，2011.
[5]张国斌．礼赢天下：价值百万的礼仪金典[M]．北京：中国纺织出版社，2012.
[6]罗杰·费希尔．谈判力[M]．王燕等译．北京：中信出版社，2012.
[7]格兰德·卢姆．没什么谈不了[M]．姜丽丽译．北京：世界图书出版有限公司，2012.
[8]纪亚飞．优雅得体中西餐礼仪[M]．北京：中国纺织出版社，2013.
[9]柯瑞思．剑桥：大学与小镇800年[M]．北京：生活·读书·新知三联书店，2013.
[10]何海波．法学论文写作[M]．北京：北京大学出版社，2014.
[11]金正昆．大学生礼仪(第三版)[M]．北京：中国人民大学出版社，2014.
[12]舒静庐．国际礼仪[M]．上海：上海三联书店，2015.
[13]何佩嵘．淑媛礼仪[M]．北京：中信出版集团，2016.
[14]张国斌，周加李．新编公务员外事礼仪[M]．济南：济南出版社，2017.
[15]金正昆．外事礼仪(第5版)[M]．北京：首都经济贸易大学出版社，2017.
[16]杨金波．政务礼仪[M]．北京：中华工商联合出版社，2018.
[17]何飞．罗伯特议事规则实践指南[M]．南昌：百花文艺出版社，2018.

[18]袁涤非．中国礼仪·涉外礼仪[M]．沈阳：东北大学出版社，2018.
[19]周加李．涉外礼仪[M]．北京：机械工业出版社，2019.
[20]金正昆．社交礼仪[M]．北京：北京联合出版公司，2019.
[21]周赟．中国古代礼仪文化[M]．北京：中华书局，2019.
[22]张德付．中华日常礼仪基础教程[M]．北京：中华书局，2019.
[23]周加李．从理论到实践：外交礼宾礼仪研究[M]．北京：世界知识出版社，2019.
[24]G 理查德·谢尔．沃顿商学院最实用的谈判课[M]．林民旺等译．北京：机械工业出版社，2019.
[25]沈壮海．论文化自信[M]．武汉：湖北人民出版社，2020.
[26]傅莹．大使衣橱[M]．北京：中信出版社，2021.
[27]刘宝莱．共和国外交往事 2[M]．北京：人民日报出版社，2012.

参考期刊及报纸：

[1]潘新明．简谈外交文书[J]．档案学通讯，1983(4)：30-32.
[2]江山．浅谈外交礼宾在涉外交往中的作用[J]．外交学院学报，1988(2)：18-22.
[3]栾扶桂．谈西方礼仪的基本特色[J]．北京联合大学学报，1994(3).
[4]王开玺．中国近代的外交与外交礼仪[J]．史学月刊，2001(2)：66-71.
[5]孟红．周恩来外交活动前后缘何发起[N]．人民网，2015-11-09.
[6]秦颖．日本语言禁忌与文化[J]．大连民族学院学报，2004(2)：48-51.
[7]程同春．非语言交际与身势语[J]．外语学刊，2005(2)：35-38.
[8]怀秀凤．从外交礼仪看文化差异对非言语行为的影响[J]．滁州学院学报，2006(4)：74-77.
[9]张明明．国际礼仪的理论探讨[J]．理论前沿，2008(9)：21-22.
[10]刘笑非．中日风俗习惯的异同——以色彩和数字禁忌为中心[J]．语文学刊，2008(15)：73-75.
[11]罗国忠．日本人日常生活中的禁忌语言与禁忌习俗[J]．四川外语学院学报，2009：35-38.
[12]金正昆．名片礼仪重在细节[J]．理财，2009(9)：74.
[13]姜杨．肢体语言在跨文化交际中的应用[J]．黑龙江科技信息，2009(25)：145.
[14]高文汉．日本民俗的“忌讳”问题摭议[J]．外国问题研究，2010(3)：65-69.
[15]金正昆．会面礼节[J]．新湘评论，2010(18)：45-47.
[16]沈壮海．文化如何成为软实力[J]．求是，2011(12).

[17]张媛，王立东．中国传统礼仪的当代价值[J]．法治与社会，2011(16)．
[18]马保奉．名片的礼仪[N]．人民日报海外版，2012-02-11(003)．
[19]马保奉．送礼有讲究[N]．人民日报海外版，2013-07-27(006)．
[20]王晓．外事礼仪概述(一)[J]．公关世界，2013(6)．
[21]金正昆，吕昕．继承、规范与创新：新中国外交礼宾制度的建立[J]．社科纵横，2013，28(06)：86-92.
[22]蒋璟萍．礼仪文化与社会主义核心价值观[N]．光明日报，2014-09-24(013)．
[23]连盟．国际商务谈判中如何合理使用礼仪[J]．林区教学，2014(8)．
[24]刘硕．“礼”的文化内涵和当代价值[J]．半月谈网，2014-12-01.
[25]马保奉．迎宾礼仪回顾(二)[N]．人民日报海外版，2014-02-08(006)．
[26]马保奉．迎宾礼仪回顾(一)[N]．人民日报海外版，2014-01-24(014)．
[27]马保奉．国宴轶事[J]．天津政协，2014(5)：55-56.
[28]马上华．周恩来处罚不懂外交礼仪的将军[J]．福建党史月刊，2015(4)：27.
[29]孙鹏．日本民俗及其禁忌文化的探究[J]．佳木斯职业学院学报，2015(3)：34-35.
[30]刘婷婷．外交礼仪中的玄机[J]．现代经济信息，2015(9)．
[31]孟晴．谈判与外交谈判[J]．北京工业职业技术学院学报，2015(3)．
[32]陈来元．审改外交文书的几个故事[J]．秘书工作，2016(8)：66-68.
[33]马保奉．外国礼俗面面观[N]．人民日报海外版，2016-11-12(006)．
[34]周加李．礼宾礼仪的概念探讨与争鸣[J]．社科纵横，2017，32(4)：136-139.
[35]周加李．中国外交礼宾的发展变化与中国特色大国外交[J]．外交评论(外交学院学报)，2019，36(2)：135-156.
[36]张晓明，杜金金．习近平关于文化自信重要论述研究述评[J]．观察与思考，2019.
[37]周加李．揭开外交礼宾礼仪的面纱[J]．世界知识，2020(5)：14-15.
[38]金正昆，吕昕. 继承、规范与创新：新中国外交礼宾制度的建立[J]．社科纵横，2013，28(06)：86-92.
[39]马上华. 周恩来处罚不懂外交礼仪的将军[J]．福建党史月刊，2015(04)：27.
[40]李凤琴. 身势语的本体论探索与解读[J]．外语教学，2005(03)：32-35.
[41]潘新明. 简谈外交文书[J]．档案学通讯，1983(04)：30-32.
[42]罗国忠. 日本人日常生活中的禁忌语言与禁忌习俗[J]．四川外语学院学报，2009，25(S2)：35-38.
[43]孙鹏. 日本民俗及其禁忌文化的探究[J]．佳木斯职业学院学报，2015(03)：34-35.

[44]刘笑非. 中日风俗习惯的异同——以色彩和数字禁忌为中心[J]. 语文学刊，2008(15)：73-75.

参考网站：

中国外交部网：https：//www. fmprc. gov. cn/